“十一五”上海重点图书
现代人力资源开发与管理系列教程

丛书主编⊙张培德 胡志民
本书主编⊙李秋香

The Analysis on Labour Policy

劳动政策与分析

●随着我国市场化进程的加快，劳动政策作为公共政策的重要组成部分和政府解决劳动问题的行动方案，在人力资源管理工作中的重要性越发凸显。改革开放三十年来，我国虽已逐渐形成了以劳动关系市场化运行机制为目标的劳动政策体系，但在实践层面，企业内部的劳动关系愈见复杂，企业尚未建成劳资个体协商、集体协商的运行机制。单个劳资争议层出不穷、集体性劳动纠纷逐渐增多，使人力资源管理者头痛不已。因此如何从理念上正确把握劳动政策的发展趋势，在实践中准确运用劳动政策工具，这已成为提高人力资源管理水平的重要方面。

●本书各章通过案例引导讨论的方式，首先在揭示劳动政策的主体和内容的基础上，对比我国和西方发达的市场化国家劳动政策的形成过程，对劳动政策的发展历史进行回顾与梳理。其次从具体介绍我国劳动领域面临的困境出发，不仅在理论和实践方面着重解读了城市下岗工人政策和进城就业的农村劳动者政策，还以政府干预劳动关系、协调劳资利益的角度，研究了我国的劳动用工政策、集体谈判制度和劳动保障制度，进行理论和实践层面的政策探讨，力图为人力资源从业者熟练掌握政策工具提供有效的方法和有益的帮助。

華東理工大學出版社
EAST CHINA UNIVERSITY OF SCIENCE AND TECHNOLOGY PRESS

图书在版编目(CIP)数据

劳动政策与分析/李秋香主编.—上海：华东理工大学出版社，2010.11(2023.9 重印)

(现代人力资源开发与管理系列教程/张培德，胡志民主编)

ISBN 978-7-5628-2909-6

Ⅰ.①劳... Ⅱ.①李... Ⅲ.①劳动政策—中国—教材 Ⅳ.①F249.20

中国版本图书馆 CIP 数据核字(2010)第 194354 号

"十一五"上海重点图书

现代人力资源开发与管理系列教程

劳动政策与分析

丛书主编/张培德　胡志民

本书主编/李秋香

出版发行/华东理工大学出版社

社址：上海市梅陇路 130 号，200237

电话：(021)64250306(营销部)

传真：(021)64252707

网址：www.ecustpress.cn

印　　刷/广东虎彩云印刷有限公司

开　　本/787 mm×960 mm　1/16

印　　张/16.25

字　　数/306 千字

版　　次/2010 年 11 月第 1 版

印　　次/2023 年 9 月第 12 次

书　　号/ISBN 978-7-5628-2909-6

定　　价/38.00 元

(本书如有印装质量问题，请到出版社营销部调换。)

内容提要

随着我国市场化进程的加快，劳动政策作为公共政策的重要组成部分、政府解决劳动问题的行动方案，它在人力资源管理工作中的重要性越发凸显。改革开放三十年来，我国虽已逐渐形成了以劳动关系市场化运行机制为目标的劳动政策体系，但在实践层面，企业内部的劳动关系愈显复杂，企业尚未建成劳资个体协商、集体协商的运行机制。单个劳资争议层出不穷、集体性劳动纠纷逐渐增多，这些都使人力资源管理者头痛不已。因此，如何从理念上正确把握劳动政策的发展趋势，如何在实践中准确运用劳动政策工具，已成为提高人力资源管理水平的重要方面。

本书各章通过案例引导讨论的方式，首先在揭示劳动政策主体和内容的基础上，对比我国和西方发达市场化国家劳动政策的形成过程，对劳动政策的发展历史进行回顾与梳理。其次从具体介绍我国劳动领域面临的困境出发，不仅在理论和实践方面着重解读城市下岗人员政策和进城就业的农村劳动者政策，还从政府干预劳动关系、协调劳资利益的角度，研究了我国的劳动用工政策、集体谈判制度和劳动保障制度，进行理论和实践层面的政策探讨，力图为人力资源从业者熟练掌握政策工具提供有效的方法和有益的帮助。

编委会名单

主　任　张培德　胡志民
委　员　孙长庚　于志华　范玲玲
　　　　姚小康　李　微　朱国定
　　　　李旭旦　马国辉　汪玉弟
　　　　相正求　许丽娟　吴文艳

序

在当今社会，谁都明白“人力资源是第一资源”，谁都了解人力资源是核心竞争力。可是有多少人能真正知晓和领悟人力资源的丰富内涵？又有多少人能回答哪些人才是真正的人才？没有管理学、经济学、心理学、法学的基础，很难真正学好、学透本教程。从这个意义上说，人力资源又应该是一个多学科交叉的专业。

人才是立国之本，社会发展需要大量人才，但人才不可能自然造就，需要不断的培养。那种认为“人人都是人才”、“有用的就是人才”、“合适的就是人才”、“内有素质、外有贡献的就是人才”等说法是不全面的，甚至是错误的，会造成思想上的混乱和人才培养的缺失。在各种有关“人力资源”的书籍中，对于“人力资源”的定义不下百种，而美国密歇根大学的人力资源管理专家戴维·优立取(Davy Urich)只用了八个字就概括了人力资源的含义，即：HR＝投入程度×能力水平，具有画龙点睛和一锤定音之效。

曾有一位中学校友与我谈起他的一段工作经历，颇耐人寻味。他在大学时攻读的是化学专业，毕业后被分配到一家化工企业生产部门。后来由于生产部门的年轻人多了，他被“挤出”了生产部门。于是他想调到销售部门工作，一方面销售部门绩效工资比较高，另一方面他认为凭着他对专业的熟悉程度和外向型的性格完全能胜任此项工作。可是销售部门嫌他年龄太大了，有人就建议他去厂办公室试试，说那里会比较适合他，但结果被告知办公室已满员。他到处寻找着适合他的空缺，最后因与领导关系不错，他被关照到了“最不需要技术和专业知识”的人力资源部门。

听了他的这段经历，我们不禁要问：难道人力资源管理真的是什么人都可以从事的职业吗？人力资源真的是“说起来重要，做起来次要，忙起来可以不要”的吗？果真人人都是人才，因此大可不必花力气去寻找人才，人力资源部门犹如“姜太公钓鱼——愿者上钩”就可以了吗？企业对人才的招聘、甄选、培训、考核、薪酬设计等就是老板一句话的事吗？

本丛书的出版就是要使广大读者对人力资源有一个正确的认识，特别是对传统的人事管理和现代人力资源管理的区别有一个根本的了解。为了对以往“人事管理”和“人力资源管理”概念混淆的情况加以澄清，也为了突出现代人力资源管理与传统人事管理的区别，我们特把本套丛书命名为“现代人力资源开发与管理系列教程”。

为了适合中国普通高等学校人力资源管理专业学生、企事业单位管理人员以及人力资源管理业内人士使用，我们本着“前沿、热点、创新”的宗旨，结合中国国情，采用理论与实务相结合的写作手法，力求将本丛书编写成普及性、大众化的人力资源管理书籍。

本系列教程共由11种书组成，涵盖了人力资源开发与管理的所有基础课程。为便于阅读和使用，本丛书的编写参照了国际上的最新模式，即先引导案例，并针对案例或本书要涉及的内容提出多道思考题进行互动讨论，然后概述本书要点和引言进行详细剖析，再展开理论分析和实务操作及实践研究。

由于水平有限，本教程中有不当之处在所难免，恳请各位读者给予批评指正！同时也衷心希望本系列教程的出版能对读者有所裨益和启迪！

张培德　胡志民

前言

未来学家阿尔文·托夫勒认为,在人类历史上,由狩猎采集社会转变为园艺社会,由园艺社会发展为农业社会,又从农业社会过渡到工业社会,今天的西方发达国家已从工业社会进入后工业时代,即所谓的以服务业为主体的信息社会。而今天的中国社会则处于工业社会的后期,部分发达城市产业结构向以服务业为主的第三产业转化,经济体制已进入市场轨道。在此种市场经济体制背景下,人力资源成为"第一生产力",培育和发展人力资源市场已成为改革的重要组成部分。但无论在理念还是实践层面,企业中的人力资源管理岗位仍被相当一部分人误解,甚至被人看成是缺少专业精神、利用各种政策整人的行当。

改革开放三十多年来我国经济高速发展,但劳动关系问题日益严重。回顾我国劳动政策的演进过程可以清晰地看到:它经历了单一计划性的劳动政策和市场化的劳动政策两个阶段,改革开放以来行政管制模式已经逐渐被市场深化模式所取代。尤其是20世纪90年代以来,中国的劳动政策获得了长足发展,现代市场化的劳动政策框架基本形成。在全球化迅速发展的今天,在分析、借鉴全球化时代劳动就业政策成功经验的同时,我国在劳动就业、劳动关系、劳动保障等各方面的劳动政策应选择何种模式,秉承何种理念来实现全体国民共同分享发展成果,构建以人为本的和谐社会理想,是我们应该认真考虑的问题。本书以此为背景,主要研究三个方面的问题:① 劳动政策是什么?② 西方国家面对劳动就业领域出现的新挑战,选择了怎样的劳动政策来应对?③ 在劳动政策领域如何建立适合中国国情的多样化政策?

全书分为三个部分共计十章。第一部分包括第一至第三章,主要围绕劳动政策的基本问题进行研究。首先界定了劳动政策的主体,包括:中共中央、全国人民代表大会及其常委会、国务院及其下属部门(包括人力资源和社会保障部)、中华全国总工会、劳动专家及其组织等;介绍了劳动政策的形式,包括劳动法律、劳动行政法规、地方劳动法规、部门规章、政策和文件,并揭示了劳动政策的内容涉及劳动力市场、劳动条件、劳动关系、劳动福利与保障等政策。其次在结合中西方相关文献研究的基础上，较为详细地对中外劳动政策的形成、转型与发展历史进行了回顾，深入探讨了20世纪80年代之后以英美国家为代表的新自由主义劳动就业政策、以瑞典等北欧国家为代表的合作主义劳动就业政策、以法国和西班牙等欧洲大陆国家为代表的保守主义劳动就业政策，并将我国劳动政策的演进过程分为两个阶段：一是从新中国成立至改革开放，二是改革开放初期至市场经济体制建立的今天。最后，探讨了我国在劳动领域存在的困境：失业问题、劳动安全与劳动歧视。

第二部分包括第四至第七章，主要围绕劳动就业政策进行研究。首先，从经济学视角考察劳动就业政策，进而分别对我国两大就业重点，即在城镇就业政策方面，针对国有企业下岗失业人员的再就业政策；在农民就业政策方面，基于公民权利的农村劳动者进城平等就业政策，展开理论和实践层面的深入分析。其次，对相关的发达国家劳动就业理论文献进行回顾，具体介绍了美国劳动就业政策、德国劳动就业政策和日本劳动就业政策。

第三部分包括第八至第十章，主要围绕如何保护劳动者权益展开政策研究。首先在梳理我国劳动用工政策的基础上，根据劳动标准的规定，从《中华人民共和国劳动法》、《中华人民共和国劳动合同法》和劳动争议处理等方面入手探讨劳动关系政策；其次通过对集体谈判制度的国际比较研究，指出我国集体协商制度存在的不足，提出在三方协议基础上协调劳动关系；最后以对劳动保障政策的研究作为本书的结尾，这是因为进入21世纪后，要在我国落实"以人为本"的科学发展观，实现全民共同分享改革开放所带来的繁荣成果，就必须立足于我国特殊的国情，建立和完善包括社会救助、社会保险和社会福利为主要内容的社会保障制度，使包括弱势群体在内的全体国民都能够体面劳动、幸福生活。

本书的特点主要体现在以下几个方面：

(1) 理论体系与内容的完整性。劳动政策本身就是一个囊括各方面内容的大系统，在内容上包括劳动力市场政策、劳动场所政策、劳动关系政策和劳动保障政策等各子系统。本书力求从劳动政策的各方面展开研究，从发达的市场化国家与中国两个视角介绍劳动政策，通过理论和实践两个维度具体分析劳动政策，体系相对比较完整。

（2）较强的实用性。本书立足于为人力资源管理工作从业者提供全面准确的参考书籍，希望能为各位同行及准同行们提供全景思考劳动政策的工具，因此在写作过程中始终将理论与实际紧密结合。为了方便读者自学参考，本书在结构设计当中通过案例的方式引导读者思考，并在每章末附有一定量的思考题，借以帮助读者更好地理解各章重点。

（3）鲜明的时代性。劳动政策涉及众多的社会领域，本书在写作中参考和综合了当代中西方关于劳动政策方面最新的研究成果，在劳动就业和劳动保护领域探讨了中国面临的实践困境和政策难题，并提出我国应采取的政策建议，体现了劳动政策分析的最新理念，体现了与时俱进的时代主题。

本书由上海师范大学李秋香负责总体设计全文的逻辑框架，通阅、修改和定稿，并负责编写第二章、第五章、第六章、第七章、第八章、第九章和第十章；上海师范大学张燕娣负责编写第四章；中国人事科学研究院于欣负责编写第一章；上海公共行政与人力资源研究所汪怿负责编写第三章。

十年前笔者由社会学领域进入劳动政策研究领域，主要从事劳动关系、劳动政策分析、劳动保障的教学工作，在长期的教学实践中一直苦于没有一本完整介绍劳动政策的教材。今天能够作为主编完成本书的写作，是我有幸得到了许多同事与朋友的支持。在此我要特别感谢上海师范大学人力资源管理系同事们的热情支持，我还要感谢王晟老师的无私帮助、法律系胡志民老师的真诚关心和刘诚老师的思路拓展、继续教育学院李微老师的耐心督促，我更要感谢人力资源管理专业顾宇昺同学为本书所做的大量文字技术性工作。

在本书的写作过程中，我们参阅了国内外许多专家、学者的相关参考书和文献资料，有幸拜读了如常凯老师、岳经纶老师、姚裕群老师、孔德威老师、李强老师、程延园老师、郑功成老师、刘小年老师，以及其他各位老师们的大作，在写作中启发颇多，我们也引用了一些相关的研究成果，对这些文献的作者我们表示由衷的谢意！对可能遗漏的作者尊名，我们在此表示深深的歉意！

本书作者在写作过程中深切感受到了劳动政策研究的艰辛，尽管力图努力使本书特色鲜明、体系完整、应用性强，希望能深入浅出地介绍劳动政策内容，有助于启发有志于从事人力资源管理工作的朋友们正确地领会政策理念，准确地把握政策实践，但由于对劳动政策分析的编撰是一项创新性的工作，具有相当大的难度，编者在理论功底、学术水平、实践经验和思考视野方面都存在一定的局限性。但愿本书能起到抛砖引玉的作用，引发广大读者对劳动政策的进一步关注和探索。书中的不足和疏漏之处，敬请各位同行、读者给予批评指正，作者愿意与各位同仁进行进一步交流，使本书能得到不断的完善。

李秋香

Email：liqiu@shnu. edu. cn

2010 年 9 月

目录

第一章　劳动政策概述 1

第一节　劳动、劳动力与劳动力资源 2

第二节　公共政策 7

第三节　劳动政策 13

第二章　劳动政策的历史演进 23

第一节　发达国家劳动政策的形成 24

第二节　当代发达国家劳动政策的变革与发展 27

第三节　我国劳动政策的历史 33

第三章　我国劳动领域中的主要问题 44

第一节　失业问题 45

第二节　劳动安全问题 55

第三节　劳动歧视问题 63

第四章　劳动就业政策的经济学分析 71

第一节　劳动力供给分析 72

第二节　劳动力需求分析 81

第三节　劳动就业格局 91

第四节　我国积极的劳动就业政策 96

第五章　城市下岗政策分析 101

第一节　城市下岗问题分析 101

第二节　再就业工程分析 107

第三节　城市下岗工人再就业政策分析 115

第六章　农村劳动者进城就业政策分析　123
第一节　农村劳动者进城就业现象分析　124
第二节　农村劳动者进城就业问题分析　128
第三节　农村劳动者进城就业政策历史　132
第四节　农村劳动者进城就业政策分析　138

第七章　发达国家劳动就业政策理论与实践　146
第一节　发达国家劳动就业政策理论　146
第二节　美国劳动就业政策　150
第三节　德国劳动就业政策　155
第四节　日本劳动就业政策　159

第八章　劳动关系政策　164
第一节　劳动用工政策的历史　165
第二节　劳动基准制度　168
第三节　劳动合同制度　177
第四节　劳动争议政策　184

第九章　集体谈判制度　192
第一节　集体谈判制度概述　192
第二节　外国的集体谈判制度　197
第三节　中国的集体谈判制度　202
第四节　中国的集体谈判制度分析　206

第十章　劳动保障政策　215
第一节　社会保障制度概述　215

第二节　养老保险制度　221
第三节　医疗保险制度　228
第四节　失业保险制度　234

参考文献　242

第一章 劳动政策概述

引导案例

《中华人民共和国劳动合同法》诞生记[①]

2007年6月29日，第十届全国人民代表大会常务委员会第二十八次会议通过《中华人民共和国劳动合同法》(以下简称《劳动合同法》)，中华人民共和国主席胡锦涛签署第六十五号主席令予以发布，自2008年1月1日起施行。《劳动合同法》是规范劳动关系的一部重要法律，分总则、劳动合同的订立、劳动合同的履行和变更、劳动合同的解除和终止、特别规定、监督检查、法律责任和附则，共8章98条。劳动合同在明确劳动合同双方当事人的权利和义务的前提下，重在对劳动者合法权益的保护，被誉为劳动者的"保护伞"，为构建与发展和谐稳定的劳动关系提供法律保障。作为我国劳动法制建设进程中的一个重要里程碑，《劳动合同法》的颁布实施有着深远的意义。这部重要法律在制定过程中经过广泛听取、认真吸收社会各方面的意见，合理地规范了劳动关系，是民主立法、科学立法的又一典范，为构建与发展和谐稳定的劳动关系提供了法律保障，必将对我国经济社会生活产生深远影响。

案例讨论题：

1.《劳动合同法》的制定过程是怎样的？
2.《劳动合同法》在制定过程中，发生了哪些关键事件？

① 资料来源：中央电视台经济半小时栏目。

第一节　劳动、劳动力与劳动力资源

一、劳动与劳动力

（一）劳动

从汉字词源的角度来看，“劳”属于会意字，上面是“焱”，即“焰”的本字，表示灯火通明；中间是“冖”字，表示房屋；下面是“力”，表示用力、劳作。本义为努力劳动、使受辛苦。从词义来看，劳动指的是为了某种目的或在被迫情况下从事体力或脑力工作。从西方的词源来看，“劳动”的拉丁文是 laborare 和 facere，法文是 travailler 和 ouvrer，德文是 arbeiten 和 werken。法国学者罗贝尔·福西耶（Robert Fossier）从词源的角度，把劳动分为三种：第一，opus，operatio，表示在进行一种活动、一种“劳动”，就是在“干活”；第二种，突出动作的技巧或者强调为别人效劳，则是 cura，idustri，ministerium，ars；第三种，人们若能取得成果，并从中获得享受，则是 laborate。Labor，形容劳动生产的词，是经过辛苦努力才获得的劳动成果。①

关于“劳动”的定义，可谓众说纷纭、莫衷一是。在西方，具有代表性的表述主要包括以下几种观点：

一是约翰·斯图亚特·穆勒的定义：“劳动或是体力的，或是脑力的；说得更明白些，这一区别乃是或是肌肉的或是神经的；在劳动这一观念中，不仅应包括所做的努力本身，还应包括在某一职业中因进行思考或使用肌肉而引起的一切不愉快感觉，一切肉体上的不适或精神上的烦恼，或者两者兼而有之。”②二是马歇尔的定义：“劳动是任何心智或身体上的努力，部分地或全部地以获得某种好处为目的，而不是以直接从这种努力中获得愉快为目的。”③三是萨缪尔森的定义：“劳动由生产过程中所消耗的人力的时间——在汽车制造厂或农场上的劳动、在学校的教学——所组成。劳动是任何一种经济制度下最常见和最重要的生产要素。”④这些界定比较宽泛，可以覆盖各种劳动形式。约翰·斯图亚特·穆勒和马歇尔的定义

① ［法］罗贝尔·福西耶：《中世纪劳动史》，陈青瑶译，上海人民出版社 2007 年版。

② ［英］约翰·斯图亚特·穆勒：《政治经济学原理》（上卷），赵荣潜等译，商务印书馆 1991 年版，第 36 页。

③ ［英］马歇尔：《经济学原理》（上卷），商务印书馆 1981 年版，第 84－85 页。

④ ［美］保罗·A·萨缪尔森等：《经济学》（上），中国发展出版社 1992 年版，第 39 页。

包含了劳动是体力或脑力、心智或身体上的努力的意思，后者还指出劳动的目的在于获得某种好处；萨缪尔森认为，劳动由生产过程中所消耗的人力的时间组成，破折号之间的举例表明他认为劳动包括体力消耗和脑力消耗。

在马克思主义经典著作中，“劳动”是一个重要概念。马克思认为，劳动力的使用就是劳动本身。① “劳动首先是人以自己的活动来引起、调整和控制人和自然之间物质交换的过程”②。劳动是以某种形式占有自然物的有目的的活动。③ 冯契主编的《哲学大辞典》对“劳动”的解释是：人类特有的基本的社会实践活动。人类凭借工具改造自然物，使之适合自己的需要，同时改造人自身的有目的的活动。从马克思主义经典作家和国内外其他学者的论述来看，对劳动的认识有以下几点共识：

(1) 劳动具有鲜明的主体性。劳动的主体是人，是以人的自身的能动或主动活动来调整和控制人与自然(外部自然和人身自然)之间的广义的物质变换活动。所有劳动都是人的活动，其他动物的活动、自然界的物理和化学变化等过程不属于劳动范畴。

(2) 劳动具有明确的目的性。人的劳动是以创造财富或满足人的某种需要的有目的的、自觉的活动，这与动物的本能活动有本质的区别。其结果表现为多种形态，包括各种物质产品、精神产品和服务。

(3) 劳动具有创造性。一方面，人们通过劳动，创造了财富。人们有目的地运用自身体力和智力生产某种产品或提供某种服务，就是劳动。现实中的某些破坏活动和偷窃行为也会有目的地运用体力和智力，但其目的不是创造财富，而是进行破坏或偷窃，因此不是劳动。另一方面，劳动创造了人本身。

(4) 劳动要消耗人的生命时光和劳动力，即消耗人的时间和精力。

据此，我们可以将劳动理解为是人们有目的地运用自身体力和智力创造财富的过程，是具有一定生产经验和劳动技能的劳动者使用劳动工具所进行的有目的的生产活动，是生产的最基本要素，是专属于人和人类社会的范畴，是人类对自然界的积极改造。劳动具有相当广泛的范畴，包括各种体力劳动和智力劳动、简单劳动和复杂劳动、生产劳动和非生产劳动、经营性劳动和非经营性劳动。在现代社会，诸如种植养殖、制造加工、市场营销、经营管理、客货运输、科学研究、教育培训、艺术创作、新闻采访、社会服务，公务活动等等，无不是劳动的具体形式。

(二) 劳动力

马克思有关“劳动力”的表述是，“我们把劳动力或劳动能力，理解为人的身体

---

① 马克思：《资本论》第 2 卷，第 177 页。
② 《马克思恩格斯全集》第 23 卷，第 201 - 202 页。
③ 马克思：《政治经济学评判》，《马克思恩格斯全集》第 13 卷，第 25 页。

即活的人体存在的，每当生产某种使用价值时就运用的体力和智力的总和”①。他还认为，“劳动力的表现即劳动是工人本身的生命活动，是工人本身的生命的表现”。这些认识充分说明了几点：

（1）劳动力是指人的劳动能力。自然界的一切其他能力，无论是天然的还是经过加工的水力、风力、电力等，只能作为劳动的手段，而不是劳动力。

（2）劳动力存在于人体之内，是活的人体中的一种能力，不能离开人体而独立存在。因此，人的生命与健康是劳动力存在的基础，人是劳动力的体现者和承担者。

（3）劳动力是体力和智力的总和。要进行劳动，必须具有一定的知识和技能。由于劳动力是体力和智力的总和，才使得劳动力具有极其广泛的适应性。各种劳动过程，无论其表现形式、劳动成果、劳动过程多么复杂，劳动力都是可以与其相适应的，并使劳动过程从简单到复杂。所以，劳动力绝不是一种简单的生理现象，而是包括众多自然、经济、文化因素在内的统一体。

（4）劳动力与劳动不同。劳动首先是人们创造使用价值有目的的活动，这种活动的实现以劳动力的存在作为前提条件之一，即劳动力的使用就是劳动本身，而劳动则是劳动力的物质体现。

二、人口、劳动年龄人口、劳动力资源

在劳动政策体系中，劳动力是具有特质范畴的。在理解劳动政策范畴的“劳动力”这一概念之前，要辨析人口、劳动年龄人口以及劳动力资源等相关概念。

（一）人口

人口是指在一定地域和社会范围内人群的总体，即居住在一定地区，并构成某一社会的那些人所组成的一个复杂的、多样的总体。

人口具有自然属性和社会属性。自然属性是人口存在和发展的既定前提，社会属性是人口的本质属性。人口的自然属性，即人口的生物本性。人口作为一个生物种群，是自然界有生命的物质，同其他生物一样，人也有出生、成长、衰老、死亡的自然发展过程，有自身的遗传、变异以及全部生理机能。人口的社会属性，即人口作为一切社会生活主体所具有的特性。这表明，人是最重要的社会物质生活条件，是社会生产的基础和主体，它是一切社会现象的承担者和一切社会生活的出发点。人口有年龄的、性别的、种族的、部门的、职业的、民族的、文化的、地域的等规

① 马克思：《资本论》（第一卷），人民出版社1999年版。

定性。人口总是生活在特定的社会生产方式中，是生活在特定的政治、经济、社会制度中的一个社会群体，认识人口，不能脱离一定的社会生产方式和社会制度。在阶级社会中，人口具有阶级性。人口现象是社会现象，人口规律是社会规律，人口过程也是社会过程。

（二）劳动年龄人口

总人口可划分为劳动年龄人口和非劳动年龄人口。世界各国根据自己的经济和社会发展状况、人口状况、教育制度、劳动力自身的生理特点等因素，规定了不同的劳动年龄。劳动年龄人口指的是处于劳动年龄上限与下限之间的人口。就业年龄下限指的是最低就业年龄，国际劳工组织（ILO）通过的第 138 号《准予就业最低年龄公约》规定，最低就业年龄为 14 周岁，而世界上多数国家把劳动年龄的下限定为 16 周岁，如美国、中国都规定最低就业年龄为 16 周岁，日本则是 15 周岁。就业年龄上限是申请退休、领取养老金的资格年龄，世界各国对就业年龄上限的规定各有不同，例如美国规定退休年龄为 65 周岁，英国规定男性为 70 周岁，女性为 65 周岁。在我国，将男性年满 60 周岁、女性年满 50 周岁或 55 周岁之间的人口称为劳动年龄人口。

（三）劳动力资源

劳动力资源是指在一定年龄范围内，具有劳动能力和劳动要求，愿意参加付酬的市场性劳动的全部人口。

在美国，劳动力范畴涉及劳动力、非劳动力、就业者和失业者。劳动力是指 16 周岁以上，或在工作、或在积极寻找工作、或因为暂时失业而等待被召回的所有人；劳动力中那些没有获得报酬职业的人被称为失业者。没有工作，并且不寻找工作，也不是因暂时失业而等待雇主召回的人，不算作劳动力。具体如图 1－1 所示。

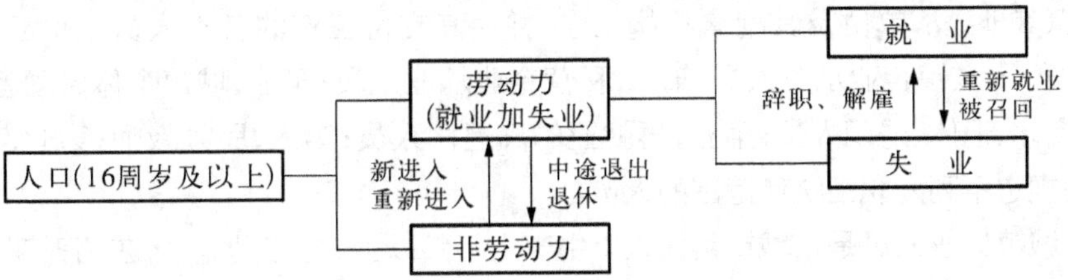

图 1－1　劳动力资源

就业者是指正在受雇用的那一部分劳动力。包括：① 正在工作者；② 有职业但并未工作的人。所谓“正在工作者”，是指为得到工资或利润而工作的人，每周工作 15 小时以上的人。有职业但未工作者，指的是现在不工作也不寻找工作，但本人有职业或企业,只是有时由于休假、疾病、劳动争议或恶劣气候等原因而暂时缺工,或者由于种种原因而削减工时的人。失业者是指那些在调查周内没有工作,但在此前 4 周内曾做过专门努力寻找工作,而在调查周内本人又适于工作的一切人。

我国对劳动力范畴的统计,涉及劳动力资源总数、从业人员、职工、城镇失业人员等。

劳动力资源总数是指在劳动年龄内,具有劳动能力,在正常情况下可能或实际参加社会劳动的人口数。劳动力资源的范围为在劳动年龄内(16 周岁以上),有劳动能力,实际参加社会劳动和未参加社会劳动的人员。劳动力资源又可划分为经济活动人口和非经济活动人口。劳动力资源不包括在押犯人、在劳动年龄内丧失劳动能力的人员及 16 周岁以上实际参加社会劳动的人员。具体如图 1－2 所示。

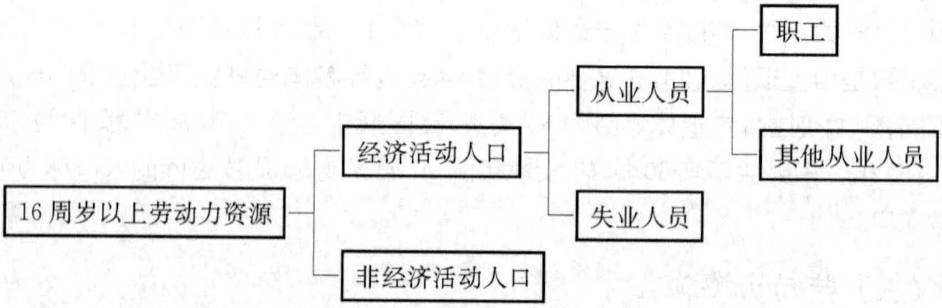

图 1－2　劳动力资源细分

从业人员是指从事一定社会劳动并取得劳动报酬或经营收入的人员。从业人员按其就业身份可分为: ① 职工;② 再就业的离退休人员;③ 私营业主;④ 个体户主;⑤ 私营企业和个体从业人员;⑥ 乡镇企业从业人员;⑦ 农村从业人员;⑧ 其他从业人员(包括现役军人)。

职工是指在国有经济、城镇集体经济、联营经济、股份制经济、外商和港澳台资经济、其他经济单位及其附属机构工作,并由其支付工资的各类人员。职工不包括: 第一,乡镇企业从业人员;第二,私营企业从业人员;第三,城镇个体劳动者;第四,离休、退休、退职人员;第五,再就业的离退休人员;第六,民办教师;第七,其他有关规定不列入职工统计范围的人员。

城镇失业人员是指城镇常住人口中一定年龄以上,有劳动能力,在调查期间无工作,当前有就业可能并以某种方式寻找工作的人员。在城镇劳动力调查中,对城镇 16 周岁及以上,具有劳动能力并同时符合以下各项条件的人员列为失业人员: ① 在调查周期内未从事取得劳动报酬或经营利润的劳动,也没有处于就业定义中的暂时未工作状态;② 在某一特定时间内采取某种方式寻找工作;③ 当前如有工作机会可以在一个特定期间内应聘就业或从事自营职业。

第二节　公共政策[1]

一、政策、公共政策的内涵

（一）政策

政策，英文作 policy。卡尔·弗雷德里奇(Carl Friedrich)把政策理解为"某一特定的环境下，个人、团体或政府有计划的活动过程。提出政策的用意就是利用时机、克服障碍，以实现某个既定的目标，或达到某一既定的目的"。美国学者安德森认为，政策是一个有目的的活动过程，而这些活动是由一个或一些行为者，为处理某一问题或有关事务所采取的。因此，从广义上来看，"政策"可以被理解为"人们为实现某一目标而采取的行动方案"。

狭义的"政策"理解往往与政党相关。修斯(Owen E. Hughes)认为，政策是选举中政党的目的声明。林恩(Laurence Lynn)指出，政策的范围包括"关于目的的声明、目标的计划、政府有关未来的重要的决策行为的一般准则、可选择的行动路线或方针、采取或不采取行动的结果，乃至政府的所有行为"。《现代汉语词典》对"政策"一词的诠释是："国家政权机关或政党为了实现政治、经济、文化上的目的，根据历史条件和当前情况制定的一套措施和办法。"这说明，政策的主体是公共权力机关或政党。

（二）公共政策的内涵理解

关于公共政策的定义，存在着各种表述。托马斯·戴伊(Thomas Dye)提出了公共政策"是政府选择要做或不做的事"。这是一个特别简洁的定义，它一方面说明了公共政策制定的行动主体是政府，企业、利益团体、个人或者社会组织的决策多不属于公共政策范畴；另一方面也指出了公共政策是一种抉择，即政府在"做"或"不做"之间的一个基本抉择。威廉·詹金斯(William Jenkins)把公共政策理解为"由政治行动主体或行动主体团体在特定的情境中制定的一组相关的决策，包括目标选择、实现目标的手段，这些政策原则上是行动主体所能及的。在詹金斯看来，

[1] 本节主要参考了宁骚主编的《公共政策学》一书(高等教育出版社 2003 年版。)

公共政策是一个过程，并且公共政策的制定是具有明确的目标导向的，同时，公共政策还要关注政府在贯彻决策方面的能力。詹姆斯·安德森(James Anderson)进一步拓展了公共政策的内涵。他指出，政策是某一行动主体或一群行动主体解决问题或相关事务的一个有意识的行动过程。这一概念首先说明了政策制定通常是由几个群体或行动主体而不是一个群体或单独的行动主体来实现的；其次说明了政策是为了解决问题或相关事务采取的行动；再次，安德森还强调了政府行动与对问题的出现或其他必备行动的洞察力之间的关联性。①

我国学者宁骚认为，公共政策是公共权力机关由政治过程所选择和制定的为解决公共问题、达成公共目标、以实现公共利益的方案。理解公共政策内涵，需要从以下几个方面入手：

(1) 公共政策是决定、决策、对策、政策的一种特殊形态，它具有决定、决策、对策、政策的一般特征。

(2) 公共政策是公共权力机关的基本的活动方式或活动过程，是公共权力机关的权力意志的表现——它表征公共权力机构想干什么、为什么干、怎么干、不想干什么、为什么不想干。因此，公共政策具有权威性和强制性。

(3) 公共政策是经由政治过程而进行方案的初拟、优化和择定的结果，主导这一过程的基轴是公共权力机关与公民的关系，是前者能不能以及可以在多大程度上聚合公民的愿望、意向和利益。

(4) 公共政策包含公共问题、公共目标、公共利益等三大要素。其中，公共问题的提出来自政治系统的环境挑战以及政治系统自身的维持和存续的需要，解决公共问题轻重缓急的次序认定，取决于公共权力机关经由政治所做的考量；公共目标的设定既可能是公共权力机关理性选择的结果，也可能是非理性活动的产物，但总体而言，公共目标的设定标志着公共政策是一种有明确方向的活动；谋求公共利益的实现是公共政策的灵魂和目的。

(5) 公共政策是一种权威性的价值分配方案。它通过规范、引导机关、团体和公民个人的社会行为，有效地分配自然的和社会的各种稀缺资源。

(6) 公共政策的表现形式既可能是积极的，也可能是消极的。积极形式的公共政策，是指政府为解决某一特定的问题而公然采取的行动；消极形式的公共政策，是指政府官员就人们要求政府介入某一事务而作出的不采取任何行动、不做任何事情的决定。

---

① 迈克尔·豪利特，M·拉米什：《公共政策研究：政策循环与政策子系统》，庞诗等译，生活·读书·新知三联书店出版社。

二、公共政策的形式

从公共权力机关的权力划分和权力配置角度出发,我们可以对公共政策进行形式上的划分。从横向角度来看,公共政策可以划分为立法决策、行政决策、司法决策、政党决策四种形式;从纵向角度来看,公共政策可以包括中央政策(全国政策)、地方政策、基层政策三个层次。

(一)公共政策的横向形式

公共政策的横向形式是由各国政治体制决定的。当代世界主要国家的政治体制主要有五种类型:以中国为代表的人民代表大会制度,以美国为代表的总统制,以英国为代表的议会制,以法国为代表的半总统、半议会制,以瑞士为代表的委员会制。公共政策的表现形式随政治体制的国家机构和权力配置方式的不同而各有异同。

我国公共政策的横向形式,主要体现在立法决策、行政决策、司法决策和政党决策方面。

(1) 立法决策主要表现为:① 宪法;② 基本法律;③ 其他法律;④ 人大决定。

(2) 行政决策,即国家行政机关在法定的权力和职能范围内,按一定程序和方法作出的决定。主要包括:① 行政法规。国务院根据宪法和法律,规定行政措施,制定行政法规,发布决定和命令。一般行政法规以总理令的形式发布。② 行政措施、决定和命令,一般以国务院文件或国务院办公厅文件的形式发布。与行政法规不同的是,前者是政策性文件,而后者属于法规。③ 部门规章。国务院各部委有权根据法律和国务院行政法规、决定、命令,在本部门的权限内,发布命令、指示和规章。部门规章一般以部长令的形式发布,并须报备国务院,国务院有权予以改变或撤销。

(3) 司法决策。各级人民法院、人民检察院作为司法机关,主要功能是政策执行和政策监督,作为政策制定的主体,其作用并不明显。尽管如此,最高司法机关可通过司法解释作为司法决策的重要形式和途径。

(4) 政党决策。在中国现行的政治体制中,中国共产党居于领导核心地位,整个公共政策的制定与执行的过程,是以中国共产党组织为首的所有履行当代中国社会公共权力的组织机构的决策与执行的过程。[①] 党的政策通过两种形式成为公共政策:① 直接形式,党的历次代表大会和中央全会通过的政策性文件,通过政府

---

① 胡伟:《政府过程》,浙江人民出版社 1998 年版,第 17 页。

行为直接贯彻于社会生活的各个领域之中。② 间接形式，把党的主张通过法定程序变为国家意志。这种法定程序可以采取中共中央和国家机构联名发布政策方案，或者中共中央提出政策创议、国家机构据此制定具体政策方案，并按法定程序通过，或者以党提出的政策为原则进行政府决策等形式来完成。

（二）公共政策的纵向形式

以决策者即公共权力机关的层级或纵向结构为标准，公共政策的纵向形式构成可划分为中央政策（全国政策）、地方政策和基层政策。

作为单一制国家，中国公共政策的纵向构成主要包括以下几个层面：

(1) 中央政策。在当代中国，中央政府拥有基本政策的制定权，中央政策指导地方政策的制定，同时也决定着地方政策的目标、方向和行为规范。中央政策一般是宏观政策。

(2) 地方政策。地方政策是在中央政策的指导下，根据本地实际情况，对如何贯彻中央政策和解决地方实际问题所作的一些具体的规定，是中央政策的具体化，一般属于中观政策。在我国，与地方政府层级相对应，地方政策可划分为省（直辖市、自治区）政策、市政策、县政策。

(3) 基层政策。是指乡级政权在执行决策的过程中针对本辖区具体情况作出的决策。

三、公共政策的类型

根据内容不同，可将公共政策划分为不同的类型。

（一）元政策、基本政策、部门政策

元政策，又称为总政策（或总路线、总方针），是政策体系中管总的或具有统摄性的政策，对其他各项政策起指导和规范的作用，是其他各项政策的出发点和基本依据，是政策主体以指导一定历史时期全局性行动的高度原则性的指针。元政策的基本作用在于保障其他各项政策遵循同一套政策理念、实现统一的政策目标。因此，它又被称为“政策的政策”。

基本政策是针对某一社会领域或社会生活某个方面制定的、在该领域或方面起全局性与战略性作用的政策，有时又被称为基本国策、方针性政策、纲领性政策、根本政策。基本政策是元政策或总政策的衍生，是总政策在某一领域或某一方面的延伸和具体化；同时，它又是该领域或方面的元政策，对该领域或方面的具体政策起着管总、统摄、统帅的作用，是总政策和具体政策的中间环节。基本政策一般

反映统治阶级的价值观和政治信仰，其中包括政策制定者的价值观和政治信仰。

部门政策是指为在某一特定的部门贯彻基本政策而制定的具体行动方案和行为政策，有时又被称为具体政策或方面政策。它是针对特定而具体的政策问题作出的政策规定，通常用政府文件的形式作出具体规定。部门政策由元政策和基本政策所决定，体现和服从于元政策与基本政策。从分类的角度来说，元政策和基本政策之外的所有政策都可以视为部门政策。元政策、基本政策、部门政策的区分具有相对性；同时，部门政策又可分为若干等级，高一层次的部门政策相对于低一层次的部门政策而言，具有统摄作用。

（二）战略、策略、战术

属于同一政策体系的各项政策，从时间效力角度而言，可以划分为即时的、短期的、中期的、长期的政策；从空间效力角度来看，可以划分为全局的与局部的政策。将时间和空间两个向度结合起来，就有了战略、策略和战术的区分。

在公共政策范畴内，战略是政策主体在一个较长的时间阶段内所要达到的主导全局的根本目标以及为目标的实现所作的资源配置和行动步骤的设想，有时战略又被称为“宏观决策”。战略规划是政策主体为实施既定的战略目标而对各种战略要素所进行的全面组织、协调和统一调度，它一般包括战略目标、战略重点、战略要求、战略布局、实现战略的途径和条件等要素。战略规划关注的是总体性、宏观性的决策，它是决定全局的，是领导活动的纲领和准则。

策略是政策主体针对某一特定形势制定的行动路线，比较具体。相对于战略而言，策略是战略的一部分，是服从和服务于战略的，策略是根据形势的变动而变动的，有时又被称为“中观决策”。

战术，是为了达到一定的战略目的，在一定的方向和一定的时间内解决某一局部问题的行动方案，有时又被称为“微观决策”。

（三）不同领域的政策

每项政策都是针对特定的社会领域、为解决特定的社会问题而制定的，因此，每项政策都具有其特定的社会内容。根据政策的社会内容不同，公共政策可以分为以下基本类型：

（1）政治政策，是指一定的政策主体在政治生活领域为达到一定的政治目标而针对相关对象制定的行为准则与规范。政治政策包括外交政策、国防政策、国家安全政策、公共安全政策、阶级政策、民族政策、政党政策等。

（2）经济政策，是政策主体在经济领域为达到一定的经济、政治与社会目标而制定的调整经济关系、经济活动的准则与规范，通常包括宏观调控政策和微观管理政策。经济政策包括产权政策、农业政策、工业政策、金融政策、财政政策、贸易政策、环境政策、房地产政策、区域发展政策等。

(3) 社会政策分为广义与狭义两种。根据经济学家瓦帅拉普的界定,广义的社会政策涉及国民福利及文化、教育、人口、健康与国民经济,并且和精神的、伦理的、宗教的生活有关;狭义的社会政策,则以救助劳动阶级以及贫困民众的生活为目的。当代美国学者综合西方学者的各种理解,将社会政策理解为以解决社会问题、促进社会安全、改善社会环境、增进社会福利为目的,经由国家立法与行政的手段,促进社会各阶层均衡发展的一种途径。社会政策包括劳动政策、医疗卫生政策、社会保障政策、公共救助(社会救济)政策、人口政策、宗教政策等。

(4) 教育、科技、文化政策,指的是政策主体在教育、科技、文化领域为达到一定目标而制定的发展规划、指导原则和行动规范。

四、公共政策的功能

公共政策的功能,就是指公共政策所能发挥的作用和公共政策所具有的意义。目前, 学术界对公共政策功能的表述并不一致。有的归纳为导向、调控和分配功能①,有的归纳为制约性、导向性、管理性和象征性功能②,有的归纳为导向、控制、协调、管理、分配、规范、中介、监督、再生和动力功能等③。本文将公共政策的功能归纳为三种, 即导向功能、规范功能和调控功能。

(一) 导向功能

公共政策具有明确的导向功能。政党和国家为了实现一定时期的目的、为社会的发展规定目标、解决某些政策问题,通过公共政策的制定、执行,对人们的行为和事物发展加以引导。也就是说,政策给社会的发展、人们的行动确定了方向,使得整个社会生活由复杂、多面、相互冲突、漫无目的的行为,能有效地被纳入到统一的、明确的目标上来,使之按既定目标有序进行。从形式上来看,公共政策的导向功能包括直接的导向和间接的导向;从作用结果来看,有正面导向作用, 也有负面导向作用。

(二) 规范功能

规范功能是指公共政策在社会实际生活中为保证社会的正常运转所起的规范

---

① 陈庆云:《公共政策分析》,中国经济出版社 1996 年版,第 13 - 22 页。
② 沈承刚:《政策学》,北京经济学院出版社 1996 年版,第 108 - 120 页。
③ 王传宏,李燕凌:《公共政策行为》,中国国际广播出版社 2002 年版,第 321 - 328 页。

作用。在这个意义上，规范也可以理解为社会控制，即通过制定一定的公共政策，使人们遵守社会规范，维护社会秩序。公共政策的规范功能，首先体现在它的监督作用上，公共政策的用意在于发现并纠正社会生活中的非常规、不安定因素，保障并加强社会的正常秩序，促进社会进步和经济发展。其次体现在它的惩罚作用上，政策都有一定的强制性，因为在社会规范中，任何政策都代表一定阶级的政治和经济利益；违反政策，就等于触动了统治阶级的利益，就不能不受到惩罚。

（三）调控功能

公共政策的调控功能，即政府运用政策，对社会公共事务所出现的各种社会矛盾进行调节和控制的过程中所起的作用，在很大程度上体现在调控社会的各种利益关系方面，尤其是物质利益的关系方面。政策的调控功能，表现为直接和间接两种形式，并且常表现出特有的倾向性。

第三节　劳动政策

劳动政策是公共权力机关为了保护劳动者的合法权益、调整劳动关系、建立和维护适应社会主义市场经济的劳动制度、促进经济发展和社会进步，经由政治过程所选择和制定的以解决劳动问题为重点的行动方案，是政府对劳动问题的回应和干预，是公共政策的一个重要组成部分。

一、劳动政策的主体

劳动政策是中国重要的部门政策之一。在社会主义市场经济条件下，国家层面的劳动政策的行动者包括：中共中央、全国人民代表大会及其常务委员会、国务院及其下属部门（包括人力资源和社会保障部）、中华全国总工会、中国人民政治协商会议、劳动专家及其组织等。

（一）中共中央

中国共产党在中国的公共政策制定过程中处于核心地位。这种情况同样适合于劳动政策的制定。作为工人阶级的政党，劳动政策无疑是中国共产党最关心的政策范畴之一。劳动领域的重大政策方针和法律，不是由中共中央倡导，就是由其批准和决定。国家人力资源和社会保障部及国务院在草拟重大劳动政策方案时，都会寻求中共中央书记处、中央相关领导小组如中央财经领导小组等的协助和指导。

中共中央政治局有负责劳动政策的政治局委员和相关的中央领导小组。党对劳动政策和劳动立法的领导并不意味着党的最高领导层要对每一项具体政策和每一部专门法律都进行审查。事实上，中共中央采用不同的方法参与到决策和立法的过程中。

由于党的组织参与到政策过程和立法体系的每一个方面，因而可以确保党对劳动政策和立法的控制与监督。例如，在《中华人民共和国劳动法》(以下简称《劳动法》)起草的过程中，劳动部(人力资源和社会保障部的前身)党组负责监督立法工作，并经常就立法中的棘手问题请示政治局的有关领导，寻求中央书记处的具体指导。此外，劳动部党组还定期向党中央报告起草工作的进程。劳动法草案在提交到国务院讨论前，先要得到劳动部和国务院法制局(国务院法制办公室的前身)党组的批准。作为一项重要的经济和政治法律，《劳动法》在全国人大常委会讨论和通过以前，首先要得到中央政治局或其常委会的通过或同意。

(二) 全国人民代表大会及其常务委员会

作为中国的立法机构，全国人大及其相关机构并不是一般性地参与劳动政策过程，它们的作用主要表现在劳动立法过程中。因此，我们这里主要讨论全国人大及其相关机构在劳动立法中的作用。目前，由全国人大及其常委会通过的劳动法律主要有《中华人民共和国劳动法》(1994)、《中华人民共和国工会法》(1992，2001)，《中华人民共和国矿山安全法》等。全国人大有权通过基本法律，而全国人大常委会则具有颁布除基本法以外的其他法律的权力。由全国人大通过的法律需要在提交全国人大前交由全国人大常委会审议。全国人大常委会对于议程设定和法律的备选方案都具有显著的影响。

(三) 国务院及其下属部门

作为国家最高行政机关，国务院是中国劳动政策的主要制定者。根据法律，国务院在促进劳动就业、发展职业教育、制定劳动标准、调节社会收入、完善社会保险、协调劳动关系、逐步提高劳动者的生活水平等政策领域担负主要职责。国务院不仅行使劳动行政管理权力，对劳动事务进行管理，而且还负责制定劳动政策和劳动法规，起草劳动法律，干预劳动关系。在由计划经济向市场经济的过渡期中，国务院主导着中国劳动制度的改革，许多重要的劳动政策都是以国务院的行政决定和行政法规形式出现的。例如，1986 年 7 月，国务院颁布了四项有关劳动合同制度改革的暂行法规，有力地推动了劳动合同制度的实施和劳动就业制度的变革。在有关劳动者的社会保险政策方面，无论是养老保险、失业保险、医疗保险，还是工伤保险、生育保险等，都是由国务院以行政法规和决定的方式推行的。

（四）人力资源和社会保障部

人力资源和社会保障部是国务院主管全国劳动工作的行政部门，是中国劳动和就业事务的最高行政机关，负责全国劳动管理及全国性劳动政策和法律的执行。

人力资源和社会保障部经历了一个逐渐演变的过程。新中国成立初期，根据1949年中央人民政府颁布的《中华人民共和国中央人民政府组织法》，设立劳动部。1970年6月，在“文革”的影响下，很多国家机关都受到冲击，劳动部也被降级，成为国家计划委员会属下的劳动局。1975年9月，在国务院的直接领导下，劳动局进行了重组，成为国家劳动总局。1982年5月，国家劳动总局与国家人事局、国务院科技干部局、国家编制委员会合并为国家劳动人事部。1988年，国家劳动人事部再被划分成劳动部和人事部。从此以后，劳动部成为国务院的一个独立的行政部门。1998年3月，劳动部改组为劳动和社会保障部。2008年3月，根据第十一届全国人民代表大会第一次会议批准的国务院机构改革方案和《国务院关于机构设置的通知》(国发[2008]11号)，设立人力资源和社会保障部，为国务院组成部门，将原人事部、原劳动和社会保障部的职责整合，划入人力资源和社会保障部。

根据《人力资源和社会保障部主要职责内设机构和人员编制规定》(国办发[2008]68号职)，人力资源和社会保障部涉及劳动政策的职能有以下几方面：第一，拟定人力资源和社会保障事业发展规划、政策，起草人力资源和社会保障法律法规草案，制定部门规章，并组织实施和监督检查。第二，拟定人力资源市场发展规划和人力资源流动政策，建立统一规范的人力资源市场，促进人力资源的合理流动和有效配置。第三，负责促进就业工作，拟定统筹城乡的就业发展规划和政策，完善公共就业服务体系；拟定就业援助制度，完善职业资格制度，统筹建立面向城乡劳动者的职业培训制度；牵头拟定高校毕业生就业政策，会同有关部门拟定高技能人才、农村实用人才的培养和激励政策。第四，统筹建立覆盖城乡的社会保障体系。统筹拟定城乡社会保险及其补充保险政策和标准，组织拟定全国统一的社会保险关系转续办法和基础养老金全国统筹办法，统筹拟定机关企事业单位基本养老保险政策并逐步提高基金统筹层次。会同有关部门拟定社会保险及其补充保险基金管理和监督制度，编制全国社会保险基金预决算草案，参与制定全国社会保障基金投资政策。第五，负责就业、失业、社会保险基金预测预警和信息引导，拟定应对预案，实施预防、调节和控制，保持就业形势稳定和社会保险基金总体收支平衡。第六，统筹拟定劳动、人事争议调节仲裁制度和劳动关系政策，完善劳动关系协调机制,制定消除非法使用童工政策和女工、未成年工的特殊劳动保护政策,组织实施劳动监察,协调劳动者维权工作,依法查处重大案件。

(五)中华全国总工会

中华全国总工会,是中国工会的联合组织和领导机构。作为中国工人运动的正式代表,中华全国总工会在保护工人利益和权利方面具有义不容辞的责任。所以,中华全国总工会在劳动政策制定的过程中具有很大的影响力。中华全国总工会不仅对与工人利益相关的事务具有发言权,而且直接参与劳动政策的制定和法律的起草工作。从20世纪80年代开始,中华全国总工会在与工人有着密切关系的《中华人民共和国全民所有制工业企业法》(1988)、《中华人民共和国企业破产法》(1986)、《中华人民共和国工会法》(1992,2001)和《中华人民共和国劳动法》(1994)的起草工作中都起到了积极的作用。中华全国总工会的法律部门负责关于工会和工人利益的立法事务。

(六)中国人民政治协商会议

作为中国一项特殊的政治制度,中国人民政治协商会议是中国共产党领导下的爱国统一战线。中国人民政治协商会议的存在,反映了有中国特色的多党合作与政治协商体制,被称为中国基本政治制度之一。政治协商会议的基本职能是政治协商。政治协商的主要内容包括:国家的重大方针政策、政府工作报告、国家财政预算、经济和社会发展规划、国家政治生活方面的重大事项、国家的重要法律草案、对外政策、国家人事安排等。

以《劳动法》的制定为例,中国人民政治协商会议对立法的推动作用是十分明显的。从20世纪80年代后期开始,在每次全国政协会议上,都有一些委员提出要制定《劳动法》。在1989年3月26日的全国政协会议上,20位政协委员发表联名讲话,指出制定《劳动法》的条件已经成熟,敦促全国人大尽快立法,并要求国务院成立一个权威性的《劳动法》起草小组。

(七)劳动专家及其组织

劳动专家——劳动政策、劳动经济和劳动法律专家——也是劳动政策制定过程中的重要行动者。劳动政策领域的专家大致可以分为三类:第一类属于人力资源和社会保障部或其他政府部门内部的政策分析机构和智囊机构,如政策法规司、劳动保障科学研究院;第二类属于中华全国总工会及其下属机构,如中华全国总工会法律部和中国劳动关系学院;第三类属于大学和研究机构,如中国社会科学院。

劳动专家们不仅试图影响政策的议程设定,还试图影响政策制定者的选择。

他们影响政策的主要方式是直接向政府提出政策建议、充当政府顾问、参与政策起草、出席政府部门的座谈会、举办或出席学术会议、发表论文和著作等。除了他们个人的活动，这些劳动专家还通过他们的协会影响劳动政策和立法。主要的劳动专家学术团体有中国劳动学会和中国劳动法研究会，在推动《中华人民共和国劳动法》、《中华人民共和国劳动合同法》、《中华人民共和国就业促进法》立法方面，发挥了应有的作用。

二、劳动政策的对象

劳动政策调整的对象源于劳动问题。劳动问题是在劳动领域发生的、劳动者个体或者群体遭遇的相关不合意、令人不快的事件或状况，例如，失业、童工、闭厂停工、青年失业、虐待劳工、拖欠工资、恶劣的工作环境、解雇、下岗、罢工、工业意外、劳工暴动、不公平劳动、低工资、缺乏社会保障等。劳动问题的发生，有着极其复杂的因素，包括政治、经济、社会、文化、法律等原因。

从历史发展的角度来看，劳动问题是随时代发展而不断拓展的。第一，在劳动政策的胚胎期(1850 年以前)，劳动问题涉及的范围非常狭小，只局限于对童工、女工的保护上。例如，1787 年，奥地利宫廷颁布了一道敕令："凡未满 9 岁的儿童，非不得已不许从事工厂劳动。"1802 年，英国皮尔勋爵(Sir Robert Pell)推动制定了《健康与道德法案》，禁止 9 岁以下儿童在工厂做工，限制童工工作时间为 12 小时，并禁止夜工，以及为童工置办新衣与讲授课程等。1842 年，英国《矿场劳动法》禁止女工在坑内工作，1844 年英国禁止女工做夜工。1850—1880 年，除童工女工等问题外，劳工组织、劳工条件、工厂安全卫生等问题引起了大家的关注。面对此起彼伏的工会运动，政府最初采取高压手段进行镇压甚至迫害。在工人阶级的抗争下，英国政府于 1875 年明确了劳工的团结权，法国于 1864 年承认了劳工的团结权，于 1884 年正式公布了《工会法》，德国于 1899 年开始废止关于同盟罢工的罚则。1850 年，英国颁布了关于劳动条件和工厂安全卫生的法规，到 1874 年，《工厂法》开始完备。1880 年到第一次世界大战期间，劳动问题又有了新的发展，劳动保障问题引起人们关注。1881 年，德国议会虽未通过首相俾斯麦递交的《伤害保险法》，但在次年通过了经修改与《疾病保险法》一并提出的相关法案。1889—1913 年，德国先后通过了《废疾保险法》、《养老保险法》、《帝国保险法》、《使用人保险法》等法案。1911 年，英国制定了《失业保险法》，1912 年强制实施《疾病保险法》，1920 年制定了新的《失业保险法》。第二次世界大战以后，劳动问题更趋于国际化，根据国际劳工组织的相关公约，劳动统计资料的内容包括：经济活动人口、就业、失业或不充分就业；经济活动人口的结构与分布；平均收入和工时；工资结构和分配情况；人工费用；消费品价格指数;夫妻开支或家庭开支,夫妻收入或家庭收入;职业伤害和职业病;劳动争议等。①

在当代中国,需要探讨和解决的劳动问题也不少。从地域上看,存在城镇劳动者的就业问题与农村劳动者的就业问题;从就业主体上看,存在着特殊群体劳动者的就业问题,例如残疾人就业问题、中老年人的就业问题、青年人的就业问题、高校毕业生的就业问题、移民群体的就业问题,女性的就业问题等;从劳动关系上来看,存在着劳动者社会地位的问题、工会的作用与地位的问题等;从劳动制度上来看,存在着劳动、就业、用工、保障、福利等制度的改革问题。此外,还有一系列由综合因素作用而产生的劳动问题、如劳动积极性问题、劳动者的集体性行动问题等。

这些劳动问题影响了多数人的权益,而且依靠个体或单个组织的力量难以解决,必须以社会的力量对其诊断,并采取必要措施来加以预防或解决。

三、劳动政策的形式

与其他公共政策类别一样,中国的劳动政策也有不同的表现形式,包括劳动法律、劳动行政法规、地方劳动法规、部门规章、政策和文件。

(一)宪法

《中华人民共和国宪法》(以下简称《宪法》)规定了公民的劳动权利和义务,同时也规定了劳动者的休息权、退休、保障等方面内容。例如《宪法》第四十二条规定,中华人民共和国公民有劳动的权利和义务。“国家通过各种途径,创造劳动就业条件,加强劳动保护,改善劳动条件,并在发展生产的基础上,提高劳动报酬和福利待遇。劳动是一切有劳动能力的公民的光荣职责。国有企业和城乡集体经济组织的劳动者都应当以国家主人翁的态度对待自己的劳动。国家提倡社会主义劳动竞赛,奖励劳动模范和先进工作者。国家提倡公民从事义务劳动。国家对就业前的公民进行必要的劳动就业训练。”《宪法》第四十三条规定,中华人民共和国劳动者有休息的权利。国家发展劳动者休息和休养的设施,规定职工的工作时间和休假制度。《宪法》第四十四条规定,国家依照法律规定实行企业事业组织的职工和国家机关工作人员的退休制度。退休人员的生活受到国家和社会的保障。《宪法》第四十五条规定,中华人民共和国公民在年老、疾病或者丧失劳动能力的情况下,有从国家和社会获得物质帮助的权利。国家发展为公民享受这些权利所需要的社会保险、社会救济和医疗卫生事业。

---

① 刘旭:《国际劳工标准概述》,中国劳动社会保障出版社2003年版,第90页。

（二）基本法和法律

有关劳动的基本法和法律由全国人大及其常委会制定。例如，《劳动法》规定，中国劳动者享有以下基本权利：第一，非歧视就业权：劳动者就业，不因民族、种族、性别、宗教信仰不同而受歧视；第二，平等就业权：劳动者享有平等就业和选择职业的权利；第三，劳动报酬权：劳动者有取得劳动报酬的权利；第四，劳动者有休息休假的权利；第五，劳动保护权：劳动者有获得劳动安全卫生保护的权利；第六，培训权：劳动者有接受职业技能培训的权利；第七，社会保障权：劳动者有享受社会保险和福利的权利；第八，法律救济权：劳动者有提请劳动争议处理的权利以及法律规定的其他劳动权利。与权利相联系，中国的劳动者也要承担相应的义务，如应当完成劳动任务。此外，《中华人民共和国劳动合同法》、《中华人民共和国就业促进法》、《中华人民共和国劳动争议调解仲裁法》也属于劳动的基本法和法律范畴。

（三）国务院颁发的行政法规和地方人大通过的地方性法规

国务院颁发的行政法规中，有对劳动保障问题作出的具体规定。例如，《中华人民共和国企业劳动争议处理条例》（国务院令第 117 号）、《中华人民共和国劳动合同法实施条例》（国务院第 535 号令）、《国务院关于建立统一的企业职工基本养老保险制度的决定》（国发[1997]26 号）等多属行政法规层级的劳动政策。地方人大通过的地方性法规，有《上海市劳动合同条例》等。

（四）部门规章

部门规章，例如《就业服务与就业管理规定》（原劳动和社会保障部令第 28 号）、劳动部会同全国总工会、国家经贸委等有关部门制定的《劳动争议仲裁委员会办案规则》（劳部发[1993]276 号）等。

四、劳动政策的内容

不同的学科领域，对于劳动政策范畴的理解是不尽相同的。例如，从经济学角度讲，劳动政策包括影响就业和劳动力市场的宏观经济政策以及影响企业运作和工作水平的微观经济政策；从法律的角度讲，劳动政策是劳动法律、法规和规则的总和；从劳动力市场着眼，劳动政策是劳动力市场政策与工作场所政策的总和；从劳动关系的角度来看，劳动政策是政府有关劳动关系活动——组织工会、罢工——的规定、政策和法律；从社会政策的角度来看，劳动政策就是劳工政策，即针对劳工而设的社会保护政策，它是政府以立法或提供制度化的服务等方式介入劳动力市场以促进劳工福祉的政策，主要表现是劳工立法和劳工服务；从就业角度来看，涉及就业条件、退休、工资、职业福利、职业安全、职业标准、工作安置、辞退补偿等；从人力资源管理的角度讲，劳动政策涉及员工福利与发展、员工关系等人力资源政策。[①] 根据《劳动法》的结构，劳动政策的内容包括促进就业的政策、工资政策、劳动安全卫生政策、女职工和未成年工特殊保护政策、职业培训政策、社会保险和福利政策、劳动争议处理政策以及劳动行政管理政策。

综合历史发展和多学科的视角，我们认为，劳动政策的范围可以分为以下方面。

（一）劳动力市场政策

劳动力市场政策可以从广义和狭义两个方面来理解。广义的劳动力市场政策，指的是影响劳动力供应和需求的所有政策；狭义的劳动力市场政策，指的是与创造就业和失业保护有关的政策。一般而言，劳动力市场政策包括劳动力市场准入政策、就业政策、培训政策等内容。

（二）劳动条件政策

劳动条件政策涉及的面比较广，主要包括劳动标准，如工作时间、休息休假、最低工资等，还包括生产安全和卫生等。

在工作时间方面，国家实行劳动者每日工作时间不超过 8 小时、平均每周工作时间不超过 40 小时的工时制度。用人单位应当保证劳动者每周至少休息一日。国家实行最低工资保障制度，用人单位支付劳动者的工资不得低于当地最低工资标准。

在劳动安全卫生方面，中国法律要求用人单位必须建立、健全劳动安全卫生制度，严格执行国家劳动安全卫生规程和标准，对劳动者进行劳动安全卫生教育，防止劳动过程中的事故，减少职业危害。劳动安全卫生设施必须符合国家规定的标准。用人单位必须为劳动者提供符合国家规定的劳动安全卫生条件和必要的劳动防护用品，从事有职业危害作业的劳动者应当定期进行健康检查。

（三）劳动关系政策

劳动关系政策是调整劳动者与用人单位（包括各类企业、个体工商户、事业单位等）在实现劳动过程中建立的社会经济关系方面的政策，主要表现为就业（雇佣）

---

① 岳经纶：《中国劳动政策：市场化和全球化的视野》，社会科学文献出版社 2007 年版，第 16 页。

政策、工会政策、集体协商与集体谈判政策、劳动争议解决政策等。

（四）劳工福利和社会保障政策

劳工福利包括养老、失业、医疗、生育保险、农村社会保险以及法律要求由企业提供的福利等。自20世纪80年代以来，中国劳动政策和立法的一个重要趋势是积极干预劳动力再生产的条件。政府通过一系列劳动法规来保障劳工的福利和社会保障，建立了养老保险、失业保险、医疗保险、工伤保险和生育保险制度，有效地保障了劳动者的权益。

本章小结：

劳动政策是公共权力机关为了保护劳动者的合法权益、调整劳动关系、建立和维护适应社会主义市场经济的劳动制度、促进经济发展和社会进步，经由政治过程所选择和制定的以解决劳动问题为重点的行动方案，是政府对劳动问题的回应和干预，是公共政策的一个重要组成部分。国家层面的劳动政策的行动者包括：中共中央、全国人民代表大会及其常务委员会、国务院及其下属部门（包括人力资源和社会保障部）、中华全国总工会、中国人民政治协商会议、劳动专家及其组织等。劳动政策的对象是劳动问题，即在劳动领域发生的、劳动者个体或者群体遭遇的相关不合意、令人不快的事件或状况。劳动政策的形式包括劳动法律、劳动行政法规、地方劳动法规、部门规章、政策和文件。劳动政策的内容涉及劳动力市场、劳动条件、劳动关系、劳动福利与保障等政策。

案例分析：

2008年1月1日，《劳动合同法》正式施行，这部法律牵涉亿万劳动者的切身利益。这部法律的两个数字令人关注：在《劳动合同法》的起草过程中，从全国征集到的意见超过19万条；它在全国人大常委会审议了4次才最终得以通过，这部法律的诞生几经波折。2005年10月，全国人大常委会展开了《劳动法》执法大检查，重点检查签订和执行劳动合同、落实和完善最低工资制度、解决拖欠工资问题和实施社会保险等问题，结果发现《劳动法》施行情况不容乐观。而实际上，从2004年开始，由劳动保障部牵头，《劳动合同法》就已经开始了起草工作，但正是全国人大常委会对《劳动法》的执法检查，直接推动了《劳动合同法》的诞生，"黑砖窑"事件，最终促成了《劳动合同法》最后能够全票通过。

《劳动合同法》在制定起草过程中，经过无数次争论和修改，其实，围绕法律草案的每一轮争论、每一处修改，都是在对各方利益重新作一次权衡和调节。2006 年 3 月 20 日，《劳动合同法草案》开始向全社会公布并征求意见，这是我国自新中国成立以来向社会公开征求意见的第五部法律，然而没想到引起全国人民的高度关注，在短短的一个月时间内，收到了 19 万条意见，这在中国的立法史上是从来没有过的现象，而这时大量来自用人单位方面的意见，如“企业的规章制度要经过工会和职工代表大会讨论通过”，用人单位一方的代表对这条意见较大，对《劳动合同法草案》第二稿的修改产生了重要影响。2006 年 12 月 26 日，已经历近一年修改的《劳动合同法草案》(第二稿)提交全国人大常委会审议，然而各方代表对于这一稿的意见分歧依然很大，但争议的焦点已经集中到了劳务派遣、终止劳动合同的经济补偿和无固定期限劳动合同等问题上。2007 年 4 月 20 日，《劳动合同法草案》(第三稿)提交全国人大常委会审议，一般的法律在三审的时候都能通过，然而《劳动合同法草案》到了第三稿的时候，在试用期、服务期以及就业限制等焦点问题上，各方面都没有妥协，第三稿的讨论仍然激烈。

《劳动合同法》的出台是一个利益博弈的结果，企业和劳动者的责权利都以法律条文的形式确定下来，但是，我们注意到，这部法律的具体实施仍有很多地方还是空白。我们也呼吁相关部门，能够尽可能让全社会充分讨论实施细则，并尽快出台。因为只有保障了大多数人的权益，才能保障中国经济的活力。

思考题：

1. 请说明劳动、劳动力的内涵及其性质。
2. 请说明劳动力资源的构成。
3. 请简述公共政策的形式。
4. 请论述公共政策的功能。
5. 请说明劳动政策的概念。
6. 请说明劳动政策的主体。
7. 请简述劳动问题。
8. 请论述劳动政策的形式与内容。

第二章 劳动政策的历史演进

引导案例

促进就业政策再延伸①

2008年,以高校毕业生为主体的需要就业的青年人数又创下历史新高。从各类学校毕业、自2008年6月份开始陆续进入人力资源市场的青年劳动力总计达到1 300万人,占我国一年需要解决就业人数2 400万人的一半多,青年就业群体已经成为其中的主体。高校毕业生又是青年就业群体中压力较大的人群。2008年,我国高校毕业生共559万人,同比增加64万人。按照70%初次就业率推算,将有160多万人不能实现当期就业。技工学校培养出来的专业技术人才就业率可以达到90%以上,往往是还没毕业就被用人单位预定了。由于教育内容、专业设置与市场需求脱节,高校毕业生反而不符合用人单位的要求,其创业能力、思想观念和创业氛围也存在局限,高校毕业生就业存在一定困难。"这不是新问题,但目前高校教育仍然没能很好地适应市场需求,这使得高校毕业生成了'劳动力素质与岗位不适应'这一结构性就业矛盾的突出代表。"

案例讨论题:

1. 你如何看待高校毕业生的就业情况?
2. 为缓解就业压力、稳定就业形势,政府可采取哪些措施?

① 杨琳:"促进就业政策再延伸",《新闻周刊》,2008-09-23。

第一节　发达国家劳动政策的形成

在不同的历史时期，由于资本主义社会经济结构的具体特点不同，该时期的劳动政策的内容特征也各不相同。19 世纪下半期到 20 世纪 80 年代，西方发达国家的劳动政策经历了一个演进过程。20 世纪 80 年代以来，发达国家面临着经济滞涨、高失业率和经济全球化等多种挑战，这些挑战对发达国家的劳动就业政策产生了深刻的影响。

一、20 世纪 80 年代之前发达国家的劳动政策

19 世纪下半期至 20 世纪初，亚当・斯密奠定的古典自由主义经济理论主导着经济的发展，各个资本主义国家都信奉“萨伊定律”，认为供给会自己创造需求，可以通过“看不见的手”自动进行调节。根据萨伊定律和劳动力市场一般均衡理论，当时的就业理论坚持市场化的就业机制，在工资率这一“看不见的手”的指引下，借助劳动力市场，并通过劳动力的自由流动及生存竞争等，来强制实现劳动力资源在各种不同用途之间进行最有效的分配，政府不需要加以干预。因此，在这一理念的指引下，当时各发达国家政府没有制定主动干预的就业政策，而是仍坚持通过劳动力市场调节机制来调节就业。针对日益严重的失业问题，政府采取的主要对策是向无业或失业者提供失业救济金。①

1929—1933 年，资本主义国家爆发了空前严重的经济危机，生产水平大幅下降，大量的企业破产，失业人数剧增，经济持续萧条。危机造成资本主义国家失业工人人数高达 3 000 万，主要资本主义国家的失业率超过 20%，美国在 1933 年失业率达 24.9%。② 这次危机使资本主义经济受到了极大的打击，促使各国政府意识到必须解决日益加剧的失业问题。危机也使得传统经济学“供求自动均衡、自动达到充分就业”的理论陷入了空前的危机，因为它无法解释长期的、世界性的经济大衰退和失业问题。在这种背景下，在美国出现了罗斯福新政，与之相呼应的是，英国经济学家凯恩斯提出了需求不足理论，认为失业现象主要是有效需求不足造成

① 石伟平，付雪凌：《发达国家就业培训政策的历史沿革与走向》，《职教通讯》，2007(11)，第 23 页。

② 同①，第22 页。

的。该理论主张国家干预经济，扩大政府开支，刺激资本家增加投资，以增加有效需求，从而解决严重的失业问题。

第二次世界大战之后，随着国家垄断资本主义的发展，西方各国政府对资本主义生产关系进行了自我调节，财政、金融扩张缓解了生产过剩危机，促进了战后资本主义经济的复苏和发展。各国政府进一步加强了对劳动领域的全面干预，并形成了一整套规范化和制度化的法律体系与调整机制。以英国为首的福利国家的出现，意味着社会保障制度的完善及福利水平的提高，这在某种程度上保证了相当长时期的社会稳定。从20世纪50年代中期到20世纪70年代中期这20年左右的时间里，资本主义度过了一个黄金时代，西方发达国家国民生产总值年均增长率高达5.5%。① 美国政府于1946年通过了《就业法》，宣称"利用符合国家政策的需要、职责和其他各种考虑的一切实际可行的手段，在企业界、农业界、劳工界以及州和地方政府的协助与配合下，协调并运用其他一切计划、职能与资源，以及在培育和促进自由竞争企业制度与全民福利的前提下，为有能力工作、愿意工作和正在寻找工作的人，创造更多的就业机会，并促进就业、生产和购买力达到最高限度，乃是联邦政府的职责及其主要的政策目标"。不仅美国通过这种法律的形式将维持充分就业作为政府的一种职责，其他一些西方国家也相继将政府维持充分就业的职责上升到了法律的地位。政府有责任促进充分就业，这是资本主义国家经济政策史上一个重要的转折点，它标志着凯恩斯主义理论成为资本主义国家政府的指导思想。②

20世纪30年代至70年代，西方各发达国家所实行的劳动就业政策就是这种凯恩斯主义的劳动就业需求管理政策。在一定程度上，这种政策促进了大部分发达国家充分就业的实现。在这一时期，发达国家制定的主要劳动政策具体表现在：政府运用宏观经济政策来增加岗位需求，促进就业；强化职业训练，提高就业人员素质，优化劳动力供给结构；建立福利国家，充分发挥失业保障制度在保障失业者利益和促进就业方面的积极作用；为社会弱势群体失业者提供失业接济金等。英国政府分别于1964年和1973年颁布了著名的《产业培训法》和《就业与培训法》，并相应成立了产业培训委员会与劳动力服务委员会，强调通过培训提高人力资源水平，以适应产业调整所需的就业培训的变革需求。③

二、20世纪80年代发达国家劳动政策面临的挑战

20世纪70年代，资本主义社会经济发展的速度放缓，特别是1974年的石油危

① 李民骐，朱安东：《世界资本主义经济发展简史：1870—1973》，《高校理论战线》，2005(6)。
② 孔德威：《劳动就业政策的国际比较研究》，东北师范大学博士学位论文，2007年版。
③ 石伟平，付雪凌：《发达国家就业培训政策的历史沿革与走向》，《职教通讯》，2007(11)。

机使发达国家的经济陷入了衰退，形成了西方经济史上前所未有的失业与通货膨胀并发的经济滞涨。① 20世纪80年代以来，经济滞涨、高失业率和经济全球化等因素对发达国家的劳动就业政策产生了深刻的影响。面对劳动就业面临的这些挑战，西方各国的劳动就业政策发生了根本性的变革。

从第二次世界大战到20世纪60年代末，西方国家大都保持着较低的失业率，这段时期被称为劳动就业的黄金时期。20世纪50年代至60年代间的平均失业率，美国为4.5%，德国为4.6%，丹麦为4.3%，挪威和瑞典分别为2.0%和1.8%。但是从20世纪70年代中期以来，西方国家的充分就业再也不能够维持，开始出现大规模失业现象，并成为长期困扰发达国家的一个主要的社会问题。美国与欧盟十五国的失业率开始逐步上升，到20世纪80年代中期，其失业率都已经接近10%。②

各发达国家失业问题日趋严重，其特点主要表现为非周期性失业、技术性失业与长期性失业。

(1) 非周期性失业。不仅经济衰退时有着较高的失业率，而且在经济处于恢复甚至扩张的阶段，各发达国家仍然存在着庞大的失业大军。以经合组织国家为例，20世纪70年代以前，该组织各国失业总人数平均为1 000万人。20世纪70年代至80年代期间，失业总人数平均为2 500万～3 000万人，而到了20世纪90年代之后，则增至3 500万人以上。③

(2) 技术性失业。新技术的应用、对劳动力素质要求的提高，也导致了技术性失业现象愈加严重。第二次世界大战之后，各发达国家开始进行科技革命，新技术的发展和新设备的使用大大提高了各国的生产力水平。企业为了保持其竞争优势，对员工素质的要求也越来越高。那些缺乏专业知识和专业技能的非熟练劳动者首先可能被企业解雇，他们在经济周期中沉淀下来成了结构性失业者。即使以后这些劳动力可以重新就业，往往也只是从事专业化程度不高的职业，并随时会面临失业的威胁。

(3) 长期性失业。战后，发达国家经济停滞持续时间的长期化趋势，使得周期性失业对就业的影响具有较长的持续性，非周期性失业也造成了失业长期化与失业人数扩大化，此外，科技的进步和发展导致了结构性失业，并随之带来技术性失业，这些长期性的失业都成为发达国家面临的主要问题。④

---

① 石伟平，付雪凌：《发达国家就业培训政策的历史沿革与走向》，《职教通讯》，2007(11)。

② 孔德威：《劳动就业政策的国际比较研究》，东北师范大学博士学位论文，2007(11)。

③ 罗润东，袁欣：《论发达国家的失业现状、原因及对策》，《延边大学学报(社会科学版)》，1998(1)。

④ 丁建定，柯卉兵：《发达国家积极就业政策及其启示》，《华中科技大学学报(社会科学版)》，2004(2)。

全球化的迅速发展对西方发达国家的劳动政策也产生了广泛、深刻的影响，特别是对传统的劳动就业政策产生了很大的冲击。20 世纪 80 年代以后，西方各国劳动就业政策的变革，既是经济全球化与科技进步发展的必然结果，也是经济全球化进一步发展的客观要求。

经济全球化使各国的贸易和投资壁垒不断降低，改善了资本的生存环境，使其有了更广阔的生存和发展空间。一方面，投资与贸易的自由化推动了生产的国际化，使资本能够在全球范围内进行产业结构调整，将一些劳动密集型产业转移到发展中国家，迫使这些国家参与到全球化的竞争中来。在这场全球化的进程中，跨国公司充分利用全球的自然资源、资本和劳动力资源，通过跨国采购、国际分包以及生产基地的外移，来避免额外的生产成本。另一方面，跨国公司普遍实行本地化战略，加速了全球产业结构调整的进程，使传统的劳动关系调整方式面临着挑战。由于跨国公司国际经营的承包制度和转包体系，使产业关系结构进一步复杂化，许多灵活的雇佣机制被引入劳工市场。经济全球化使国际竞争进入了一个新时代，西方发达国家更加注重通过降低生产成本来提高产品的国际竞争力。很多发达国家大量裁减就业人员，如在 20 世纪 80 年代，美国的许多企业围绕缩小企业组织机构、降低产品人工成本而大量裁员，纺织、钢铁、化工等行业尤为严重。① 一些大公司还进行了长期性裁员，使得就业形势急剧恶化。因此，经济全球化使高工资、高福利和高税收的劳动就业政策难以维持。此外，经济全球化还限制了发达国家实施劳动就业宏观需求管理政策的自主权。各国经济转向开放型的市场经济，就要弱化政府的宏观需求管理政策；各国制定的财政政策、货币政策以及汇率政策等也越来越受到外部因素的制约，从而增加了宏观需求管理政策实施的难度。

第二节　当代发达国家劳动政策的变革与发展

从 20 世纪 80 年代开始，西方发达国家劳动政策发生了变革，主要趋势是放弃凯恩斯主义的劳动就业政策，奉行多样性的劳动就业政策。20 世纪 80 年代以来，发达国家为解决失业问题采取了各种积极政策和措施，强调创造平等的机会，推行积极的劳动力市场政策。

① 罗润东，袁欣：《论发达国家的失业现状、原因及对策》，《延边大学学报(社会科学版)》，1998(1)。

一、发达国家劳动政策的变革

西方发达国家多样性的劳动就业政策主要包括以英美国家为代表的新自由主义劳动就业政策、以瑞典等北欧国家为代表的合作主义劳动就业政策、以法国和西班牙等欧洲大陆国家为代表的保守主义劳动就业政策。①

（一）新自由主义劳动就业政策

新自由主义是20世纪30年代以来，在反对凯恩斯主义的过程中，以古典自由主义为基础建立起来的一种新的理论体系。新自由主义企图复兴传统自由主义，其基本理论观点是：主张自由经营，反对国家干预；提出“自然失业”理论，反对工会组织等。②

新自由主义真正在英美等西方发达国家占据主流地位始于20世纪80年代初期，它是这一时期发达国家劳动就业政策的重要理论支撑。当时的主流经济学理论——英国经济学家凯恩斯的国家干预主义，已无法解决西方经济长期陷入滞涨状态这个难题，这为新自由主义的兴起提供了契机；随着撒切尔出任英国首相、里根出任美国总统，新自由主义成为英美政府的施政理念，并在国内外得到大力推行。于是从20世纪80年代开始，新自由主义劳动就业政策就在英美等传统的自由化国家盛行，欧洲等传统福利国家所进行的劳动就业政策改革也具有非常明显的新自由主义特征。2003年，欧盟委员会宣布了“新欧洲就业战略”(2003—2010)。该战略以新的“充分就业”代替传统的“充分就业”，将提高就业率作为劳动就业政策的目标，充分体现了新自由主义。③

与凯恩斯主义不同的是，新自由主义的主要目标是降低劳动力市场的僵化、纠正市场扭曲和恢复市场的激励机制，以此提高劳动参与率和就业率，从而降低失业率。其政策的核心是，政府将促进就业的宏观需求管理转变为微观供给管理，通过减税，刺激资本投入和劳动力供给，以促进经济发展、增加就业；推行劳动力市场灵活化政策，减少政府和工会的过多干预。④ 新自由主义劳动就业政策的主要内容包括减税政策、劳动力市场的灵活化政策以及劳动力市场的激活化政策。⑤

---

① 孔德威：《劳动就业政策的国际比较研究》，东北师范大学博士学位论文，2007(11)。

② 刘晓怡：《新自由主义述评》，《学习论坛》，2004(4)。

③ 王伟，孔德威：《西方国家劳动就业政策的变革》，《河北师范大学学报(哲学社会科学版)》，2005(3)。

④ 石伟平，付雪凌：《发达国家就业培训政策的历史沿革与走向》，《职教通讯》，2007(11)。

⑤ 同①。

(1) 减税是新自由主义经济政策及其就业政策的重要方面，它在美国经济发展与创造就业方面起着非常重要的作用。20 世纪 80 年代以来，美国政府实行了两次大规模的减税政策，第一次是 20 世纪 80 年代初期里根政府所实施的减税计划，从 1981 年到 1987 年 1 月，全美新增加了 1 300 万个就业机会；第二次是 21 世纪初期小布什政府所实施的 10 年减税计划。① 这两次大规模减税政策有力地推动了就业人数的增加。

(2) 劳动力市场的制度性僵化被认为是高失业率的主要原因，因此，实施劳动力市场的灵活化政策成为新自由主义就业政策的主要内容之一。劳动力市场的灵活化政策就是改革僵化的劳动力市场，放弃管制，减少政府和工会对劳动力市场的过多干预。新自由主义认为，劳动力市场的僵化是指由于存在工资刚性、劳动力流动性差等问题，劳动力市场不能适应外部经济发展变化的一种状态，它是产生高失业率的重要原因。形成劳动力市场僵化的根本原因被认为是政府和工会对劳动力市场的过多干预，这些干预不但不能保护劳动者，而且会减少劳动者的就业机会，损害劳动者的利益。劳动力市场的灵活化政策在实践中的具体措施包括：废除企业不得解雇工人的制度，扩大企业解雇工人的自主权，降低企业解雇工人所承担的经济赔偿；推行弹性工资制和协议工资制，充分发挥工资在劳动力市场中的调节作用；实行更为灵活的弹性工作制；取消全国性的产业集体谈判，实行分散化的企业级的集体谈判。②

(3) 劳动力市场的激活化政策也是新自由主义劳动就业政策的重要内容。新自由主义认为，过分慷慨的社会福利制度以及人们对社会福利的过分依赖，使失业者不愿重返竞争激烈的劳动力市场，是导致持续高失业率的一个重要原因。因此，新自由主义主张改革社会福利制度，实行激活性劳动就业政策。劳动力市场的激活化政策就是通过改革社会保障制度，严格失业保障资格申请，缩短享受失业津贴的时间，降低失业保障水平，减少保护性劳动力市场政策，增加积极的劳动力市场政策，从而促使失业者重返劳动力市场，以工作代替福利。美国在 1996 年通过了《个人责任和工作机会法》，英国于 1999 年通过了《福利改革与养老金法案》，分别对各自的社会保障制度进行了深入的改革。这两项改革的方向是实现“工作福利”或实现“从福利到工作”的转变，从而在保留社会保障基本功能的同时，恢复劳动力市场的激活机制，从简单地保护失业者转变为促进他们再就业，以此提高劳动参与率、就业率，降低失业率。③

---

① 王伟，孔德威：《西方国家劳动就业政策的变革》，《河北师范大学学报（哲学社会科学版）》，2005(3)。

② 同①。

③ 孔德威：《劳动就业政策的国际比较研究》，东北师范大学博士学位论文，2007(11)。

（二）合作主义劳动就业政策和保守主义劳动就业政策

合作主义又被称为统合主义、法团主义。在现实中，合作主义成为分析当代西方福利制度模式以及劳动就业政策类型的一种工具。从北欧以及其他一些欧洲国家的实践来看，合作主义就业政策的基本特征是：强调国家的作用与维持充分就业政策，充分就业与福利国家相结合，充分发挥三方合作机制的作用，以三方合作为主要内容，来缓和社会矛盾与社会冲突、制衡利益集团、维持社会稳定。①

荷兰、瑞典和奥地利充分就业的实现，在一定程度上都归功于很好地利用了三方合作机制。1982 年，荷兰面对经济衰退和高失业率，在政府的协调下，中央工会与雇主联合组织签订了旨在通过冻结薪资来提高本国企业国际竞争力和增加就业的协定，降低了劳动力成本，促进了经济增长，创造出了大量的就业机会。瑞典和奥地利面对 20 世纪 70 年代和 80 年代的经济波动，协调生产与分配、经济与社会福利，将各利益集团的自身利益与国家的整体利益结合起来，成功地实现了充分就业。②

法国、德国、西班牙和意大利等传统欧洲大陆国家在面对高失业率等不利因素的挑战下，没有采取英美式的新自由主义劳动就业政策，而是采取了一种保守主义的劳动就业政策。保守主义劳动就业政策的基本特征是：维持传统的“欧洲社会模式”，缩减劳动供给，实施就业保护与社会保护。就业保护主要是通过就业保护立法来实现的，而社会保护主要是通过失业救济等社会保障体系来实现的。在维持传统的欧洲社会模式框架的前提下，放松对非典型就业形式雇佣与解雇的管制，同时保留对长期正规就业形式的严格保护。③

二、当代发达国家积极劳动就业政策的主要内容

20 世纪 80 年代以来，高技术产业飞速发展，成为推动资本主义经济增长的主要动力，创新思想和技术成为经济发展的关键因素。这一时期，西方发达国家失业规模大、失业率高，并呈现出非周期性的特征。据美国劳工部统计，1995 年上半年，美国失业人数已从 1990 年的 687 万增加到 767 万；欧盟自 1992 年以来，平均失业率一直在 9.6%以上。④ 发达国家为解决失业问题，采取了各种积极政策和措施，强调创造平等的机会，推行积极的劳动力市场政策，以数量更多、更加协调的改革

① 王威海：《西方合作主义理论述评》，《上海经济研究》，2007(3)。
② 孔德威：《劳动就业政策的国际比较研究》，东北师范大学博士学位论文，2007(11)。
③ 同②。
④ 石伟平，付雪凌：《发达国家就业培训政策的历史沿革与走向》，《职教通讯》，2007(11)。

来创造更多的就业机会。此外，加大对教育和培训的投资，促使公民学习新技能，应对新挑战。这些积极就业政策的实施，对于改善就业状况、增加就业机会、降低失业率、促进经济的发展和维护社会的稳定都发挥了举足轻重的作用。

（一）调整产业结构，创造新的就业机会，促进就业增长

发达国家普遍从优化产业结构入手，改造和重组煤炭、纺织、钢铁、建材等传统产业，发展电子、信息、通信、环保等新兴产业，使之成为新的经济增长点，并带动相关产业的发展，从而创造出更多的就业机会。例如，欧盟通过电子、通信、生物工程产业的发展使经济持续增长，2000 年创造就业机会 600 万个。① 此外，各国还鼓励创办新企业来增加就业机会，如德国政府为新企业创办者提供培训服务以及厂房、仓库、实验室等必要设施，并对新创办的企业提供政策优惠与财政补贴，补贴额相当于新办企业自有资本的 1%。② 这些措施不仅使一半以上的创业培训者实现了自我创业，还为德国社会提供了新的就业机会。

（二）扶持中小企业发展，增加就业岗位

德国政府大力支持中小企业发展，尤其是在资金方面加强对中小企业的扶持，如提供财政补贴和低息长期贷款、实行税收减免、提供科研和技术补贴、设立中小企业发展基金等。1988 年，德国联邦政府和地方政府用于资助中小企业的款项约为 50 亿马克。1989 年，德国联邦政府和各州政府还为中小企业获得贷款提供 90%的担保。③《1996 年税法令》还规定，将小企业最高免税额由 2. 5 万马克提高到 3. 25 万马克。为缓解新联邦州经济和失业难题，对该地区的小企业给予特殊的投资和税收优惠，如不论小企业营业收入如何，都可从银行优先获得贷款；在开办的最初两年则免征所得税。此外，在日本，针对小企业普遍资金不足的问题，通产省的中小企业厅设立了金融公库，以解决小企业投资和经营方面的困难。美国也非常注重扶持中小企业，克林顿政府当政时期所实行的降低企业所得税、大幅度削减社会福利开支、设立中小企业开发中心等措施，使美国在 2000 年上半年增加了 1 700万个就业机会，实现了一次就业奇迹。④

① 张润兴，刘志林：《发达国家促进就业的政策和经验对我国的启示》，《山西经济管理干部学院学报》，2008(6)。

② 丁建定，柯卉兵：《发达国家积极就业政策及其启示》，《华中科技大学学报(社会科学版)》，2004(2)。

③ 同②。

④ 张润兴，刘志林：《发达国家促进就业的政策和经验对我国的启示》，《山西经济管理干部学院学报》，2008(6)。

（三）改革失业保险制度，鼓励再就业

很多发达国家为鼓励失业者再就业，改革失业保险制度。美国从 20 世纪 70 年代开始改革失业保险制度，鼓励和推动失业者再就业。1996 年通过了“福利改革方案”，其核心是强调个人责任感，主张变救济福利为工作福利，规定多数贫困家庭享受补助的时间为 5 年，有劳动能力的成年人要在两年内找到工作，州政府有权决定分配使用联邦有限的援助资金。① 日本政府从 1984 年开始对失业保险制度进行改革。改革的内容有：降低失业保险津贴的领取标准，提高失业保险缴费的标准；改革领取失业保险津贴时限的计算标准，将以往仅仅根据被保险者的年龄作为计算标准，改为按照被保险人的年龄以及缴纳失业保险费的时间而定；设立再就业津贴制度。② 英国保守党政府于 20 世纪 80 年代推出了“求职者津贴计划”，将向失业者提供失业保险津贴改为向失业者提供求职津贴，鼓励失业者实现再就业。英国工党政府也于 1997 年提出了一项 56 亿美元的就业计划，向失业者提供就业帮助，向年轻失业者、单亲家庭、残疾人等提供各种特殊的就业服务，试图通过扩大就业解决失业问题。③

（四）加强立法，依法保护劳动者的就业权利

德国政府通过法律来保护工人的劳动权，如《德国解雇保护法》规定，雇主在解雇雇员前，应就解雇原因、解雇人数、解雇日期及其他有关问题及时书面通知企业职工委员会，雇主和企业职工委员会进行协商，尽量避免解雇发生或限制被解雇者数量，减轻解雇的后果。雇主在解雇雇员前，还必须将书面报告报送政府劳动部门，政府劳动部门对有关解雇报告作出处理的时限为两个月，作出处理意见之前发生的解雇行为无效。④ 日本政府在战后制定了一系列劳动法，1964 年的《劳资关系调整法》对劳资关系作出了法律规定。1966 年的《雇佣对策法》提出，对成为事实的失业采取的对策是一种消极对策，应该将这种消极对策转变为积极对策，政府应该从全局考虑劳动力在数量上与素质上供求平衡，要加强劳动力市场的计划性，并将就业计划纳入国民经济发展总体规划。1974 年的《雇佣保险法》和《劳动者灾害补偿保险法》、1988 年的《劳动关系调整法》、1991 年的《中小企业劳动力确保法》和《男女雇佣机会均等法》等，都为日本保护劳动者的就业权利发挥了积极影响。⑤

---

① 黄安年：《当代美国的社会保障政策》，中国社会科学出版社 1998 年版，第 289 页。

② 吕学静：《各国失业保险与再就业》，经济管理出版社 2000 年版，第 179 页。

③ 刘昕：《英国最新福利制度改革评析》，《社会保障制度》，1999(12)。

④ 劳动和社会保障部劳动科学研究所：《外国劳动和社会保障法规》，中国劳动出版社 1999 年版，第 371 - 382 页。

⑤ 吕学静：《各国失业保险与再就业》，经济管理出版社 2000 年版，第 179 页。

（五）加强职业培训，提高劳动者竞争力

德国职业培训实行“双轨制”，即企业内部技术培训与职业技术学校专业知识学习相结合。德国还为在职者和谋求新就业岗位者提供职业进修和改行培训服务，接受培训者可以获得生活补贴以及培训费用补贴。对于为经过培训的失业人员提供工作岗位的企业，国家向其支付“熟悉工作补贴”。① 瑞典政府也十分重视劳动力职业培训。政府规定不接受培训者不能就业，不接受培训者不能享受失业救济，推行免费培训、发给接受培训者生活补助等政策，受教育者在接受免费职业培训的同时，每天还可以领取生活费。政府要求失业者或即将面临失业者积极参加职业培训、转业培训、职前培训及在职培训等。

（六）实施积极的劳动力市场政策

一些发达国家实施积极的劳动力市场政策，进行劳动力市场结构改革，完善劳务市场机制，促进劳务市场和劳动组织现代化。具体的措施包括减少工时，设置部分劳动、临时劳动工作岗位，设立弹性工资制等。例如，欧盟各国注意将劳动力市场的外在灵活性和内在灵活性机制相结合，充分发挥劳动力市场对就业问题的调节作用，使劳动力市场经常处于不饱和状态，存在吸纳就业的空间。

第三节　我国劳动政策的历史

自新中国成立以来，随着政治经济和社会的发展变化，我国的劳动政策经历了一个演进的过程。改革开放 30 年来，我国的劳动政策取得了很大的成绩，但同时也面临着来自内部和外部的许多挑战。我国劳动政策的演进过程可以分为两个阶段：一是从新中国成立至改革开放，二是改革开放初期到市场经济体制建立的今天。

一、改革开放之前的劳动政策

在 1949 年至 1957 年建国初期的这几年中，新中国面临全国范围的严重失业，

① 杨继瑞，袁春晓：《欧盟就业政策及其对我国再就业政策的启示》，《四川大学学报》，2000(1)。

同时又急需大量人才。党和国家先后制定了一系列关于劳动就业问题的政策,在一定程度上为后来的大规模经济建设做好了准备。

(1) 社会遗留下来的大批失业人员,包括国民党遗留下来的旧公职人员、各大中城市的失业工人和失业知识分子。针对不同的失业人员,党和国家采取了不同的政策,成功地解决了遗留下来的失业问题。首先,对国民党政府遗留下来的原有人员,国家采取了"包下来"的政策。"一般地不能用裁撤遣散方法解决,必须给予工作和生活的出路。"①其次,对失业工人实行社会救济和扩大就业相结合的政策。1950 年 6 月至 1952 年,中央人民政府先后发布了《关于救济失业工人的指示》、《救济失业工人暂行办法》和《关于劳动就业问题的决定》等一系列办法、指示,对失业、半失业人员的就业问题作了全面的规定。各级政府劳动部门自 1950 年 5 月开始办理失业人员登记并为其介绍工作,设立劳动介绍所。再次,知识分子的登记工作是与失业工人的登记同步进行的,1952 年 8 月,《失业工人统一登记办法》颁布后,失业知识分子也进行了统一的登记,以便各级政府全面了解失业知识分子的情况,分别予以安置。在对失业知识分子登记时,贯彻"边登记边处理"的方针,采取了介绍就业、转业训练和发放救济金等方式,帮助失业知识分子就业。② 此外,对高等学校的毕业生,国家采取了按计划统一分配工作的政策,基本方针是遵循学用一致的原则进行集中使用,重点配备。

(2) 在工资制度方面。1950 年 8 月,劳动部和全国总工会联合召开了"全国工资准备会议",制定了《工资条例草案》和《工资条例说明书》。1951 年起,各地区参照全国工资准备会议上提出的工资制度基本模式,根据各自的情况,在适当增加工资的基础上,先后普遍进行了一次工资改革。这次全国性的工资改革,在改革旧工资制度上迈出了一大步,初步理清了各种工资关系,为进一步贯彻按劳分配原则和为以后全国统一的工资改革,创造了有利条件。1956 年,又对工资制度进行了全面改革。1956 年的这次工资改革是在我国社会主义改造即将基本完成、社会主义建设全面进行的背景下开展的一次全国范围的行动,改革既反对平均主义、坚持按劳取酬原则,又力求工资分配的公平公正,从而寻求社会发展的效率性与公正性的统一。③ 1964 年,劳动部还准备对工资制度进行"再改革",但是改革却因"文化大革命"而无法进行。

(3) 在劳动关系与社会保障方面。1951 年 3 月,政务院公布试行了《中华人民共和国劳动保险条例》;1953 年 3 月,又修正发布了《中华人民共和国保险条例》,并在机关和企事业单位全部建立了公费医疗制度。1954 年,《中华人民共和国宪法》

---

① 中央档案馆:《中共中央文件选集》第 14 集,中央党校出版社 1987 年版,第 715 页。
② 李新慧:《建国初期党和国家的就业政策探析》,《党史文苑》,2007(4)。
③ 温振英,许金华:《从 1956 年工资改革管窥建国初期的分配思想》,《企业经济》,2006(7)。

颁布实施，宪法对我国劳动关系的调整与公民的基本权利和义务作出了规定。为了更有效地调整劳动关系，我国又先后制定颁布了配套的劳动政策法规。

新中国成立后，我国根据社会主义的原则重新确立了符合社会主义政治制度和经济制度的劳动政策。党和国家对原有人员采取了“包下来”的政策，对失业工人和失业知识分子先后制定了一系列办法和决定，进行了妥善安置。据统计，1950年7月到1952年9月，全国安置就业人数总计1 184 446人。① 1956年基本解决了旧社会遗留下来的失业问题。这一问题的合理解决，对于减轻社会变革的阻力、巩固新生的人民政权起到了有效的促进作用。同时，也促进了生产的恢复和发展，为大规模经济建设打下了基础。②

在改革开放之前的这个阶段，我国的劳动关系也相应地呈现出浓厚的计划经济特征。劳动关系的类型比较单一，主要表现为劳动关系主体一方的用人单位性质为全民或城镇集体所有制。国家控制了企业劳动关系的各个领域，劳动者的就业、工资分配、社会保险以及劳动保护等都由国家和政府单方面作出规定和安排，企业职工对国家有很强的依赖性。企业由国家下达用工指标，劳动者无权自主择业，由国家来统一分配就业。通过政府的行政指令，企业与劳动者之间建立劳动关系。劳动关系建立后的工资分配与保险福利等，也是由国家来统一调整。

综合来看，这一阶段的劳动就业政策，保证了我国经济建设对劳动力的需求，使劳动力得到了充分运用，促进了社会和经济的进步，提高了劳动者家庭收入总体水平。但它的消极方面也比较明显，主要表现在它限制了劳动者创造就业机会的积极性，限制了企事业单位根据自己的需要选择劳动者的主动性，人为地使劳动力的供给与需求脱节，使劳动力资源得不到优化配置，形成了就业与社会保障方面的大锅饭体制，从而在一定程度上影响了社会和经济的发展。③

二、改革开放之后的劳动政策

（一）改革开放初期的劳动政策

1978年12月，党的十一届三中全会开启了我国改革开放历史的新时期，标志着我国从此进入了改革开放和社会主义现代化建设时期。十一届三中全会之后，我国的社会、经济和政治环境发生了巨大变化。与此相适应，在整个经济体制改革

① 中国社会科学院、中央档案馆：《中华人民共和国经济档案资料选编——劳动工资和职工福利卷(1949—1952)》，中国社会科学出版社1994年版，第218页。

② 黑启明：《中国政府劳动政策的历史演变》，《中国党政干部论坛》，2007(5)。

③ 管华：《论我国劳动就业制度与社会保障制度的演变和改革》，《当代经理人》，2006(4)。

的推动下，我国的就业制度和劳动关系特征也发生了重大的变化，开始了劳动就业体制改革。

为解决严重的城市失业问题，确定劳动就业的方针、政策，1980年8月，全国劳动就业工作会议召开，提出了解决劳动就业问题的根本途径，即解放思想，放宽政策，发展生产，广开就业门路，实行在政府统筹规划和指导下，劳动部门介绍就业、自愿组织起来就业和自谋职业相结合的方针。这个新的就业政策原则，即“三结合”就业方针是中国劳动政策的一项重要突破，打破了由国家完全解决就业的旧观念和旧体制。

劳动合同制度的引入、推广和劳动服务公司的建立，是这一阶段劳动体制和政策方面的重大改革。20世纪80年代初，劳动合同制度首先被引入刚刚在中国出现的外资企业中，然后开始在深圳和上海进行试点。经过几年的尝试，这项政策在20世纪80年代中期得到了大规模的推广。1979年6月，五届二次人大会议《政府工作报告》中明确提出要在全国大、中城市办好劳动服务公司，通过多种形式陆续把待业人员全部组织起来进行就业训练和劳动服务。1982年9月，劳动人事部发出《〈关于劳动服务公司若干问题的意见〉的通知》。到1985年末，全国各级各类劳动服务公司迅速发展到45 659所。①

为了解决长期困扰我国的“铁饭碗”和“大锅饭”制度，1986年，国务院发布有关改革劳动制度的四项文件规定，即《国营企业实行劳动合同制暂行规定》、《国营企业招用工人暂行规定》、《国营企业辞退违纪职工暂行规定》以及《国营企业职工待业保险暂行规定》，并决定从当年10月1日起实施。根据这些规定，国营企业新招工人将实行劳动合同制，劳动服务公司负责劳动合同制工人待业期间的管理，负责待业职工的登记、转业训练、安置、救济，负责待业保险基金的征集、管理、发放、使用。从此，劳动服务公司增加了新任务，把为劳动就业服务和为劳动制度深化改革服务紧密地结合起来。这四项条例的颁布和实施为我国劳动制度的进一步改革构建了广泛的法律框架，也是我国劳动关系契约化的重要一步。此后，中国的劳动政策改革主要集中在劳动用工制度、工资制度和社会保险制度三个方面，被称为“三项制度改革”。②

工资制度改革也在逐步推进。改革开放之后，政府减少了对企业生产经营活动的直接干预，扩大了企业的自主权。1979年开始，为了调动企业的积极性，国有企业实行多种形式的利润留成制度，从而出现了各种各样的奖金分配形式。1983

① 孙兴伟：《改革30年——回首劳动服务公司的兴起与发展轨迹》，《中国劳动保障报》，2008(11)。

② 岳经纶：《中国劳动政策：市场化与全球化的视野》，社会科学文献出版社2007年版，第36页。

年和1984年,分两步对国有企业实行"利改税",允许企业可以用奖金给部分职工浮动升级,或搞自费"工资改革"。1985年1月,国务院发出了《关于国营企业工资改革问题的通知》,决定从1985年开始,在国有大中型企业中,实行职工工资总额同企业经济效益按比例浮动的办法;国家对企业的工资,实行分级管理的体制。这是对传统工资分配模式的有力冲击,是工资改革的又一次重大突破。1992年劳动部下发《关于进行岗位技能工资试点工作的通知》以后,大部分企业完全打破了过去计划经济时期制定的等级工资制度,建立了岗位技能工资制度。①

20世纪80年代中期到1993年,是社会保障制度的初步改革阶段。1978年出台了《国务院关于安置老弱病残干部的暂行办法》和《国务院关于工人退休、退职的暂行办法》。1984年,部分地区开始探索新的养老保险方式,在国有企业和大部分城镇集体企业中推行养老金社会统筹,实行企业补充保险、职工个人缴费;同时,一些地区还大胆探索社会统筹与个人账户相结合的制度。1991年,国务院颁布了《关于职工养老保险改革的决定》,建立基本养老保险与企业补充保险和个人储蓄型养老保险相结合的制度。机关事业单位和部分农村地区也进行了养老保险制度改革的试点。除养老保险制度改革外,为适应国有企业经营机制的转换和劳动制度的重大改革,自1986年开始,我国政府逐步建立起失业保险制度,为职工失业后的基本生活提供保障。1988年,机关事业单位的公费医疗制度和国有企业的劳保医疗制度也开始进行改革。

在这个阶段,传统的劳动用工制度和分配制度逐渐被打破,劳动关系双方向独立的劳动关系主体转换。1986年发布的《国营企业实行劳动合同制暂行规定》要求在企业新招的工人中推行劳动合同,确立了劳动供求双方的自主权利。伴随着1992年开始的现代企业制度的推行,建立劳动力市场体系、促进劳动用工和工资等方面的市场化成为劳动制度改革的目标。企业逐渐成为自主经营、自负盈亏的经济实体,开始享有比较充分的自主权,用人主体由国家转为企业。

这个阶段的"三结合"就业方针和"四项规定"对于我国劳动就业制度和社会保障制度的改革和发展具有特殊意义。第一,由于多渠道就业,不但解决了就业难的问题,更重要的是为所有制改革提供了前提条件,使公有制为主体、多种所有制并存的混合所有制开始出现,市场经济因素在社会主义经济生活中得到培育和发展。第二,"四项规定"开始破除固定用工制度,使企业可以根据自身需要选择职工,有利于劳动力资源得到合理利用。第三,劳务市场的建立使劳动力供需双方能双向选择,加速了我国劳动力市场的发育和成长。新的用工制度为我国劳动力全方位流动,特别为农民工进城务工创造了条件。第四,对职工实行待业保险,使我国对

① 李春光:《劳动保障事业30年流变》,《中国改革》,2008(6)。

职工的保险制度开始由企业保障向社会保障方向发展，为建立与社会主义市场经济相适应的社会保障体制开创了先河。我国的劳动就业政策已经开始由重视就业的"量"朝重视就业的"质"转变，市场调节在劳动就业中的作用越来越明显。①

（二）市场经济体制框架构建以来的劳动政策

1992年10月，党的十四大明确宣布我国经济体制的改革目标模式是建立社会主义市场经济体制，我国劳动就业制度与社会保障的演变和改革进入到了一个全新阶段。1993年11月，中共十四届三中全会召开，会议通过了《中共中央关于建立社会主义市场经济体制若干问题的决定》，将十四大确定的经济体制改革的目标和基本原则加以系统化、具体化，正式明确了经济体制改革的目标是建立社会主义市场经济体制，对于如何按照社会主义市场经济体制的目标来进行改革，进行了全面的战略部署。该决定要求建立劳动力市场体系，推动就业、用工和工资等方面的市场化改革，并且要求建立与劳动力市场相适应的多层次社会保障体制。

在1994年至1999年的市场经济初期，随着国有企业改革进入攻坚阶段，国有企业实施了减员增效、下岗分流、兼并破产的结构调整政策。全国城镇登记失业人口和登记失业率达到改革以来的第三次高峰，下岗人员迅速增加，年平均增长率高达40%以上，城镇实际失业人口和失业率创建国以来的最高纪录，隐性失业率极高，城镇失业率有逐年增加的趋势。② 因此，从20世纪90年代后期开始，劳动政策的重点转向下岗失业职工的再就业问题上。为了顺利实现国有企业存量劳动力的剥离，帮助和引导下岗失业职工逐渐从计划体制下过渡到市场就业，中共中央、国务院于1998年提出了新时期的就业方针，即在国家政策指导下，劳动者自主择业、市场调节就业和政府促进就业相结合，提出了建立市场导向的就业机制。与此同时，对下岗职工实施"再就业工程"，综合运用政策扶持和各种就业服务手段，依靠政府、企业、社会以及失业职工和富余职工的共同努力，帮助企业妥善安置和分流企业富余职工，促进失业职工和富余职工尽可能实现再就业。1995年4月，国务院办公厅转发了劳动部关于《实施再就业工程的报告》，"再就业工程"正式启动。从1997年开始，我国实施了更大规模的"再就业工程"，并逐步明确了促进就业尤其是国有企业下岗职工的再就业有关政策。③ 1998年5月，中共中央和国务院召开全国再就业工作会议，制定全面的下岗职工再就业政策。

在社会保障制度方面，1995年，国务院发出《关于深化企业职工养老保险制度改革的通知》，决定在全国范围内实行社会统筹与个人账户相结合。1997年以来，

---

① 管华：《论我国劳动就业制度与社会保障制度的演变和改革》，《当代经理人》，2006(4)。
② 黑启明：《中国政府劳动政策的历史演变》，《中国党政干部论坛》，2007(5)。
③ 王延中：《中国积极劳动政策的实践》，《管理世界》，2003(3)。

为了贯彻执行“鼓励兼并、规范破产、下岗分流、减员增效和实施再就业工程”的方针,我国逐步建立了国有企业下岗职工基本生活保障制度、失业保险制度、城市居民最低生活保障制度“三条保障线”和养老、医疗保险制度,保障了绝大多数下岗职工的基本生活。1997 年 9 月,党的十五大明确提出:“建立社会保障体系,实行社会统筹和个人账户相结合的养老、医疗保险制度,完善失业保险和社会救济制度,提供最基本的社会保障。”2006 年 10 月 11 日,《中共中央关于构建社会主义和谐社会若干重大问题的决定》提出:“逐步建立社会保险、社会救助、社会福利、慈善事业相衔接的覆盖城乡的社会保障体系。”此外,政府还发布了《企业职工生育保险试行办法》、《企业职工患病或非因工负伤医疗期规定》、《企业职工工伤保险试行办法》、《工伤保险条例》、《社会保险基金行政监督办法》、《社会保险基金监督举报工作管理办法》、《社会保险行政争议处理办法》、《关于加强企业职工社会保险基金投资管理的暂行规定》等政策法规,逐步建立起养老、失业、医疗、工伤和生育等保险制度,并建立了城市居民最低生活保障制度。其中,对国有企业改革以及对职工生活影响最大的是养老保险制度和失业保险制度的改革。①

20 世纪 90 年代后期,农村劳动力转移的速度加快。为了规范农村劳动力跨地区流动的合理有序,1994 年 11 月,劳动部发布了《农村劳动力跨地区流动就业管理暂行规定》,但是对农村劳动力的政策仍然强调“管理”和“限制”。党的十六届三中全会提出“改善农村富余劳动力转移就业环境”的要求,2003 年《关于做好农村进城务工服务的通知》,对农村劳动力的政策开始向“完善管理”、“搞好服务”转变。② 为了帮助农村劳动力转移到第二、第三产业或城镇就业,农业部、财政部、劳动和社会保障部等于 2004 年共同启动实施了“阳光工程”,由政府财政补贴,在输出地开展转移就业前的职业技能短期培训。2006 年,国务院发布了《国务院关于解决农民工问题的若干意见》,对反对农民工就业歧视和促进机会平等有一定的指导意义。

党的十一届三中全会至今,是我国劳动就业法律法规快速发展的阶段。劳动部于 1993 年 12 月发布了《劳动部关于建立社会主义市场经济时期劳动体制改革总体设想》,明确提出全面推行劳动合同制的时间表。1994 年 7 月正式颁布实施的《劳动法》进一步从法律上明确了劳动合同制的地位和作用。1994 年 8 月,劳动部发出的《劳动部关于全面实行劳动合同制的通知》指出,《劳动法》关于“建立劳动关系必须订立劳动合同”的规定是建立适应社会主义市场经济劳动制度的必然要求;到 1996 年底要在全国范围内达到全面实行劳动合同制的目标。③ 此外,全国人大

---

① 高爱娣:《向市场经济转型时期的我国劳动政策和劳动立法》,《工会理论研究》,2007(5)。

② 同①。

③ 陈跃,尤勇:《改革开放 30 年就业政策与实践探析》,《西南大学学报(社会科学版)》,2008(11)。

常委会还制定并颁布了《中华人民共和国职业教育法》、《中华人民共和国民办教育促进法》、《中华人民共和国工会法(修订)》等法律和行政法规。2007 年 6 月和 8 月,全国人大常委会还先后通过了《中华人民共和国劳动合同法》和《中华人民共和国就业促进法》,赋予所有劳动者平等的劳动权利。

在这一阶段,我国劳动关系的转型是伴随着经济体制的转型而进行的。在社会转型和体制改革的过程中,劳动关系也基本实现了向市场化的转变,即由计划经济的劳动关系向市场经济的劳动关系的转变。随着国有企业改革的深入进行、中小企业的发展、外资企业的大量进入,所有权关系和经营权关系发生了转变,在此背景下,劳动关系的转型通过劳动制度的改革得以逐步实现。这种转型是要改变国家统筹统包的劳动用工、劳动管理、劳动分配的计划经济的劳动制度,建立起以劳动力市场为基础的、以市场规则为依据的劳动用工、劳动管理和劳动分配的市场经济的劳动制度。

这样,在向市场经济转变的过程中,我国的企业劳动关系与计划经济体制下的劳动关系有很大的差别。首先,企业劳动关系的主体逐渐明晰。企业成为法人和经济主体,企业经营者的权力加大,开始与被管理者分离。劳动关系的双方成为两个不同的利益主体,逐步成为一种以劳动关系主体的各自利益为基础、以雇佣为基本形态的关系。国家不再全面控制劳动关系,不再介入具体的劳动过程,而是由劳动者和用人单位按照国家有关的劳动法律法规来处理两者之间的权利义务关系。劳动者通过与用人单位签订劳动合同来确立劳动关系;工会与用人单位签订集体合同来确定具体的劳动标准,以此来调节劳动关系,从而实现劳动关系规范的契约化。其次,政府逐渐放弃了对企业劳动关系进行直接的行政控制的方式,开始主要通过劳动立法、执行和监督劳动法律法规,对劳动力市场和劳动关系的运行进行调控。自《劳动法》实施以来,形成了劳动合同制度、集体协商和集体合同制度、劳动标准制度、劳动监察制度和劳动争议处理制度等协调劳动关系的法律规范。再次,企业的劳动关系呈现出多样化的特点。由于多种所有制经济的发展,出现了不同所有制性质的企业,这些企业的劳动关系具有不同的特点。从目前我国劳动关系的总体运行情况来看,劳动关系双方主体以契约形式来构建劳动关系,劳动力调配和安置、劳动条件的确定以及劳资双方关系的处理等也主要由劳动力市场进行规范和调节。以劳动力市场为基础、以劳动法律为规范、以政府宏观调控监督执法为保证的劳动关系市场运行机制,在我国已经初步形成。

三、我国劳动政策面临的挑战与展望

改革开放 30 年来,伴随着现代化进程的推进,我国的劳动政策与实践获得了长足的发展,现代型的劳动政策框架基本形成。不断深化改革开放、实现体制创新的需要,推动了我国劳动政策与实践的不断创新与完善,为提升广大人民群众的生活水平和维护社会稳定作出了积极贡献。我国在劳动就业政策方面取得了重大的成果,包括:就业方针进一步完善,建立了市场导向的就业机制;统筹兼顾城乡就业,调整和优化就业结构,并不断提高劳动者素质;新型劳动关系基本形成;新的社会保障体制初步建立。但同时应当看到的是,由于一些历史及现实因素的制约,我国的劳动政策仍然存在着很多不足,具体表现在:劳动政策的体系化程度较低;劳动政策缺乏同一性和公平性,特别是农民工在收入及福利待遇等方面的差别;劳动政策的"实然"状况低于劳动政策的"应然"状况,如劳动者的劳动收入同劳动投入不成比例等。①

在现实中,劳动就业与社会保障问题是一个非常复杂而又十分重大的经济和社会问题。我国是世界上最大的发展中国家,为劳动者提供就业与社会保障的任务十分艰巨。2008 年以来,我国的就业形势仍很严峻,人口老龄化增加了社会保障的压力。以高校毕业生为主体需要就业的青年创了历史新高;国有企业政策性关闭破产和完成当年节能减排、淘汰落后产能目标,导致职工安置任务繁重;劳动力素质与岗位不适应的矛盾突出,劳动者就业难和部分地区招工难并存,供求矛盾突出。特别是受国际金融危机快速蔓延和世界经济增长明显减速的影响,加上我国经济生活中尚未解决的深层次矛盾和问题,经济运行中的困难增加,企业经营困难增多,创造更多、更新的就业岗位面临着更大的难度。农民工成为受冲击最为明显的群体,中央经济工作会议特别指出,要高度重视农民工就业出现的新情况,最大限度拓展农村劳动力就业渠道和农村内部增收空间。这直接关系到农村经济发展和农民增收,关系到经济社会发展的全局。②

2008 年 3 月 18 日,为更好地适应社会主义市场经济的需求,实现人力资源强国战略,原人事部与原劳动和社会保障部合并为"人力资源和社会保障部"。人力资源和社会保障部明确提出,以"四个有利于、一个加强"为目标来界定职责。"四个有利于"是指,有利于统筹机关企事业单位人员管理;有利于统筹机关企事业单位收入分配制度改革;有利于整合人才市场和劳动力市场,建立统一规范的人力资源市场,促进人力资源的合理流动和有效配置;有利于统筹就业和社会保障政策,建立健全从就业到养老的服务和保障体系。"一个加强"是指,加强政府的社会管理和公共服务职能。国家人力资源和社会保障部的组建以及各地即将开始的大部制改革,为建立和实施更加积极完善的劳动政策奠定了坚实的基础。大部制的改革,可以进一步完善就业和社会保障体系,促进人力资源有效配置,并统筹就业、社

① 吴忠民:《当前改善我国劳动政策的思路与对策》,《教学与研究》,2009(2)。
② 杜宇:《实施更加积极的就业政策确保就业形势基本稳定》,《党建》,2009(1)。

会保障政策，特别是有助于建立城乡统一、规范的人力资源市场，更符合时代发展对统一劳动力市场和人力资源优化配置的要求，也更加体现公平就业的取向。

我国正在积极融入经济全球化大潮，我国经济与国际经济体系不断进行的劳动力以及商品和资本的交流，对我国的劳动政策已经并且将继续产生种种直接和间接的影响。国外积极的劳动政策对我国劳动政策的制定和实施有很好的启示和借鉴作用，即充分发挥经济发展推动就业的重大作用，有效发挥政府的作用并努力做到政府与市场作用的良性结合，积极发展教育与职业培训体系，对于失业人员及弱势群体予以适当的托底，并对积极就业政策的实施效果进行必要的评估。① 维护和实现社会公正、建设社会主义和谐社会以及应对种种社会问题，要求我们必须大力推动劳动就业政策的制定与实施，而种种因素的存在使得我国现阶段体系化劳动政策的制定和实施不可能一蹴而就，因此，要增强劳动就业政策以及法律政策等的硬性约束，从制度上保证劳动就业政策的贯彻落实，使现行的政策发挥更强大的功能和作用。

本章小结：

19 世纪下半期到 20 世纪 80 年代，西方发达国家的劳动政策分别经历了古典自由主义、凯恩斯主义主导等若干发展过程。20 世纪 80 年代以来，面临着经济滞涨、高失业率和经济全球化等多种挑战，发达国家的劳动就业政策产生了很大的变化，出现了新自由主义、合作主义和保守主义劳动就业政策等形态。

新中国成立以来，我国劳动政策的演进过程可以分为三个阶段：一是从新中国成立至改革开放，在解决失业、工资、劳动关系与社会保障等方面呈现出鲜明的计划经济特征；二是改革开放初期，在整个经济体制改革的推动下，我国开始了劳动就业体制改革；三是社会主义市场经济体制建立至今，我国劳动就业制度与社会保障的演变和改革进入了一个全新阶段。

案例分析：

1. 针对高校毕业生面临的就业压力，人力资源和社会保障部正在筹备组织近期的“高校毕业生就业服务月”活动，各级人事和劳动保障部门将联合行动，人才交流服务机构和公共就业服务机构共同组织实施，完善对高校毕业生的就业服务，发展互联网就业服务，推动信息共享，将不能及时就业的高校毕业生组织到技能培训

① 刘社建：《积极就业政策的演变、局限与发展》，《上海经济研究》，2008(1)。

和就业见习计划中，提高其能力，促进其就业。做好困难毕业生的就业帮扶工作，通过实施就业援助，确保他们实现就业。同时，认真做好2008年高校毕业生“三支一扶”计划的实施工作，并做好服务期满的“三支一扶”大学生的就业服务工作。

2. 政府需强化促进就业责任。2008年1月1日，《中华人民共和国就业促进法》正式实施。这部法律强调，促进就业是政府的重要责任，已经列入政府的考核指标。从宏观经济调控促进就业的角度来看，目前最为直接的手段莫过于加大对中小企业发展的扶持力度，在信贷、税收方面给予有力的支持，从而使其增强活力，提高吸收就业的能力。从劳动力市场政策角度来看，“通过积极就业政策和就业促进法的实施，目前这方面的政策措施已经比较成熟”。人力资源和社会保障部为应对严峻的就业形势，正在落实完善公共就业服务，规范人力资源市场，给就业提供更好的环境。具体措施包括，建立健全县乡公共服务网络，完善公共就业服务制度，规范服务流程和标准，推行绩效管理；强化职业技能培训，统筹做好新生劳动力就业前培训、企业在职职工培训、失业人员再就业培训、城乡劳动者创业培训、农村富余劳动力转移培训等工作。并通过进一步培育和规范人力资源市场，防止就业歧视，创造良好的就业环境。推进统筹城乡就业试点也在深入，探索建立城乡劳动者平等就业制度。

思考题：

1. 20世纪30至70年代，西方各发达国家基于凯恩斯主义的劳动就业政策具体体现在哪些方面？

2. 20世纪80年代，发达国家面临哪些失业问题？

3. 阐述当代发达国家积极劳动就业政策的主要内容。

4. 简述改革开放初期，“三结合”就业方针和“四项规定”对于我国劳动就业制度和社会保障制度的改革与发展的意义。

5. 阐述社会主义市场经济体制下的劳动政策。

6. 简述我国劳动政策面临的挑战。

7. 大部制改革背景下，我国劳动政策的发展走向是什么？

8. 简述国外积极劳动政策对我国劳动政策的启示和借鉴作用。

第三章 我国劳动领域中的主要问题

引导案例

“黑砖窑事件系列报道”①

2007年5月，随着山西省一些地方存在“黑砖窑”的现象被媒体披露后，震惊全国的山西“黑砖窑事件”引起了社会舆论的强烈关注。起初，山西省一些地方的公安机关根据群众举报，在运城、临汾和晋城一带查处了几处涉嫌非法用工的黑砖窑，但是在搜查过程中，却发现这些无合法证照的黑砖窑存在着非法用工和黑恶势力拐骗农民工、限制人身自由、雇用童工，甚至殴打农民工致人死亡等严重违法犯罪事件。

6月22日，山西省临汾市洪洞县广胜寺镇派出所民警李定带着4名协勤警，在曹生村一带执行任务。他们这次出警，是洪洞县公安局开展的“白虹亮剑2号”民用爆炸物品大排查专项行动的一部分。上午10时40分，李定等人到达曹生村砖窑，里面的情形令人吃惊——工人们衣服破烂，有的连鞋子都没有，且不同程度地带着伤。当天，警方拘留了窑主王兵兵（又名王斌斌），包工头衡庭汉及几名打手逃脱。根据《财经》记者从洪洞县官方获得的详细名单，此次获救31人，其中年龄最小的14岁，最大的58岁，分别来自河南、陕西、湖北、重庆、云南、山西、四川、安徽、江苏、甘肃、河北以及新疆等全国12个省份及自治区，其中7人属智障。他们都是被包工头衡庭汉伙同其家庭成员，采取诱骗、胁迫等手段拐骗至曹生村砖窑当奴工的。

案例讨论题：

1. “黑砖窑”的现象反映了什么问题？
2. 你如何看待“黑砖窑”事件的产生？

① 短宏庆，罗昌平，王合岩：《黑砖窑事件系列报道》，《财经》，2007(13)。

第一节　失业问题

失业是与就业相对立的一个经济学概念，是工业革命后随雇佣劳动而产生的复杂的社会经济现象，失业问题已成为当今市场经济发达国家和向市场经济转轨国家普遍存在的现象，它与通货膨胀、资源匮乏、环境恶化一起被列为现代国家发展经济的四大难题，对社会的经济发展、社会稳定起着潜在的破坏作用，解决就业问题一直都是各国政府的政策重点，创造就业是全球发展的最大任务之一。失业问题将会是我国在21世纪面临的最大问题之一，数据显示，2009年金融危机中我国需要安排就业的人数达2 400万人，其中包括1 300万全国城镇新增劳动力和800万下岗失业人员，此外还有300多万其他人员等待就业安置。在我国就业压力本来就很大的背景下，经济危机的冲击，无疑会为这种状况雪上加霜。

一、失业的概念分析

（一）失业的含义

失业是一个复杂的社会经济现象，是由于劳动力的供给与需求失衡所导致的，不同的学者对于失业概念的界定有各种不同的意见，仁者见仁，智者见智。从理论上讲，失业是劳动力与生产资料相分离的一种状态，是具有劳动能力、处在法定劳动年龄阶段并有就业愿望的劳动者，失去或没有得到有报酬的工作岗位的社会现象，也是评价一个国家、一个地区经济发展状况的主要标准之一。国际劳工组织对失业的界定是：在一定年龄以上，目前具有劳动能力，愿意就业而且正在寻找工作的人，在调查期间没有工作的状态。在这里，"一定年龄"是指根据世界大多数国家规定的劳动年龄人口：16～65周岁；"调查期间"是指调查的参考时间，例如四周或三个月内；"没有工作"是指从事有报酬的工作时数低于1小时。

（二）各国对失业的界定

目前世界上大多数国家基本按照国际劳工组织对失业的标准来界定失业的含义，但由于各个国家的国情不同，各国衡量失业的标准也不尽相同，在具体界定过程当中往往结合本国的具体情况和经济发展现状，如表4－1所示。

表 4-1　各国对失业的界定

国名	失业的解释	年龄限制	找工作的参考时间	求职活动	统计到岗时间段
美国	16 周岁以上，在调查周内没有工作，有工作能力，在前 4 周内为寻找工作做过具体的努力。包括以下三类人：被暂时解雇而等待重返工作岗位的人，等待于 30 天之内到新的工作单位报道的人，由于暂时患病或认为本行业一时没有工作可找而不寻找工作的失业者	16 周岁及以上	4 周	过去 4 周内有求职活动	参考周内（一周）
英国	在调查日内没有工作，有工作能力者，向失业保险所提出救济申请者（失业保险、补助及免缴保险费）	15 周岁及以上	4 周	没有要求	调查后的未来两周
法国	无工作，调查日向职业介绍机构提出应征固定全日制就业申请、进行求职登记者，且能够立即工作的 16 周岁以上者	16 周岁及以上	4 周	没有要求	调查后的未来两周
加拿大	在调查周内没有工作，过去 4 周内（含调查周）曾进行求职活动，且有工作能力的 15 周岁以上者，包括自调查周起，4 周内有新工作的待业者	15 周岁及以上	4 周	过去 4 周内有求职活动	参考周内（一周）

（资料来源：赵蔓，杨海文等：《21 世纪中国劳动就业与社会保障制度研究》，人民出版社，2007 年版。）

我国统计制度规定，国家统计局登记的失业人员是指有非农业户口，在一定的劳动年龄内（16 周岁以上，男 60 周岁以下，女 55 周岁以下），有劳动能力，无业而要求就业，并在当地就业服务机构进行登记的无业者。[①] 失业的概念在我国一度消失，在很长的一段时间里，我国用“待业”概念替代了“失业”概念，通常情况下，待业人员在我国是指城市待业人员。在 1982 年的人口普查中，待业人员被定义为在劳动年龄之内，有劳动能力并要求就业而没有任何职业的人。1994 年以后，我国把“待业”的概念改为“失业”，正式使用失业概念。1998 年，原劳动部与国家统计局重新界定了失业人员的范围。2003 年，劳动和社会保障部在《关于落实再就业政策考核指标几个具体问题的函》中对失业的内涵进行了重新界定：失业是指在法定劳动年龄内，有工作能力，无业且要求就业而未能就业的人员。其中，虽然从事一定社

① 参考国家统计局：《中国统计年鉴》，中国统计出版社 2002 年版，第 170 页。

会劳动,但劳动报酬低于当地城市居民最低生活保障标准的,视同失业。① 在这里,不再强调劳动者的非农业户口和进行失业登记环节,并将失业与劳动报酬结合。目前的法定劳动年龄是 16～60 周岁,体育、文艺和特种工艺单位按照国家规定履行审批程序后可以招用未满 16 周岁的未成年人。对企业中男性年满 60 周岁、女性年满 50 周岁的职工和机关事业单位中男性年满 60 周岁、女性年满 55 周岁的职工实行退休制度,对从事有毒、有害工作和符合条件的患病、因工致残职工,可以降低退休年龄。

二、失业的类型分析

从不同的角度可以对失业现象进行不同的分类,比较通用的分类方法有两种:一种是按照失业的持续时间划分,可分为短期失业和长期失业。所谓的短期失业是指失业周期在 6 个月以下,相应的长期失业一般指失业周期在 6 个月以上。二是按照失业的形成原因可分为总量过剩型失业、结构性失业、摩擦性失业、季节性失业、周期性失业等。

(一) 总量过剩型失业

总量过剩型失业即"需求不足性失业",是指劳动力供给数量严重大于社会对它的需求总量而产生的劳动力,即处于供过于求状态的失业。直接表现是: 大量求职人员找不到工作,一些已就业的人员被辞退;其间接表现则是: 就业人员过剩,人浮于事、开工不足、在职失业等。我国由于经济结构调整、技术进步等原因,经济增长创造的就业岗位在相对减少,而在人口出生高峰期出生的人口正在跨入劳动者行列、2 亿左右的农村劳动力亟待转移、就业岗位的增加量相对减少,这些都造成了劳动力供求总量矛盾突出,劳动力明显供大于求。

(二) 结构性失业

结构性失业是指由于国民经济产业结构的变化、劳动力内部结构失衡所造成的劳动力结构与职业岗位技能结构错位,劳动力在包括技能、经验、工种、知识、年龄、性别、主观意愿、地区等方面的供给结构与需求结构不一致而导致的失业与岗位空缺并存的现象。在现实经济生活中,技术进步和生产力不断发展必然会阶段性地产生结构性失业,这是极其常见的现象,结构性失业是科技进步和发展的负面产物。这种类型的失业持续时间较长,因为失业者适应空岗所要求的技能需要有

---

① 劳动和社会保障部办公厅:《关于落实再就业政策考核指标几个具体问题的函》,劳社厅函[2003]227 号。

一个学习和训练的滞后期。我国的经济增长对劳动力的素质要求越来越高,从而也必然有一部分无技术的非熟练劳动力被淘汰成为失业人员,而有一定技术水平的熟练劳动力,如高级管理人员、技术员工等技术型劳动力则呈现出供不应求的局面,致使一些企业关键岗位空缺。著名经济学家、清华大学教授胡鞍钢认为:"中国不仅不吸收新增劳动力,还要不断排斥大量富余人员。在高速工业化过程中,产业、经济结构的不断调整,带来中高级劳动力市场的结构矛盾,这些因素在2020年前不会发生根本改变。"

(三)摩擦性失业

摩擦性失业是由于求职者与需要提供的劳动岗位之间存在着时间滞差而形成的临时性失业。这类失业属于正常性失业,是竞争性劳动力市场的一种自然特征,实质上是个人在就业或转换职业时进行必要的选择的代价。西方经济学家指出,即便劳动力市场处在均衡状态,劳动力供给与劳动力需求正好相等,由于劳动者缺乏就业机会方面的知识,或由于缺乏迅速移动所必须具备的先决条件,也往往有一些人处于"工作之间",使得就业岗位与寻求工作者不能及时相遇而造成失业。在经济、技术迅速发展和劳动者素质提高的条件下,这种失业会相应地增加。目前,由于我国劳动力市场的不完善,造成供求信息严重阻塞,劳动力流动不畅,职业中介机构发展不足、管理滞后,就业服务体系不够健全,致使摩擦性失业频繁发生。因此,完善劳动力市场制度有利于疏通信息渠道,减少摩擦性失业。

(四)季节性失业

季节性失业是由于某些行业受季节变化、社会风俗或购买习惯等因素的影响,造成劳动就业岗位的季节性丧失而形成的失业。前者是由于气候的变动造成农业、旅游业、航运业、建筑业等行业的产品和销售产生旺季和淡季,必然导致对劳动力需求的波动,产生季节性失业,例如,专门生产节假日用品的企业,它们一年中只是在节假日即将来临的一段时间内进行生产,节假日一过就要把员工解雇。

(五)周期性失业

周期性失业即有效需求不足失业,是市场经济国家由于经济的周期性萎缩引起劳动力市场供需失衡所造成的失业。这种失业是与经济运行周期波动相联系的。经济发展总要经历"增长—衰退—增长"这样一个周期,在经济跌入萧条时期,社会需求锐减,生产普遍停滞或下降,导致对劳动力需求减少而引起失业。凯恩斯学派认为,克服周期性失业可采取扩大内需的方法,政府采用扩大政府购买的财政政策来刺激需求,扩大就业。①

此外还有一些失业类型,例如,由于劳动力的观念不适应市场经济发展而导致的观念型失业;由于信息不畅通而导致的信息阻滞型失业;由于体制性障碍而产生的体制型失业;由于使用新机器设备和材料,采用新的生产工艺和新的生产管理方式,导致社会局部生产节省劳动力而形成的技术性失业,不过对这种失业,西方经济学界后来存在不同的意见和争论。

三、我国失业问题分析

就业是劳动者阶层参与社会生活、维持个人尊严的最重要方式,随着我国城乡社会经济的转型,就业问题一直是我国社会面临的主要难题之一。失业是劳动力资源的闲置,它意味着人力资源的浪费。失业不仅会破坏劳动者个人及其家庭的正常生活、造成痛苦,而且庞大的失业队伍往往会增加社会保障的负担和国民经济产出的损失,并威胁着整个社会的稳定,伴随着高犯罪率和各种社会骚乱。在经济发展的不同阶段,我国所面临的就业问题是不完全一样的,当前,在社会主义市场经济体制的架构下解决失业问题,是实现充分就业,而不是完全消除失业现象,就业岗位的供不应求在我国将是一个长期现象。下面将对我国历史上出现的几次大的失业高峰进行分析,从理论和实践两个方面进行探讨。

(一)新中国成立初期的第一次失业高峰

我国第一次失业高峰的发生时间是在20世纪50年代初期。当时的旧中国留下数量巨大的失业人员,据统计在此期间的城镇失业人数曾高达470多万人,农村中存在几千万的破产农民。② 面对大量的失业人员,我国政府在当时的三年经济恢复时期,采取了多种救济措施,迅速发展工农业生产。例如,政务院颁布了《关于救济失业工人的指示》、《关于救济失业工人的暂行办法》、《关于救济失业教师和处理学生失学问题的报告》、《关于失业工人统一登记办法》和《关于劳动就业问题的决定》等政策措施,对失业者采取"以以工代赈为主,而以生产自救、专业训练、返乡生产、发给救济金等为补充办法"的救济原则。同时实行移民垦荒、对要求就业的工人实行介绍就业与鼓励自谋职业相结合的方针;适度发展私营经济,出台帮助失业人员解决就业出路的政策,严格限制企业的雇佣自由权和劳动者的择业自由权,采

① 孙月平:《劳动经济问题研究》,人民出版社2004年版,第203页。

② 国家统计局社会统计司:《中国劳动工资统计资料(1949—1985)》,中国统计出版社1987年版,第109页。

取计划管理的行政手段排斥市场机制对劳动力价格的调节。

（二）“大跃进”和调整时期的第二次失业高峰

我国第二次失业高峰的发生时间是在20世纪60年代初。由于1958年我国开展了“大跃进”运动，劳动力需求信号存在大幅度的虚假信息，实际吸收的就业数量远远大于真正的劳动力需求，导致大批农民进入工厂，城镇就业人口急剧增加。“大跃进”失败后，1961年中央工作会议作出了减少城镇人口的决定，国家采取比较灵活的方针政策和安置办法。一方面，动员从农村招收的职工回乡支援农业生产，鼓励待业人员创办各种集体所有制的手工业、服务业和商业组织，提倡从事家庭副业和个人自谋职业，恢复劳动力介绍所；另一方面，有计划地动员部分知识青年上山下乡，对未升学的青年进行文化补习和职业培训。这些措施有效地缓解了当时的就业压力，使城镇闲散劳动力得到了妥善安置。①

（三）20世纪80年代初期的第三次失业高峰

我国第三次失业高峰的发生时间在20世纪80年代初期，主要是城镇新增劳动力人口不能得到全部安置而形成的所谓“待业”问题。“文革”结束后，1979年，政府开始落实知识青年回城政策，下乡知青陆续返城，加上城镇积累的大量待业人员和新增长劳动力，“文革”期间又吸收了近1 300万农民进城，在城镇形成了空前严重的待业问题(当时我国政府不承认存在失业，待业实质上就是失业)。在此期间，就业的难点是上山下乡返城的待业青年，1978年待业人数总计达530多万，1980年全国登记的待业人数为542万，就业压力十分巨大，出现了第三次失业高峰。

为解决待业这一当时政府面临的严重的社会问题，国家调整所有制和产业结构，搞活劳动体制，深化劳动制度改革，积极推动多种就业渠道，于1979年创建解决城镇就业问题的劳动服务公司，管理和组织待业者就业，在其组织和指导下，培训、就业或从事临时性工作的有1 100多万人。1980年8月，中共中央和国务院召开全国劳动就业工作会议，提出“在国家统筹规划和指导下，实行劳动部门介绍就业、自愿组织起来就业和自谋职业相结合”的“三结合”就业方针。1979—1987年，共安置7 000万人次实现就业，基本缓解了这一时期的就业压力。

（四）从“有计划的市场经济向社会主义市场经济转型”时期的第四次失业高峰

我国第四次失业高峰发生在20世纪90年代初，1993年达到高峰，20世纪末

① 胡鞍钢，程永宏等：《扩大就业与挑战失业》，中国劳动社会保障出版社2002年版，第49页。

达到最高峰。当时我国第二次生育高峰出生的人口陆续进入劳动年龄段，在产业结构调整和国有企业改革过程中，企业的用工制度改革使“优化劳动组合”处于刚刚倡导和试点时期，企业富余人员没有被排挤出来，出现了大量的结构性失业；1993年，中央提出建立社会主义市场经济体制以后，由于受国有企业减员增效以及企业关、停、并、转等的影响，下岗再就业遂成为此阶段就业的主要特点；随着剩余劳动力向城镇的大量流动，农村剩余劳动力形成的‘民工潮’成为就业问题的主要方面；加之第一批劳动合同制职工因劳动合同到期而加入了失业者的队伍，治理整顿严格控制招工，新增长劳动力也因此待业，由此出现了待业率迅速提高的局面，就业形势又严峻起来。到了1993年后，失业者主要是城镇企业职工大规模下岗和农村剩余劳动力大规模进城务工。

面临如此严重的就业压力，政府采取了一系列措施：

(1) 1986年国务院发布《国营企业职工待业保险暂行规定》，截至1991年底，参加待业保险的单位有43万家，包括国有企业、机关团体、事业单位、部分集体所有制企业和三资企业职工7 123万人。5年内共计为30万待业职工发放了待业救济金和医疗费，并帮助20万名待业职工重新就业。

(2) 严格限制和辞退农民工，为城镇失业人员“腾出”就业岗位。在1989年已压缩100万人的基础上，劳动主管部门要求在1990年再压缩90万人回乡，许多大中城市开始推行“劳动许可证”制度和“城市暂住证”制度。

(3) 鼓励兴办集体和个人企业，拓宽就业渠道。进一步贯彻“三结合”就业方针，扩大就业培训规模，积极开展就业培训，提高待业人员的就业适应能力，提高待业人员素质。

(4) 1993年11月，劳动部提出实施的“再就业工程”与1994年国家实行的为解决民工潮的“有序化工程”并称为解决就业的两个工程。

(5) 1997年，劳动部提出了新就业方针。当前，我国城镇各种失业现象包括登记的失业、失业下岗人员再就业、农村剩余劳动力的非农就业以及新增长劳动力的初次就业等相互叠加所形成的复杂的城镇失业局面，成为就业领域的主要焦点。2003年，全国高校扩招后第一批毕业生进入劳动力市场，高学历的劳动力供给突然增加，原来基本均衡的供求关系被打破，引发了高学历低工资、高学历低就业等许多非正常现象，处于摩擦型失业状态，知识型失业出现。

中国社科院社会学所根据样本调查，2008年全国城镇的调查失业率为9%。①2009年就业形势依旧严峻，城镇新增就业人数持续增加，城镇调查失业率达6%。中国社科院人口与劳动经济研究所所长蔡昉预计，本次经济危机的出口下降导致

① 肖明：《2009年城镇调查失业率可能达到6%，就业形势严峻》，《21世纪经济报道》，2009-02-17。

的非农就业减少为1 763万,其中服务业664万,制造业969万。

四、解决我国失业问题的几点建议

我国正处于经济体制转轨时期和经济的高速增长时期,就业压力大已成为一个不可改变的事实,城乡就业问题已经演变成牵动全社会的、影响新世纪发展的重大经济社会问题。预计到2020年,就业总量将达到8.4亿,失业率控制在社会可承受的水平,大部分人有机会就业,少量失业者基本生活有保障并为就业做准备,社会总体上处于比较充分的就业状态。促进改革、维护社会稳定已越来越迫切地需要合适的理论与对策来研究和治理日益突出的就业与失业问题。

(一)确定就业优先的发展战略,通过促进经济增长来创造新的就业机会

20世纪90年代以来,我国政府实行积极的劳动政策,通过宏观经济创造就业,提供更多的就业岗位。具体政策包括:促进发展经济和扩大就业的投资政策、财政政策、金融政策、产业政策等经济政策。① 由于经济增长速度对增加就业机会起着根本性的决定作用,保持经济增长、解决失业的根本出路在于经济增长。很多专家测算过,我国经济增长速度每提高一个百分点,就可以增加几百万个就业岗位,在经济增长停滞或回落的条件下,再多的促进就业措施也无济于事。为了实行就业导向的增长策略,实现充分就业目标,应鼓励发展劳动密集型产业和中小企业,加速新技术在生产中的应用;同时,大力发展包括运输、通信、金融、咨询、旅游等行业在内的第三产业,加强对基础设施的投资。

(1)加快调整产业结构,选择适合的最具创造就业机会潜力的领域。积极创造大量不同类型的就业岗位,是增加就业的主要渠道。这包括:要积极发展非公有制经济,加快发展服务业作为扩大就业的主要方向,鼓励发展社区服务、餐饮、商贸流通、旅游等行业,更多地增加这些行业的就业岗位。2002年,中国政府制定了大力发展第三产业、拓展传统服务业领域的就业渠道、努力发展旅游业等增加就业岗位的扶持政策,重点是开发社区公益性就业岗位,帮助和促进下岗失业人员和其他就业困难群体再就业。第三产业发展快、投资少、潜力大,具有吸纳劳动力多的优势,通过创造大量的不同类型的(正规和非正规)就业岗位,要努力拓宽就业和再就业渠道,鼓励自谋职业和灵活就业。从产业结构调整的角度来讲,要大力调整加工产业,推进基础产业,发展第三产业和新兴产业,缓解就业和再就业压力。

---

① 岳经纶:《中国劳动政策:市场化和全球化的视野》,社会科学文献出版社2007年版,第56页。

(2) 大力发展中小企业，加快发展劳动密集型、就业门槛低的服务业和社区服务业，积极促进非正规就业，吸纳更多的劳动力就业。我国中小企业将成为经济增长的新兴部门、城镇新增就业的主要渠道，是就业的主要载体。加快发展劳动密集型经济组织，鼓励和支持有利于扩大就业的劳动密集型产业、中小企业、非公有制经济和服务业更好地发展，不仅有利于就业岗位的增加，而且能够更多地吸纳富余劳动力就业。① 当前城镇非正规就业发展潜力很大，实施促进非正规就业工程，通过促进社区和个人服务业的发展，积极创造社区非正规就业岗位，可以使相当部分的下岗职工实现再就业。

（二）完善市场机制，实现劳动力的合理配置

发达国家的实践证明，劳动力流动是市场经济体制下就业的明显特征，生产力和市场经济发展得越快，劳动力的流动也就越快。我国劳动力市场存在严重缺陷和障碍，城镇实际失业率居高不下，劳动力不能自由地在不同地区之间、同一地区不同部门或行业之间流动。目前我国主要存在着四种性质不同、相互隔离的人力资源市场：一是高学历、高技能的专业人才市场，此市场具有较强的流动性；二是低技能、低保障、高流动的农民工市场；三是高福利、低流动的国有经济部门人力资源市场；四是无福利、高流动的非正规就业市场。这四类市场彼此分割现象较为严重。而在我国劳动力供大于求的矛盾长期存在的大背景下，要扩大就业机会，减轻失业威胁，必须建立健全劳动力市场，建立具有灵活性、公平性、统一规范的人力资源市场，实行积极的劳动就业政策，带动就业增长，这是政府解决失业问题的当务之急。近年来，政府关于就业体制改革的重点集中在劳动力市场建设及其相关的配套措施上，即试图通过加快劳动力市场建设来解决失业问题。

劳动力市场政策包括劳动力市场准入政策、就业政策、就业服务、培训政策等。积极的劳动就业政策的主要目标就是提高劳动者的就业竞争能力和各类经济实体创造就业机会的能力。为了实施积极的劳动就业政策，发挥市场机制促进就业的作用，致力于建立和完善劳动力市场，培育市场对劳动者吸纳的能力，完善就业服务体系，需要重点做好以下工作：

(1) 转变就业观念是实现就业的关键。市场经济就是竞争经济，市场经济条件下的就业将逐步市场化，普通就业者已经面临市场竞争就业。没有良好的素质，没有一定的知识和技能，即使实现就业，迟早也会在激烈的竞争中被市场无情地淘汰。

(2) 创造良好的人力资源市场环境，消除就业歧视，通过提供职业培训、职业介

① 孙本良：《关于我国就业问题的深层研究与思考》，《理论前沿》，2006(5)。

绍和建立劳动服务企业等方式，扶持各种就业项目，大力发展服务业，促进劳动力流动畅通。在目前城市再就业服务体系的基础上，联合各方面的社会力量，发展教育和培训事业，通过职业培训提高劳动者的素质和技能，把失业人员的数量控制在社会可以承受的范围内。

(3) 以创业带动就业，为劳动者创业创造更好的条件。例如，上海市启动的2009—2011年鼓励创业带动就业三年行动计划[1]，力争通过三年的努力，实现"6532"的工作目标，即实施创业教育和培训6万人，建立创业园区和孵化基地50个，帮助成功创业3万人，创业带动就业20万人。

(三) 深化社会保障体系改革，减轻失业冲击力，促进扩大就业和再就业

完善的就业保障制度是社会主义市场经济条件下就业机制的重要组成部分，能否建立一个具有中国特色的、以社会保障推进就业的多元化机制，使其真正起到"社会减震器"的作用，直接关系到社会的全面发展和社会的稳定。我国经过多年的社会保障体制改革，其框架已基本形成，但今后一段时间内仍需深化社会保障制度改革。

为了逐步完善社会保障制度，促进经济改革和经济发展，政府要通过一系列措施，将养老、医疗、失业、工伤、生育等社会保险覆盖到城镇全体劳动者，深化失业保险改革，开拓就业新空间，促进扩大就业和再就业。为此，要重点做好以下工作：

(1) 完善失业保险制度和居民最低生活保障制度。失业保险作为一项重要的兼具救济性和管理性的社会安全制度，其核心是分散失业这一劳动风险。我国作为一个发展中国家，在目前的发展阶段和经济体制下，对于城市中低收入的打工者，欠缺参加失业保险的条件，同时由于存在收入上的巨大差距，以缴费为基础的社会保障体制还难以覆盖所有城市中的从业人员和失业者，较高的失业率在今后一个时期内还会长期存在，各种缓解就业矛盾的措施其作用有限。

(2) 规范和协调劳动关系，完善和落实国家对农民工的政策，依法维护劳动者权益。我国第三产业发展滞后，为了加快第三产业的发展，接纳城市化过程中的新移民，就必须扫除农民进城的各种障碍，加快我国的城市化进程。城市化率的提高，一方面可以增加农村流动人口的就业，另一方面由于城市自身存在的积聚效应，必然会派生出大量新的服务需求，包括生产性服务需求和生活性服务需求，也为城市居民创造出更多的就业岗位。由于农民工离开农村时间较长，不可能继续享受村里的集体福利，他们最容易受到失业的威胁。因此，在保持城市劳动力市场流动性的同时，要为失业者提供基本生活保障，减少企业解雇农民工的任意性，增

---

① 鲁哲：《创业带动就业三年行动计划今启动》，《新民晚报》，2009-02-27。

加企业的责任感，这有利于提高就业的稳定性和改善劳资关系。

第二节　劳动安全问题

劳动保护在当今各国都是一个十分重要的问题，保护所有劳动者在工作中的安全与健康是政府义不容辞的责任，也是现代文明的基本内容，劳动安全是人力资源开发的重要外部环境。针对世界各国频繁发生导致大量人身伤亡和财产损失的各种恶性事故，联合国所属的国际劳工局对劳动保护问题日益关注，世界银行在1995年发布的三项评价各国财富的指标中，将人力资本即公众受教育的水平和健康水平等公众素质纳入其中。我国的劳动安全状况与发达的工业国家相比，差距很大，就是比韩国、新加坡、泰国这些亚洲的发展中国家也已落后，和我国的香港、台湾地区相比也存在明显差距，这种落后的状况已经引起国际社会的关注。我国各行业、各部门的组织机构也逐渐意识到劳动保护对组织发展的重要性，开始采取大幅度增加教育培训经费，定期开展多层次、多形式、多类型的职业劳动安全教育和劳动安全培训等手段实施预防性战略，加强员工的劳动安全教育，使劳动安全保护成为充分开发、利用人力资源的一项重要措施，构成人力资源保护的一项重要内容。

一、企业劳动安全卫生问题分析

劳动安全，主要是为员工群体提供在职业和卫生方面的安全的工作环境和工作条件，包括职业安全与健康等方面的内容。改革开放以来，中国经济一直保持高速增长，取得了持续的高速发展，但与此同时，企业的劳动安全卫生事故隐患重重，频繁发生工伤意外，员工在劳动中经常遭遇职业伤害，关于劳动者利益受到侵害的各种报道不绝于耳。据《中国青年报》报道，目前，职业病已成为影响我国部分劳动者健康的最主要因素。

（一）职业病与职业危害因素①

1. 职业病

职业病是指用人单位的劳动者在工作或者其他职业活动中，因接触粉尘、放射

① 赵曼，杨海文等：《21世纪中国劳动就业社会保障制度研究》，人民出版社2007年版，第282页。

线和有毒、有害物质等职业危害因素而引起的疾病。近年来,我国各种形式的职业危害日趋严重,因而职业病的发病率也呈上升趋势。我国职业病的分类和目录由国务院卫生行政部门会同国务院劳动保障行政部门规定、调整并公布,卫生部于1957年颁布的《职业病范围和职业病患者处理办法的规定》中,确定了14种法定职业病。1987年,该规定经过修订并由卫生部、劳动部、财政部和全国总工会联合发布,在修订的职业病名单中共规定了9大类99种职业病,并规定了这类疾病需由国家认定的有职业病诊断权的医疗卫生机构进行诊断。被确诊为职业病的患者,在治疗或疗养后被确认不宜继续从事原有害工作的,应调离原工作岗位,另行安排工作。依据国家社会保险法规的规定,劳动能力受损程度应按照已颁布的《职工工伤与职业病致残程度鉴定》标准进行鉴定,并按劳动保险条例,给予工伤保险待遇或职业病待遇,享有相应的劳保待遇。

2. 职业危害因素

职业活动中存在的各种有害的化学、物理、生物因素以及在作业过程中产生的损害人体健康的因素,按其来源可分为以下两类:

(1) 与生产过程有关的毒害因素。化学因素的毒害: ① 生产性毒物,如铅、苯、汞、一氧化碳、有机磷农药等;② 生产性粉尘,如矽尘、煤尘、水泥尘、石棉尘、有机粉尘等。物理因素的毒害: ① 异常气象条件,如高温、高湿、低温等;② 异常气压,如高气压、低气压;③ 噪声、振动;④ 非电离辐射,如紫外线、红外线、射频辐射、微波、激光等;⑤ 电离辐射,如α、β、γ、X射线等。生物因素的毒害: 如炭疽杆菌、布氏杆菌、森林脑炎病毒等传染性病源体。

(2) 与劳动过程有关的毒害因素。① 劳动组织和劳动休息制度不合理;② 劳动过度致使精神(心理)紧张;③ 劳动强度过大,劳动安排不当,不能合理安排与劳动者的生理状况相适应的作业;④ 劳动时个别器官或系统过度紧张,如视力紧张等;⑤ 长时间用不良体位和姿势劳动或使用不合理的工具劳动。

(3) 生产环境的卫生条件不良造成的危害因素。① 自然环境因素的作用,如炎热季节的太阳辐射;② 厂房建筑结构或布局不合理,如有毒与无毒的工段安排在同一车间;③ 来自其他生产过程散发的有害因素的生产环境污染。

(二) 企业存在的劳动安全卫生问题

随着经济的快速发展,工厂的数量和种类骤增,职业病也越来越成为突出的问题,许多有毒性化学物质和危险性及有害性工作流程的引进,使得劳动者因工作而产生的健康问题日趋严重,苯中毒、三氯乙烯中毒等职业病越来越频繁地成为劳动者生命健康的无形杀手。据卫生部数据显示: 2002年,各类职业病较前一年增加了12.1%,在总病例中,尘肺病占了82.6%。职业病打破了近10年来新病例逐渐减少的趋势。发生于外资企业的慢性病中毒例数是2001年的3.1倍。特别是工矿企业伤亡恶性事故频发,2002年同比事故和死亡人数分别上升5.4%和8.8%。

(三)企业劳动安全卫生问题原因分析

1. 政府因素

劳动保护工作应坚持以人为本,把人的生命安全、身体健康放在首位,但地方政府角色缺位。

(1) 一些地方政府追求地方经济的片面增长,为了处于有利的竞争地位较多地考虑对资本的吸引力,在招商引资过程中擅自制定"低劳动力成本的土政策",地方保护主义严重,特别是经济欠发达地区,企业职业病防治工作薄弱,地方政府却对企业加以保护,对相关社会政策与劳工权益的维护较为忽视。有些地方政府为了所谓的投资环境,对一些企业违反劳动法规往往是睁只眼闭只眼,甚至为厂商侵犯职工权益"开脱",对私营小企业及外来工的生产环境缺乏相应的劳动安全生产和防护措施。

(2) 安全管理不到位,执法监督不力,监管责任不落实。为了进行劳动安全保护与职业病防范,我国出台了两部最重要的法律,即《中华人民共和国职业病防治法》和《中华人民共和国安全生产法》。执法机构既包括劳动监察部门,也包括司法部门、建筑部门,他们可以在各自的权限范围内,加强执法力度,对用人单位和劳动者执行情况实施监督。但是,各个基层政府执法机构之间常常缺乏配合,在安全生产方面,劳动安全部门由于专业执法人员数量不够、执法队伍力量薄弱、劳动监察乏力,而普遍存在行业管理弱化现象。一些地方的安全管理传统丢失,基层监管薄弱,甚至相互推诿责任或越位管理,安全监管责任难以落到实处,对侵害劳动者合法权益的事件存在"不告不理"现象,对企业劳动违法处罚不及时或力度偏轻,往往使事故得不到高效、及时的处理。

(3) 政府各负有安全生产、职业卫生监管职责的相关职能部门间的关系协调不够。我国劳动安全保护涉及卫生、安全生产监督和劳动保障等各个部门,按照国务院职责分工,职业卫生管理涉及政府卫生部门多个部门,职业病防治和管理工作涉及《中华人民共和国职业病防治法》、《中华人民共和国劳动法》、《中华人民共和国安全生产法》等多部法律。在许多发达国家,职业安全与职业卫生的监管职能是融为一体的。目前,我国的职业安全卫生监管工作由多部门分别负责,相关职能部门在日常管理过程中没有根据法律规定切实履行好自己的工作职责,在教育培训、信息采集与监测、科技研究、政策制定和监督管理等方面相互独立、职能交叉、分工不够明确,不仅造成工作上的不便,而且由于资源不能共享,重复劳动多,办事效率低,直接影响我国职业安全卫生工作的顺利开展。

2. 企业因素

员工为企业工作是为了得到报酬来维持自己的生存并获得职业发展。但是,企业不应以为员工提供工作为借口而忽视员工的生命和健康,工作环境必须符合健康的标准。

(1) 劳动安全卫生资金投入较少。一些生产企业为追求利润最大化,不惜压缩安全生产成本,不愿在劳动安全卫生、劳动保护上进行投资。工人身处恶劣的劳动环境和高强度的工作中,工伤事故频频发生,使职工的劳动安全卫生保护的权利受到了严重侵犯。为了保证改善国有企业劳动条件的资金来源,国务院曾规定"企业每年在固定资产更新和技术发行中提取10%到20%(矿山、化工、金属冶炼企业应大于20%)用于改善劳动条件",但一些企业为了一味追求高利润,节省开支,不肯为职工提供安全卫生设施,导致企业的生产设备不符合劳动安全卫生的要求,不依法保证安全生产和职工健康所必需的资金投入、不依法为职工提供必要的安全卫生设施及防护用品、不对职工进行定期的体检,大多数企业员工的健康监护体检率较低。目前,绝大多数亏损企业均无力按规定发放劳动保护用品和保健费,安全防护设施大多十分简陋,无相应的特殊劳动防护措施,达不到国家规定的防护标准。

(2) 劳动安全生产基础脆弱,安全生产制度极不完善,安全卫生管理松懈混乱。一些企业为了追逐利润,存在不建立企业工伤保险制度及职业卫生管理制度、不主动申报职业危害项目、职业卫生管理状况差、安全管理混乱等问题,有的企业对抗安全卫生管理方面的检查,拒不排除隐患,安全卫生管理工作方式落后,以致造成严重的事故,如煤矿爆炸等,这在煤矿企业中已屡见不鲜。在一些严重侵害职工权益的事件中,如化工、采矿业和深海作业的工作企业,也存在不严格执行劳动保护的有关规定,安全生产责任制得不到有效的落实,以致造成工人的伤害、残疾与职业病的情况。另外,许多企业中安全机构的撤并,致使职工卫生管理人员较少,没有赋予安全管理机构必要的职权,缺乏权威性,难以承担繁重的安全管理工作。

(3) 企业法规制度建设相对滞后,法制观念淡薄。有的经营管理者法制观念淡薄,对国家有关政策法规知之甚少,公然违反国家法律、法规,置国家有关劳动安全卫生保护方面的法律、法规于不顾,隐患严重却不治理,任意践踏职工合法权益,仗着财大气粗,甚至与职工签订无效合同,对员工提出一些违法要求,使得国家的有关法律制度得不到有效的遵守和执行。据《中国青年报》报道:工人因病被解雇在涉外企业中司空见惯,在被诊断为职业病的509例患者中,18.6%的工人被解雇。不少工人回到乡下家中后才发现自己患上职业病,即使想寻求法律保护,却苦于无法支付旅费、医疗检查费而只能放弃。

3. 员工因素

许多企业职工既缺乏主观上的防范意识,也缺乏劳动安全意识和维权意识。

企业改善生产环境当然是首要的,但职工自己也应当了解、掌握与自己工作环境有关的防职业病常识,提高预防意识和能力。我国一些企业的职工缺乏安全法律知识,安全意识淡薄,自身防护意识不强,缺乏安全防护的自觉性。另外,职工群体处于弱势,为保住饭碗一般敢怒不敢言。大量农村剩余劳动力和贫穷地区的打工者进入工业企业,他们虽然从事着具有高度危险性的工作,但因本身文化水平相对较低,没有接受过安全卫生知识教育,缺乏安全意识和相应的安全卫生知识,自我保护能力差,操作技能低下,属于易发生职业伤害人群,往往成为工伤事故以及苯中毒、硫化氢中毒、尘肺病死亡等事故伤害的主要群体。例如,外来工大多处于不规范的劳动关系之中,特别是小学文化程度以下的外来工、10 人以下小企业外来工、建筑行业外来工,他们劳动条件最差,劳动待遇最低,不能利用法律武器来维护自己的合法权益,致使事故不断发生。

4. 工会因素

工会作为职工的利益代表要为职工争取和维护合法权益,应制订科学有效的安全卫生条例,积极加强对员工的安全教育,发动和组织他们积极参与企业安全生产的监督和管理。虽然职工和企业处于不对等的地位,但职工可以通过职代会来争取权益,要求企业配备安全措施,发放防护用品。在我国的企业中很少看到工会在维权方面的作为。

二、我国劳动安全与卫生管理

随着社会经济条件的变化和工业生产条件的提高,企业开始依靠技术进步进行系统安全管理。同时劳动者的素质不断提高,权利意识逐渐觉醒,自我保护的意识大大增强,社会公众对劳动者的各种权利的关注也日益加强。企业安全管理的最终目的是将工伤事故消灭或降到最低限度,确保职工在生产过程中的安全和健康。因此,现代企业普遍重视对劳动者的劳动保护,增加此方面的投资,以劳动者权益保护为宗旨促进人力资源的开发、利用。只有对企业易发生的事故进行全面的了解、透彻的研究和深入的分析,才能在一定程度上掌握企业易发、多发事故的规律,也才有可能制订和采取针对性较强的事故预防手段或措施,以达到减少事故及避免同类事故反复发生的目的。

(一) 组织的安全管理

现代组织大都以安全有效的管理为前提,通过加强从工业安全、有毒有害工种的职业保护,到改进工作场所的安全,使工作环境适应员工的需要,在组织中对所有劳动者,包括从高层管理人员到普通员工皆采取有效的安全管理方法。对易受到工伤和职业病伤害的员工,强化职业安全卫生、上岗培训教育,落实安全责任制,从单纯的保护措施到对劳动风险的预防与评价。

1. 针对组织的安全管理方法

加强组织对安全工作的重视,制订劳动安全纪律,在组织文化中形成"安全文化";成立安全部门,定期进行事故调查及安全检查;在组织会议和生产进度中优先考虑安全生产,重视安全管理;建立安全生产监督检查机制。坚持和完善"三同时"制度、事故隐患通知书和隐患整改报告书的群众监督制度,坚持参与事故调查和处理制度,严格监督国家有关法律法规在企业的落实情况,确保职工的生命健康权益不受侵害。

2. 针对工程的安全管理方法

组织对劳动设备、劳动环境进行安全设计与改造,采取安全防护措施,增加劳动防护设备,从而使劳动环境符合安全生产标准。

3. 针对劳动者的安全管理方法

加强对劳动者个体的安全管理,具体包括:加强对员工进行劳动安全卫生政策和专业知识等方面的宣传、培训,使之增强安全意识,对易受到工伤和职业病伤害的员工,强化职业安全卫生、上岗培训教育及安全生产教育;对劳动者进行定期或不定期的安全培训,使之掌握劳动安全技能;建立安全激励机制,鼓励劳动者进行安全生产。在组织中对所有劳动者,从高层管理人员到普通劳动者都采取有效的安全管理方法。落实安全责任制,从单纯的保护措施到对劳动风险的预防与评价,内容可包括思想教育、法规政策教育、安全技术教育以及典型经验和事故教训教育等,并建立安全奖励制度。

(二)法律保护

为了改善劳动条件,保护劳动者在劳动过程中的安全、健康,国际劳工组织、各国政府针对劳动者的各项权益,在职业安全和卫生的一般保护、特定危害、特定部门的安全卫生防护等方面,制定并颁布了很多法律、法规。不同的法律、法规从不同角度来维护劳动者的各项权利。至今中国已颁布和实施职业安全卫生法律、法规和规章150多项,职业安全卫生标准500多项,对改善劳动条件、保障劳动者的健康和安全起到了积极的作用①,具体表现为:

(1)《中华人民共和国宪法》(以下简称《宪法》)。《宪法》是中国对劳动安全卫生工作的最高原则规定。《宪法》第4条规定,劳动者依法享有职业卫生保护的权利,用人单位应当采取措施保障劳动者获得职业卫生保护。

① 中国农民工问题研究总报告起草组:《中国农民工问题研究总报告》,《改革》,2007(3)。

(2) 劳动安全与卫生管理法规。我国通过强制性的立法方式保障劳动者的权利,如1995年的《企业职工劳动安全卫生教育管理规定》、《中华人民共和国劳动法》,1996年的《劳动防护用品管理规定》;此外,《女职工劳动保护规定》、《中华人民共和国未成年人保护法》、《未成年工特殊保护规定》等法律法规都确认了劳动安全卫生保护是职工应享有的权利,企业应履行有关对职工提供劳动安全卫生保护方面的义务。

(3) 劳动安全保护。为了加强劳动保护工作,在劳动安全卫生技术方面,国家还专门颁布了《中华人民共和国安全生产法》、《中华人民共和国职业病防治法》、《中华人民共和国公司法》等法律规定。2007年颁布了《生产安全事故报告和调查处理条例》。

(4) 劳动环境保护。国家为了对劳动场所的安全卫生进行管理,制定、颁布了《中华人民共和国环境保护法》、《工业企业设计卫生标准》、《标准化法实施条例》、《使用有毒物品作业场所劳动保护条例》、《煤矿安全规程》、《矿山安全法》、《尘肺病诊断标准》等。

(三) 伤亡事故报告和处理制度①

伤亡事故的报告处理制度是我国劳动安全卫生工作的一项基本制度,1991年国家出台了《企业职工伤亡事故报告和处理规定》。这项制度的内容包括根据国家法律、法规的规定进行的报告、事故的统计,事故的调查和事故的处理。伤亡事故的报告、统计、调查和处理必须坚持实事求是、尊重科学的原则。实行这项制度的目的是及时掌握职工在生产过程中的伤亡事故情况,研究事故发生的规律,总结经验教训,采取积极的措施,防止事故的重复发生。

1. 伤亡事故报告制度

伤亡事故按照伤害程度和受伤人数分为轻伤、重伤、重大伤亡事故、死亡事故和重大死亡事故。

(1) 轻伤事故的报告。负伤者或事故现场人员应当立即直接报告或逐级报告,由车间主任(工段长)在事故当日内上报企业负责人和企业安全技术管理部门。

(2) 重伤事故、死亡事故或重大死亡事故的报告程序。负伤人员或事故目击者应立即向班组长及车间领导报告;车间负责人接到事故通知后要立即报告企业负责人、企业安全技术管理部门和企业工会,企业负责人必须在24小时内用电话、电报、电传等方式快速将事故报告企业主管部门、企业所在地劳动安全监察部门、公安部门、人民检察院和工会组织;企业主管部门和劳动安全监察部门接到死亡、重

① 程延园:《劳动关系》,中国人民大学出版社2002年版,第188页。

大死亡事故报告后，应立即按系统逐级上报。死亡事故报至省、自治区、直辖市企业主管部门和安全监察部门，重大死亡事故要在24小时内报至国务院有关主管部门和劳动安全监察部门。事故报告内容应包括发生事故的单位、事故发生时间、事故地点、伤亡情况、事故简要经过及事故原因初步分析等。

2. 伤亡事故处理制度

伤亡事故处理工作及其处理结案程序因事故的严重程度而异，应当在90天内结案，特殊情况需要超过90天才能结案的，企业或其主管部门须向劳动部门提出申请，经同意后方可延长，但不得超过180天。

(1) 伤亡事故处理程序。轻伤、重伤事故由企业处理结案；死亡事故由企业主管部门会同企业所在地劳动保障部门、公安部门、工会组成事故调查组进行调查；重大死亡事故按照企业的隶属关系由省、自治区、直辖市企业主管部门或国务院有关主管部门会同同级劳动保障部门、公安部门、监察部门、工会组成事故调查组进行调查；其中死亡事故和重大死亡事故调查组应当邀请人民检察院派员参加，还可邀请其他部门的人员和有关专家参加。

(2) 伤亡事故的责任处理。企业及其主管部门负责处理伤亡事故，企业发生伤亡事故，如有隐瞒、虚报或者故意延迟不报者，除责成补报外，还要对责任者给予纪律处分；情节严重的，要追究其法律责任。因忽视安全生产、违章指挥、违章作业、玩忽职守，或者发现事故隐患、危害情况而不采取有效措施以致造成伤亡事故的，由企业主管部门或者企业按照国家有关规定，对企业负责人和直接责任人员给予行政处分；构成犯罪的，由司法机关依法追究刑事责任。在伤亡事故发生后隐瞒不报、谎报、故意迟延不报、故意破坏事故现场，或者无正当理由，拒绝接受调查以及拒绝提供有关情况和资料的，由有关部门按照国家有关规定，对有关单位负责人和直接责任人员给予行政处分；构成犯罪的，由司法机关依法追究刑事责任。在调查、处理伤亡事故中玩忽职守、徇私舞弊或者打击报复的，由其所在单位按照国家有关规定给予行政处分；构成犯罪的，由司法机关依法追究刑事责任。

企业及其主管部门要根据事故调查组提出的处理意见和防范措施建议，按规定填写《企业职工伤亡调查报告书》，报经劳动安全监察部门审批后作为处理结果。企业在接到对伤亡事故处理的结案批复文件后，要在企业职工中公开宣布批复意见和处理结果；记载有关人员处分意见的文件资料，要存入受处分人的档案。

三、女职工与未成年人的特殊劳动保护

(一) 女职工的特殊劳动保护

我国的法律明确规定不容许安排女职工在职业有害因素存在的条件下生产或

工作，此方面的法律主要有《禁止使用童工规定》(2002)、《女职工劳动保护规定》(1988)、《未成年工特殊保护规定》(1994)。《劳动法》与《女职工劳动保护规定》明确对女职工作出特殊的劳动保护，规定了女职工禁忌从事的劳动。主要原因是：① 妇女在身体结构、生理机能等方面与男性显著不同，特别是妇女在经期、妊娠、分娩、哺乳、绝经等生理过程中，所具有的特殊情况，往往使她们易受生产过程中不利因素的影响，导致伤亡事故、职业病、妇女病的发生；② 妇女担负着孕育下一代的历史使命，她们的健康影响着下一代，对女职工进行特殊保护是提高民族素质的需要；③ 对女职工进行特殊的保护是社会主义优越性的体现。此外，对女职工进行特殊保护还可以调动广大女职工的劳动积极性。

《劳动法》规定，女职工其他禁忌从事的劳动范围包括：森林伐木、归楞及流放作业；建筑业脚手架的组装和拆除作业；电力、电信行业的高处架线作业；连续负重每次超过 20 千克，间断负重超过 25 千克的作业。

(二) 未成年工的特殊劳动保护

未成年工的特殊劳动保护是针对未成年工(即年满 16 周岁未满 18 周岁的员工)处于生长发育期的特点，以及接受义务教育的需要而采取的特殊劳动保护措施。《劳动法》第 64 条规定，不得安排未成年工从事矿山井下、有毒有害、国家规定的第四级体力劳动强度和其他禁忌从事的劳动。其他禁忌从事的劳动范围包括：森林伐木、归楞及流放作业；凡在坠落高度基准面 5 米以上(含 5 米)有可能坠落的高度进行的作业；作业场所放射性物质超过《放射防护规定》中规定计量的作业；对未成年工的生长发育有影响的作业。

第三节　劳动歧视问题

在我国，由于长期的劳动力供大于求引发的就业压力、二元社会结构和城乡的巨大差异等因素的影响，劳动歧视不仅普遍存在于各种非公有制企业中，而且国家机关、国有企业、学校、研究机构等在录用劳动者的过程中也不同程度地存在着。“就业歧视”已经成为就业市场上的关键词，引起了社会的广泛关注，反就业歧视诉讼也成了一个新的社会热点。就业歧视本身是对市场经济法治精神的一种违背，它不仅侵犯了广大劳动者平等的劳动就业权，使个人尊严遭到了亵渎，也使众多求职者与工作岗位失之交臂，造成了人才的极大浪费，对市场经济的健康发展带来了很大的负面影响,对我国的经济增长、公民就业权的实现、政府的威信和社会的和谐稳定也会产生负面影响,而且也带来了社会稳定问题。

一、就业歧视的含义及类型

歧视,简单地说就是区别对待、不平等对待,就业歧视是指用人单位在就业过程中对劳动者的"分别看待"。如果就业和职业中规定的条件与工作的内在要求无关,具有相同生产率特征的员工仅仅因为他们所属的人口群体不同而受到不同的待遇,①或者说是在劳动力市场上对员工与劳动生产率无关的个人特征的评价,就应视为歧视。在就业和职业过程中,用人单位如果采取法律禁止的差别对待,从而对当事人就业和职业的机会平等造成损害,这样的行为一般认定为歧视。

(一)就业歧视的含义

国际劳工组织《就业和职业歧视公约》(1958 年,第 111 号)对"就业歧视"作了界定,即"基于种族、肤色、性别、宗教、政治见解、民族血统或社会出身等原因,具有取消或损害就业或职业机会均等或待遇平等作用的任何区别、排斥或优惠视为歧视"②。国际劳工组织对歧视的界定,可以从狭义和广义两方面理解。狭义的就业歧视是指在求职过程中、受雇以前,就雇佣条件、机会而产生的不平等待遇;广义的就业歧视是指就业前、就业过程中、就业以后,就录用条件、工资、配置、晋升、培训教育、就业安全保障、劳动福利、解除合同条件等产生的不公平待遇。此定义非常全面,包括了如下内容:① 歧视行为,包括任何区别、排斥、限制或优惠。② 歧视效果,即取消或者损害平等;此处的平等,不仅指机会平等,也包括待遇上的平等。③ 歧视类型,不仅指故意歧视,也包括事实上导致歧视的行为;不仅包括直接歧视,也包括间接歧视。④ 歧视领域,该领域涉及但不限于获得职业的权利、取得报酬的权利、休息休假的权利、享受社会保险和福利的权利以及组织和参与工会等方面的权利。

法律禁止歧视的主要领域有种族、民族、宗教、性别、社会出身等。但是用人单位根据岗位的性质、需求及其他相关因素仍然可以限定招聘的条件,这是"合理差别"。

(二)我国的就业歧视类型③

如果不是特定的行业,用人单位不得对求职者的自然属性,如性别、年龄、身

① 胡学勤,李肖夫:《劳动经济学》,中国经济出版社 2001 年版,第 101 页。
② 黎建飞:《中华人民共和国就业促进法释义》,中国法制出版社 2007 年版,第 93 页。
③ 岳经纶:《中国劳动政策》,社会科学文献出版社 2007 年版,第 120 页。

高、相貌、血型、属相、身体健康状况以及其他一些社会属性如户籍等因素进行限制,因为这些自然属性是个人不能选择的,也很难通过后天努力加以改变,对上述的这些自然属性及部分社会属性作出的种种限制,即构成就业歧视。2008 年 1 月 1 日起施行的《中华人民共和国就业促进法》中设立了"反对就业歧视,促进公平就业"的专门条款,重点解决性别歧视、年龄歧视和身份歧视。就业歧视主要有以下几种。

1. 性别歧视

歧视模式理论认为,妇女经常被安排从事被隔离的工作,同样的工作给予不同的报酬和职业名称,并因不平等的提升或下岗机会使就业受到限制和阻碍。导致这种歧视的原因有两个方面:一方面是对性别的刻板观念,这与我国封建社会以来的以男性统治为主的社会特征有关;另一方面,女性在身体条件上与男性有很大差别,尤其是女性会有经期、怀孕期、生育期、哺乳期,法律对此给予了特殊保护,许多用人单位相比之下就更欢迎男性。有研究表明,步入工作领域后的女性员工在晋升、提薪等方面较之男性存在明显差异,在退休年龄、经济收入方面存在较大差异,男高女低的两性收入格局并未因年龄差异和受教育程度的变化而发生根本转变。由于一些用人单位认为女职工麻烦,只愿招男性员工,导致在招聘时明确规定"不招用女性"。在一些规模较大的招聘会上,近半数职位明显存在性别限制,国务院新闻办公室发布的《中国的就业状况和政策》白皮书显示,自 2000 年以来,18 至 64 岁的城乡女性在业比例为 87.0%,比男性低 6.6 个百分点,在 2004 年 5 月召开的首届"中国就业论坛"会议上,中国妇联妇女研究所研究员蒋永萍提交的一份调查显示,中国女性职业下沉现象开始凸显,男女两性收入差距加大,女性下岗职工再就业率远远低于男性下岗职工,虽有面向女大学生的专场招聘会,但实际上女大学生的就业录用问题依然未能有所改观。

2. 年龄歧视

年龄歧视是指根据年龄对某些人群施以某种不公正和消极的待遇的做法。劳动领域中的年龄歧视是普遍存在的,我国已出现就业结构年轻化的趋势,女性到了 40 周岁以上、男性到了 50 周岁以上就难以就业,这也是我国所特有的"4050"现象。许多用人单位在招聘员工时所限制的年龄大大低于法定退休年龄,刚满 50 周岁的男性员工或刚满 40 周岁的女性员工,就被动员退休或内部退养。许多用人单位在招聘时将 35 周岁作为一个界限。与年龄歧视相关的事例还表现在晋职、选拔录用等诸多方面。据劳动和社会保障部 2001 年 6 月的调查,青年求职者已占主体,35 周岁以下的求职者占七成以上,这与过去求职者主要为 35 周岁以上大龄群体有明显的不同,在这种情况下,企业普遍在用工招聘条件中对求职者年龄的要求越来越高,许多录用单位甚至把录用员工年龄限制在 35 周岁以下。例如,招收营业员一般要求年龄在20周岁至25周岁之间，招聘部门经理要求在40周岁以下，其他岗位一般要求在35周岁以下。国务院相关条例明文规定：干部或者公务员男年满60周岁、女年满55周岁，员工男年满60周岁、女年满50周岁可以退休，有些效益相对较差的企事业单位甚至制定了与国家劳动法规不相符合的“内退”（内部提前退休）政策，自行规定男女员工在远未达到法定退休年龄之前的某一年龄段退休，从而暂时缓解企事业单位的经济状况；对个别不愿提前退休或退养的员工采取歧视、制裁措施，年龄歧视现象愈演愈烈。①

3. 身份歧视

身份歧视是指根据户籍身份产生的各种差别待遇，具体表现为很多用人单位在招聘时，针对城市户口与乡村户口以及不同城市的户口的员工进行区别对待，还表现在社会福利、医疗保险、基础教育等方面，如对农民工的同工不同酬或故意克扣、拖欠农民工的工资。这是具有中国特色的户籍制度造成的制度性歧视，侵犯了公民的平等就业权，违背了市场自由分配资源的原理。户籍制度曾在维护社会稳定、巩固新生政权方面发挥了不可估量的作用，但随着中国改革开放的深入，这种制度限制了大量劳动力从农村转向发达的城市地区或从欠发达地区转向发达地区，在我国导致了劳动力市场的二元就业结构，对城市与农村、本地与外地的劳动者“区别对待”，主要表现为市场准入歧视和工资歧视。

4. 经验歧视

许多用人单位看重的是员工有没有相关的工作经验，急功近利，不愿意投入培训资本。在招聘时的职位描述中，大都要求有相关工作经验，甚至打出“有两年以上工作经验者优先”的条件，而近五百万的高校毕业生正在形成就业潮，这一群体最突出的特点是首次就业，几乎都是缺乏就业经验的人。因此，经验歧视的最大受害群体是高校毕业生。

5. 疾病歧视

在我国的就业实践中，对于身患某种疾病的特定人群的歧视非常普遍，一些用人单位招聘时挑肥拣瘦，患有某种疾病（如残疾人、乙肝病毒携带者），很难成功就业。2008年1月1日，我国就业领域首部基本法律《中华人民共和国就业促进法》正式施行，作为配套规定，《就业服务与就业管理规定》还明确，用人单位招用人员，不得以是传染病病原携带者为由拒绝录用；用人单位“强查乙肝”将受处罚。②

6. 学历歧视

近年来，我国许多求职者的文化程度较高，近一半为高中文化程度，大专以上

① 李环：《和谐社会与中国劳动关系》，中国政法大学出版社2007年版，第357页。
② 胡彩霄：《我国禁止就业歧视问题的法律思考》，《河南省政法干部管理学院》，2007(4)。

者占1/3，许多用人单位错误地认为只有招聘高学历人才方能显示单位的实力，从而造成人才资源严重浪费。

7. 外貌歧视

相貌与身高也经常成为员工录用的条件之一，许多用人单位招聘员工时以貌取人，存在着身高歧视和相貌歧视。"学生不能输在身高上"的商品广告与毕业生"整容求职"成为身高歧视、相貌歧视的佐证。

二、我国消除歧视的对策

就业歧视会对劳动者的人格尊严、生存和发展造成严重的损害，国家在反就业歧视中扮演着重要的角色。从经济学的角度说，歧视是一种妨碍效率与社会公平的主观偏见，尤其是年龄歧视，剥夺了相当一部分人的工作机会和就业权利。这种公然的歧视将会增加社会交易成本，降低社会总体福利水平。近年来，我国存在着形形色色的就业歧视，要消除就业歧视必须有针对性地完善立法和执法，同时还要完善司法和行政的救济制度，整理相关的法律法规，及时废止与公民平等就业权相悖的法律法规。以往，由于缺少相应的具体法律引导和政策支持，使得我国的就业歧视问题十分严重。我国政府已经意识到就业歧视的负面影响，自2008年1月1日起开始施行《中华人民共和国就业促进法》，"劳动者依法享有平等就业和自主择业的权利"被写入总则。其中第62条规定，"对违反法律规定、实施就业歧视的行为，劳动者可以向人民法院提起诉讼"，以此对劳动平等权进行保护。

在我国的现行法律体系中，针对就业歧视的法律规定主要由以下法律规范构成。

（一）反就业歧视的法律规定

(1)《宪法》的规定。《宪法》的内容包含了平等就业的含义，为平等就业、禁止就业歧视奠定了原则和精神基础。如"中华人民共和国公民在法律面前一律平等"，"中华人民共和国公民有劳动的权利和义务。国家通过各种途径，创造劳动就业条件，加强劳动保护，改善劳动条件，并在发展生产的基础上，提高劳动报酬和劳动待遇。国家对就业前的公民进行必要的劳动就业训练"。"国家保护妇女的权利和利益，实行男女同工同酬，培养和选拔妇女干部。""中华人民共和国各民族一律平等。国家保障各少数民族的合法权利和利益，维护和发展各民族的平等、团结、互助关系。禁止对任何民族的歧视和压迫。"

(2)《劳动法》的规定。《劳动法》第一条规定："为了保护劳动者的合法权益，调整劳动关系，建立和维护社会主义市场经济的劳动制度，促进经济发展和社会进步，根据《宪法》，制定本法。”第十二条、第十三条分别规定：“劳动者就业，不因民族、种族、性别、宗教信仰不同而受歧视。”

(3)《中华人民共和国就业促进法》的规定。《中华人民共和国就业促进法》第三条规定：“劳动者依法享有平等就业和自主择业的权利。劳动者就业，不因民族、种族、性别、宗教信仰等不同而受歧视。”第三章第二十五条规定：“各级人民政府创造公平就业的环境，消除就业歧视，制定政策并采取措施对就业困难人员给予扶持和援助。”第二十六条规定：“用人单位招用人员、职业中介机构从事职业中介活动，应当向劳动者提供平等的就业机会和公平的就业条件，不得实施就业歧视。”

(4)《劳动力市场管理规定》第十一条规定：“用人单位在招用职工时，除国家规定不适合从事的工种或者岗位外，不得以性别、民族、宗教信仰为由，拒绝录用或者提高录用标准。”

(二)反性别歧视的规定

(1)《女职工劳动保护规定》第三条、第四条规定：“凡适合妇女从事劳动的单位，不得拒绝招收女职工。”“不得在女职工怀孕期、产期、哺乳期降低其基本工资，或者解除劳动合同。”

(2)《中华人民共和国就业促进法》第二十七条规定：“国家保障妇女享有与男子平等的劳动权利。用人单位招用人员，除国家规定的不适合妇女的工种或者岗位外，不得以性别为由拒绝录用妇女或者提高对妇女的录用标准。用人单位录用女职工，不得在劳动合同中规定限制女职工结婚、生育的内容。”

(3) 我国《妇女权益保障法》也包含着平等工作权的规范。该法在第二十一条规定：“国家保障妇女享有与男子平等的劳动权利。”第二十二条规定：“各单位在录用职工时，除不适合妇女的工种或者岗位外，不得以性别为由，拒绝录用妇女或者提高对妇女的录用标准。”

(三)反健康歧视的规定

《中华人民共和国残疾人保障法》第二十七条规定：“国家保障残疾人劳动的权利。各级人民政府应当对残疾人劳动就业统筹规划，为残疾人创造劳动就业条件。”第三十四条规定：“在职工的招用、聘用、转正、晋级、职称评定、劳动报酬、生活福利、劳动保险等方面，不得歧视残疾人。”第三十条规定：“用人单位招用人员，不得以是传染病病原携带者为由拒绝录用。但是，经医学鉴定传染病病原携带者在治愈前或者排除传染嫌疑前，不得从事法律、行政法规和国务院卫生行政部门规定禁止从事的易使传染病扩散的工作。”

（四）反收入歧视的规定

《中华人民共和国就业促进法》第四十六条关于禁止就业待遇歧视的规定："工资分配应当遵循按劳分配原则，实行同工同酬。"第四十八条规定："国家实行最低工资保障制度。最低工资的具体标准由省、自治区、直辖市人民政府规定，报国务院备案。用人单位支付劳动者的工资不得低于当地最低工资标准。"

（五）反地域歧视

《中华人民共和国就业促进法》第三十一条规定："农村劳动者进城就业享有与城镇劳动者平等的劳动权利，不得对农村劳动者进城就业设置歧视性限制。"

（六）其他规定

《中华人民共和国就业促进法》第二十八条规定："各民族劳动者享有平等的劳动权利。用人单位招用人员，应当依法对少数民族劳动者给予适当照顾。"此外，劳动与社会保障部制定并颁布了《劳动部关于贯彻执行〈中华人民共和国劳动法〉若干问题的意见》、《企业经济性裁减人员规定》、《违反和解除劳动合同的经济补偿办法》、《违反〈劳动法〉有关劳动合同规定的赔偿办法》、《工资支付暂行规定》和《违反〈中华人民共和国劳动法〉行政处罚办法》等一系列与《劳动法》相配套的劳动法规章，使《劳动法》的各项制度更加具体化、规范化。

本章小结：

本章主要探讨了我国在劳动领域存在的困境：失业问题、劳动安全与劳动歧视。解决就业与失业之间的矛盾是我国政府的重要发展目标。从上述中国就业政策的演变过程可以看出，在改革开放前的计划经济体制下，政府主要以统包统配的方式，通过指令性计划安置劳动力，实现形式上的完全就业。在劳动力供给不会明显缩减、就业弹性不断下降的客观现实面前，要解决中国的失业问题，根本上是要确立"以就业为中心"的经济增长模式，通过发展经济开发就业岗位，实行以提高经济增长对就业拉动为重点的宏观经济政策。政策层面应实施积极的就业政策，有效地解决大部分新增劳动力的就业问题。我国政府坚持加强政府引导，完善市场就业机制，大规模地增加就业岗位、扩大就业规模、改善就业结构；同时通过建立健全法律，消除就业安全与歧视方面存在的障碍，真正实现就业平等，促进就业。

案例分析：

案例中的黑砖窑问题资料，反映了我国的劳动制度、劳动监督检查制度、工商登记制度以及公安管理方面都存在一定的漏洞。黑砖窑这起事件发生之后，实际上涉及公安部门、工商登记部门及劳动监察部门，它们都负有相应的责任。它暴露出对人权的践踏、相关法律的缺失、监督的不到位以及当地党政机关的不作为甚至滥用职权等体制性弊端，严重制约了我国社会主义和谐社会的构建。

在山西黑砖窑案例中，地方政府瞒报自己辖区内的问题，为了个人的升迁报喜不报忧，以避免承担责任。一方面，砖窑带来的数字增长可以当作政绩，而另一方面，通过罚款等手段可以带来更多的额外收入，同时还避免了彻底查处带来的其他社会问题。等到事件被披露之后，感受到压力的地方官员开始加紧追查，夸大自己的整治力度，对疑犯施加酷刑，最终形成全国性的闹剧。而当地居民和媒体由于砖窑的农民工中没有本地人，举报成本高，因此为保护自己不去举报。事实上因为举报人身份泄露而遭到报复的不在少数，这反映出监察制度的缺陷。

思考题：

1. 请说明失业的含义。
2. 请说明失业人员的含义。
3. 请说明失业的类型。
4. 如何理解我国的几次失业高峰？
5. 如何解决我国的失业问题？
6. 如何理解我国企业劳动安全卫生问题的成因？
7. 简述伤亡事故报告和处理制度。
8. 请说明就业歧视的含义及类型。
9. 请说明我国消除歧视的对策。

第四章 劳动就业政策的经济学分析

引导案例

减免所得税带来的劳动力供给效应

1986 年，美国国会改变了个人所得税制度，大幅度削减高收入阶层的所得税税率。例如，在这一变化之前，家庭课税收入在 170 000 美元以上的，税率是 50%；变革以后，税率降至 28%。课税收入在 50 000 美元以上的，税率为 28%，而之前却是 40%。所得税税率的降低增加了家庭的实际收入，因而相当于工资的提高。因为降低税率产生了作用方向相反的收入效应和替代效应，所以对于劳动力供给的预期影响是模糊的。我们能发现究竟是什么效应占主导地位吗?

1986 年的变革像一次"自然实验"。因为这次变化突然、幅度大，对不同收入的家庭影响也十分不同。对于已婚妇女而言，如果家庭没有给予她们工资报酬，收入将处于收入分配的第 99 个百分点(即最高的 1%)，那么这次税率削减将使其实得工资增加 29%；对于那些收入在第 90 个百分点的家庭中的妇女而言，较小的税率削减意味着实得工资增加 12%。结果是家庭收入在第 99 个、第 90 个百分点的已婚妇女在年龄、教育、职业方面类似，1986 年以前劳动力供给的增加也类似。因此，比较其对税后工资率不同变化的反应，可以看到已婚妇女的劳动力供给如何反应于税率的变化。

一项研究比较了 1984—1990 年第 99 个百分点及第 90 个百分点的已婚妇女的劳动力供给增加情况。研究发现，第 99 个百分点的妇女的劳动力参与率上升 19.4%，而且这个时期她们的工作小时数上升了 12.7%；相反，第 90 个百分点的妇女的劳动力参与率和工作小时数仅上升 6.5%。

案例讨论题：

1. 所得税是如何影响劳动力供给的?
2. 影响劳动力供给的因素还有哪些?

第一节　劳动力供给分析

在劳动经济学中，劳动力供给被定义为劳动者提供的劳动数量和质量。这里主要分析劳动力供给的数量问题，即分析在一定时期内、在一定的市场工资率条件下，某一经济体中劳动者愿意并且能够为市场提供的劳动时数。这样，一个经济体中的劳动力供给量可以用下面的公式表示：

劳动总时数＝人口总规模×劳动力率×劳动力参与率×劳动时间

从劳动力供给量的公式可以看到，人口总规模、劳动力率、劳动力参与率和劳动时间对劳动力供给都有直接的影响。在其他条件不变的情况下，一个经济体的人口总规模越大，则劳动力供给越充分。但是，人口规模的形成与改变不是在短期内可以实现的。较高的人口增长率会引起劳动力供给总量的增加，但必须经过一个较长的时间过程，这是因为新出生的人口只有经过一定的时间才能达到劳动力年龄(在中国是 16 周岁)，成为真正意义上的劳动力。由于一个经济体中的人口规模在短期内不会很快对劳动力供给产生影响，因此存在所谓的“滞后效应”，也就是说，人口规模在长期起作用。另外，由于劳动力是根据年龄来划分的，因而人口的年龄结构直接决定了劳动力供给量公式中的劳动力率，因此，不同年龄结构的经济体中就会有不同的劳动力供给状况。

正常情况下，在一定时期内，人口总规模和劳动力率一般比较稳定，不会出现大的变动。真正对劳动力供给产生重要影响的变量是劳动力参与率和劳动时间。

一、劳动力参与率及其影响因素

（一）劳动力参与率

劳动力参与率是与劳动力供给相关的一个重要概念，它是衡量、测度人口参与社会劳动程度的指标，其含义是指在一定范围内的人口中劳动力所占的比例。一定范围内的人口可依若干标志进行分类，如总人口、法定劳动年龄人口、不同年龄组人口、不同性别人口等。其计算公式分别为：

$$总人口劳动力参与率=\frac{劳动力人口}{总人口}\times100\%$$

$$法定劳动年龄人口劳动力参与率=\frac{劳动力人口}{法定劳动年龄人口}\times 100\%$$

$$年龄(性别)劳动力参与率=\frac{某年龄(性别)劳动力}{该年龄(性别)人口}\times 100\%$$

劳动力参与率只是测量和反映人口参与劳动程度的指标，它本身并不是影响人口参与劳动的因素。由于劳动力参与率指标能够准确地反映劳动力参与程度的变动情况，所以成为分析劳动力供给变动的一个重要工具。

（二）劳动力参与率的变化趋势与现状

近一个世纪以来，劳动力市场上最明显的变化是大量的妇女参与市场工作，导致妇女劳动力参与率大幅度上升。1993 年，瑞典、法国、加拿大、美国等国家女性的劳动力参与率分别为 87.6%、76%、75.6%、74.7%，即使在德国、日本等由于传统的历史文化因素而使女性劳动力参与率较低的国家，其女性劳动力参与率也分别达到了 64.1%和 65.2%。

一般认为，出现以上现象的原因主要有两个：一是第二次世界大战以来，全世界妇女解放运动风起云涌，争取女性平等的就业权利与就业机会显然是提高妇女地位的最基本要素；二是随着社会经济的发展和人类文明进步程度的提高，妇女的受教育程度也在不断提高，这就使得女性参与市场工作的能力增强，也从客观上提高了妇女的劳动力参与率。

劳动力参与率的另一个主要倾向是男性劳动力参与率一直在下降，特别是青少年和老年人口更为明显。实际上下降幅度最大的是 65 岁以上的老年群体，从 1990 年的 68.3%下降到 1994 年的 17.2%。45～64 岁年龄段的男性劳动力参与率在 20 世纪 30 年代和 70 年代曾经急剧下降，但 25～45 岁所谓“黄金年龄”段的男性劳动力参与率的下降幅度则很小。总的来说，与 20 世纪初相比，现在男性就业晚而结束职业生涯早。

与其他国家相比，我国的劳动力参与率有如下特点：

(1) 我国的劳动力参与率相当高。据《2000 年世界劳动报告》提供的数据表明，2000 年中国的劳动力参与率为 84.9%，其中男性为 85.6%，女性为 80.0%。同年全世界总计劳动力参与率为 73.3%，其中男性为 85.5%，女性为 60.7%。

(2) 女性劳动力参与率较高，且不受婚姻、生育等的影响。

(3) 青年劳动力参与率偏高。在我国实行了有效的人口计划生育政策后，劳动力参与率已经成为劳动力供给增长中起主要作用的因素。

（三）劳动力参与率的影响因素

影响劳动力参与率的因素错综复杂，且各因素对劳动力参与率的影响程度、影响方向也不一样。对于不同的劳动力供给决策主体,即便是同样的因素,其作用程度和方向也不一致,因而目前还无法准确计算出各因素对劳动力参与率影响的大小。一般来说,影响劳动力参与率的因素主要有以下几方面:

(1) 教育事业的发展状况。一国某个层次的教育年限、教育直接成本和机会成本等直接影响着该国的劳动力参与率。教育事业的发展状况对青年人口(15～19岁年龄组)的劳动力参与率产生重大影响。这个年龄组应该在校学习,由于在校学习的学生一般不计入劳动力,所以,如果社会上年轻人受教育年限普遍延长,那么16周岁以上人口中将有许多人不进入劳动力群体,劳动力参与率自然会降低,劳动力供给也就减少。

(2) 社会保障制度。一般来说,普及型社会保障制度会降低劳动力参与率,就业关联式社会保障制度会刺激劳动力参与率的提高。而如养老保险等社会保障制度的完善与否,则对老年人口的劳动力参与率有很大影响。如果这些制度完善到“老有所养”,那么老年人口劳动力参与率将降低。此外,退休年龄对老年人口的劳动力参与率也有影响。

(3) 个人非劳动收入。现阶段,劳动是人们谋生的基本手段,人们谋生对劳动的依赖程度取决于非劳动收入的变化。非劳动收入的增加,将会降低人们谋生对劳动的依赖程度,从而降低劳动力参与率。

(4) 宏观经济状况。经济周期波动、繁荣与衰退的交替等,对劳动力参与率均有影响。当经济处于衰退时期,失业者长期找不到工作,就可能失去寻找工作的耐心和意愿,从而退出劳动力市场,使劳动力参与率降低。

(5) 居民家庭生产率的变化。居民家庭生产率是指居民从事家庭“生产”活动的效率,即居民在单位时间内从家庭生产活动中取得的效用。居民家庭生产率越高,从事家庭生产活动的时间的价值就越高,愿意向市场提供劳动的人数就越少。因而在市场工资率一定的条件下,居民家庭生产率越高,劳动力参与率越低。

(6) 其他因素。社会文化、风俗习惯等对劳动力参与率也会产生影响。例如,新中国成立后,我国政府一直鼓励城市人口、妇女人口积极就业,这对提高我国劳动力参与率是有重要影响的。而有些社会中不容许妇女参加工作只能在家做家务,如果改变这种习俗将大大提高劳动力参与率。

二、劳动力工作时间的选择及其变化趋势

(一) 工作时间的选择

自由选择是劳动力市场存在的一个基本条件。就劳动力供给而言,从表面上

看选择是完全自由的,而实际上要受许多因素的制约和限制。在现阶段,劳动还只是唯一的谋生手段,劳动力在就业与退出劳动力队伍之间的选择自由度很小,因而劳动力供给的选择主要体现在工作时间方面。

首先,劳动者在多工作和少工作之间的选择,这取决于工资水平和非劳动收入两个因素。在劳动作为一种谋生手段的前提下,如果工资仅仅能够维持劳动者及其家庭的生存,劳动者会趋于多工作,以便获得更多的收入;如果工资不仅能维持生存,还能保证某些享受和发展的需要,则会降低劳动者增加工作时间的愿望,随着工资的提高,劳动者会在一定限度内(不降低原有的消费水平的条件下)减少工作时间,以满足享受和发展的需要。

工资以外的非劳动收入(财产收入、来自政府的各种转移性收入等)对劳动时间的选择也会产生影响。一般来说,非劳动收入越高,劳动者愿意供给的劳动时间越少,甚至可能不参与劳动。

其次,家庭中是一人工作还是几人工作之间的选择,这主要涉及妇女劳动力供给的变化。妇女是否从事市场职业活动,取决于三个因素:一是工资率的变化。丈夫工资率的提高与妇女劳动力供给呈负相关。如果丈夫的工资率提高,而且可以增加工作时间,那么妇女就业或增加工作时间的可能性就会降低。妇女的工资率则与妇女劳动力供给呈正相关。妇女工资率的提高会使妇女劳动力参与率或增加工作时间的可能性提高。二是家务劳动的成本。家务劳动是时间密集型活动,如果妇女工资率提高,会使妇女家务劳动的相对成本提高(工资率是时间的机会成本)。这样,妇女在家务劳动和市场劳动之间的选择上会有三个趋向:购买更多节省时间的家用电器,用商品代替家务劳动;尽量减少家务劳动和闲暇,更多地利用社会提供的消费服务;用丈夫或妻子的业余家务劳动时间代替妻子的专门家务劳动时间。这三种趋向都会使妇女的劳动时间增加。三是影响妇女劳动力供给的其他因素。包括:家用电器的普及和其价格下降会使家务劳动从时间密集型转化为商品密集型,从而增加妇女的劳动力供给;社会提供的家庭消费服务价格的提高会限制妇女劳动力供给的增加;特殊家务劳动的价格,如保姆的工资、托儿费等如果等于或高于妇女的工资率,妇女的劳动时间将会减少,她们将趋向于自己从事这些家务劳动。

(二)劳动力工作时间的变化趋势

从长期来看,工时的确定必须满足雇员的劳动力供给偏好,而工作的短期变化则源于市场的需求方。周工时通常因经济周期而变化。需求繁荣时期工时也长,而需求萧条时期,有些工人难以获得希望的工作时间,他们不得不失业、接受非全日制工作、取消加班等,非自愿地减少工作时间。如果劳动力供给或需求的大幅度变化未能被市场所适应，长此以往，需求因素将制约工作的工时选择。例如，如果对技术工人的需求下降，而其工资仍维持在均衡水平之上，则供求之间的差别限制了非技术工人的工作时间（他们希望的工作时间长于雇主愿意提供的时间）。因此，在分析工作时间的变化趋势时，必须认真区别需求和供给因素。

从宏观和长期的角度看，经济越发达，社会越进步，人们就越重视闲暇，劳动时间也就越短。近一个世纪以来，劳动者的工作时间大幅度缩短。例如，20 世纪初，美国制造业的生产工人在经济繁荣时期，每周的工作时间是 55 小时，而现在即使在经济繁荣时期，每周的实际工作时间也只有 38 小时。周工作时间的下降几乎都发生在第二次世界大战之后，1948 年以后基本上没有发生什么变化。近年来，西欧的一些国家已经在酝酿继续缩短工作时间，德国等国家已开始尝试每周四天半工作制。虽然目前这还不是普遍现象，但是工作时间的缩短却是世界各国的发展趋势。

三、劳动力供给曲线

（一）个人劳动力供给曲线

个人劳动力供给曲线表示的是工资率和个人供给市场的劳动时数之间的关系。如图 4－1 所示。

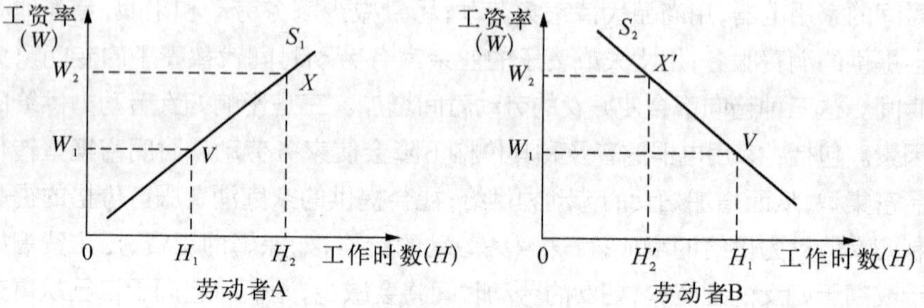

图 4－1　不同斜率的劳动力供给曲线

对于劳动者 A 而言，供给曲线 S_1 向右上方倾斜，表明劳动者 A 愿意在更高的工资率下工作更多的时间。然而对于劳动者 B 而言，供给曲线 S_2 的斜率为负，表明劳动者 B 愿意在更高的工资率下工作较少的时间。

尽管在实证研究中发现，供给曲线一般都是一条向右上方倾斜的斜率为正的曲线，但经济学家们都认为，劳动力供给曲线很可能既有正斜率的部分，也有负斜率的部分,即所谓的"后弯的劳动力供给曲线",如图 4-2 所示。

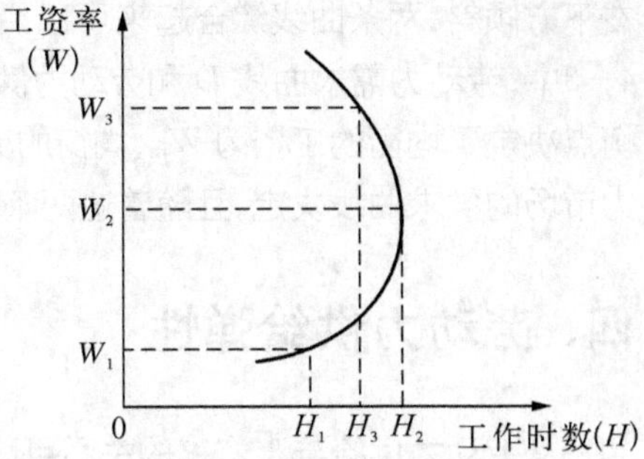

图 4-2 后弯的劳动力供给曲线

向后弯曲的劳动力供给曲线在工资率较低时(如 W_1)有正的斜率,在工资率较高时有负的斜率 (如 W_3)。这种向后弯曲的劳动力供给曲线隐含的假定是,在低工资率下,劳动者希望额外增加收入的愿望很强烈,以至于替代效应超过了收入效应。然而,当工资率超过某一数值以后(如 W_2),劳动者的收入足够高,以至于其对更高工资率采取的态度是愿意有更多的闲暇而减少工作时数,即收入效应超过了替代效应。也就是说,当工资的提高使人们富足到一定程度以后,人们会更加珍视闲暇。因此,当工资达到一定高度且又继续提高时,人们的劳动力供给量不但不会增加,反而会减少。

虽然劳动力供给曲线存在后弯的可能性,但在一般情况下,工资率足够高,以至于达到 W_2 的可能性是非常小的。所以在通常情况下,劳动力供给曲线的后弯段并不会出现。

(二) 市场劳动力供给曲线

将所有单个劳动者的劳动力供给曲线水平相加,即得到整个市场的劳动力供给曲线。尽管许多单个劳动者的劳动力供给曲线可能会向后弯曲,但劳动力的市场供给曲线却不一定如此。在较高的工资水平上,现有的工人也许提供较少的劳动,但高工资也会吸引新的工人进来,因而总的市场劳动力供给一般还是随着工资的上升而增加的,从而市场劳动力供给曲线仍然是向右上方倾斜的。应该注意的是,以上结论是在完全竞争的市场结构下得到的。因为在完全竞争的市场结构下,劳动者可以自由进出劳动力市场。工资率提高可能会使一部分原来就在这个市场上竞争的人减少劳动力供给,但同时又会吸引一部分本来不在这个市场上的人进入这一市场,从而使劳动力供给总量最终呈增长趋势,即劳动力供给曲线向右上方倾斜。

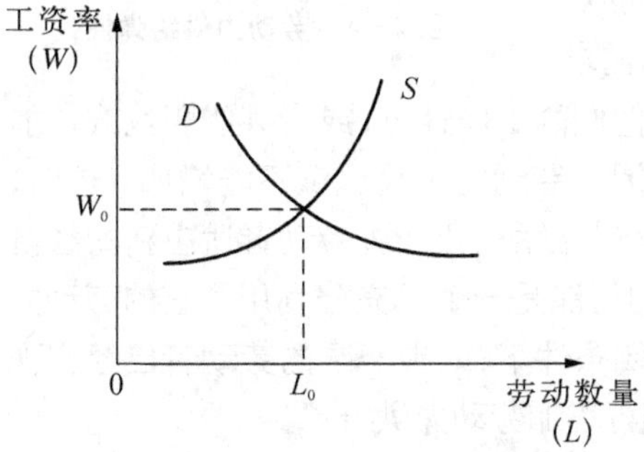

图 4-3 市场均衡工资的决定

如图 4-3,市场整体的劳动力供给曲线向右上方倾斜,劳动力需求曲线向右下方倾斜，两条曲线综合起来可以决定均衡的工资水平和均衡的劳动数量。图4-3中，劳动力需求曲线D和劳动力供给曲线S的交点是劳动市场的均衡点，该均衡点决定了均衡的工资为W_0，均衡的劳动数量为L_0。因此，均衡工资水平由劳动力市场的供求曲线决定，且随着这两条曲线的变化而变化。

四、劳动力供给弹性

从劳动力供给与工资率的关系可以看到，当工资率变化时，劳动力供给量也相应地发生变化。我们将劳动力供给量的变动对工资率变动的反应程度定义为劳动力供给的工资弹性，简称劳动力供给弹性。公式为：

$$\text{劳动力供给弹性}=\frac{\text{劳动力供给量变动的百分比}}{\text{工资率变动的百分比}}$$

设E_S为劳动力供给弹性，ΔS和ΔW分别是劳动力供给量S的变动量和工资率W的变动量。则有：

$$E_S=\frac{\Delta S/S}{\Delta W/W}$$

劳动力供给弹性值的分布区间为$[0, \infty]$。根据劳动力供给的不同取值，可以将劳动力供给弹性分为五类，如图4-4所示。

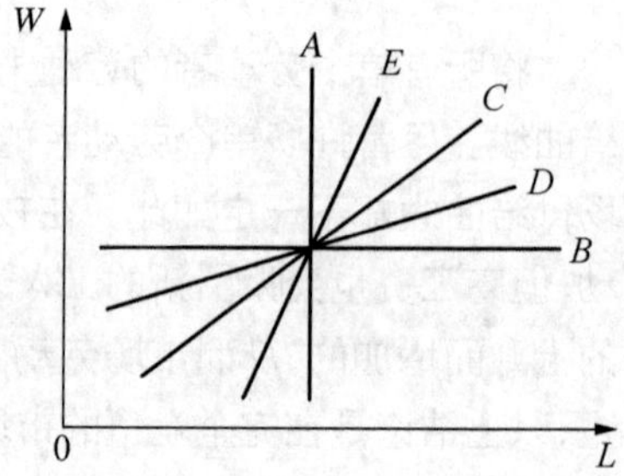

图4-4　劳动力供给弹性

(1) 供给无弹性，即$E_S=0$。在这种情况下，无论工资率如何变动，劳动力供给量固定不变。无弹性的劳动力供给曲线是一条与横轴垂直的线，如图4-4中的A。无弹性劳动力供给曲线反映的是市场工资率的变动对于市场上的劳动力供给数量完全没有影响的情况。首先，这种情形可能与某些短期情况有关，即在短期内，尽管由于某种原因造成了某一类劳动力的需求大增，工资率上升，但由于个人来不及调整他们的工作计划，或者某些职业或技能的培训期较长，在短期内无法提供劳动力，因而劳动力供给总量不能增加。这时，劳动力供给状况是由过去而不是现在的经济刺激所决定的，劳动者适应新的经济刺激有一段时滞。其次，这条曲线所描述的可能是一个已充分利用了它的劳动力资源的经济社会的劳动力供给情况。在封闭条件下，如果一国的劳动者已经实现了充分就业，那么即使工资率增加也不可能再增加劳动力供给了。

(2) 供给有无限弹性，即$E_S=\infty$。此时，工资率是固定不变的，而劳动力供给变动的绝对值大于零。有无限弹性的劳动力供给曲线是与横轴平行的曲线，如

图 4 - 4 中的 B。

无限弹性的劳动力供给是指在某一工资水平下有无穷的劳动力供给。依据此工资水平，厂商可以雇用到其想雇用的任何数量的劳动力，低于这一工资水平时，劳动力供给为零，厂商不能雇到任何劳动力；高于这一工资水平时，劳动力供给也不再增加，厂商也不能雇用到更多的劳动力。

(3) 单位供给弹性，即 $Es = 1$。在这种情况下，工资率变动的百分比与供给量变动的百分比相同。此时，劳动力供给曲线与横轴的夹角为 45°，是一条向右上倾斜的曲线，如图 4 - 4 中的 C。

(4) 供给富有弹性，即 $Es > 1$。供给量变动的百分比大于工资率变动的百分比，这时劳动力供给曲线是一条向右上倾斜且较为平坦的曲线，如图 4 - 4 中的 D。

(5) 供给缺乏弹性，即 $Es < 1$。供给量变动的百分比小于工资率变动的百分比，这时劳动力供给曲线是一条向右上倾斜且较为陡峭的曲线，如图 4 - 4 中的 E。

需要注意的是，不论是工资率还是劳动力供给量，都不能像数学那样无限取值，只能在劳动力市场中现实的、有实际意义的、实际可能的变动范围内。劳动力供给的弹性不同，对刺激或抑制劳动力供给的政策会产生不同的影响：对于富有弹性的劳动力供给，提高工资率是刺激劳动力供给的有效手段，同样，降低工资率也是减少劳动力供给的有效手段；而对于缺乏弹性的劳动力供给，工资并不是影响劳动力供给的非常有效的手段。

五、劳动力供给理论在政策上的运用

劳动力供给理论不仅可以用来分析各种劳动市场政策，而且也可以为制定各种劳动市场政策提供分析工具。下面仅以我国的最低生活保障制度与劳动力供给的关系为例，对此加以说明。

从 1993 年上海市首创“城市居民最低生活保障制度”算起，中国城市最低生活保障制度(以下简称“低保”制度)已经有十几年的历史了。从 2003 年起，全国城市低保支出稳定在 150 亿元以上，低保对象稳定在 2 200 万人左右。毫无疑问，这些年，作为一项普遍、有效的社会政策，城市最低生活保障制度经过不断改进、完善和规范化建设，在解决部分群众的生活困难、保持社会稳定方面发挥了积极作用。

与此同时，由于低保制度自身的特点，也带来了一系列的问题，其中最为突出的就是所谓的“养懒汉”问题。目前在低保制度的实施过程中，各地民政部门普遍反映,每年纳入低保的保障对象很多,但因为收入提高而退出低保的很少;更为严重的是,低保人口出现了日益年轻化的现象。根据海南省民政厅的调查,海南省有6.2万低保户,共计13.5万人享受低保。在这些低保户里,有近三成有劳动能力的人赋闲在家,没有参与再就业。而且,海南省申请低保人员的年龄段目前正趋向年轻化,且大部分是失业人员,在这一人群中,有相当一部分人员不愿意接受有关部门安排的就业岗位。

那么,为什么有那么多有劳动能力的低保对象不愿意参加工作以获得更高的收入呢?他们真的就是懒汉吗?现结合我国的低保制度来研究他们的劳动力供给行为。

我国的低保制度采取的是差额补偿制度。以南京市为例,2006年,南京市的月最低生活标准是人均260元,如是一个三口之家,其家庭的最低生活标准应该是780元(260×3=780),如果这个家庭中没有就业人口,即工资收入为0,则每个月可以从相关部门领取780元低保金;假如这个家庭中的父亲找到了工作,每天工作8个小时,月工资为600元,则根据差额补偿制度,这个家庭每月只能领取低保金180元(780−600=180),此时,该家庭的月总收入仍维持在780元不变,即只要家庭成员的工资收入低于最低生活标准,那么实际总收入保持不变,此时劳动者通过劳动获得的收入增加将被低保金的相应减少所完全抵消。

根据以上分析,我们可以理解:在差额补偿的最低生活保障制度下,低保对象减少自己的劳动力供给时间其实是一种理性的反应,因为这样可以使他们获得更高的效用水平。

国家出台低保制度的初衷是维持每一个社会成员的基本生活能力。但这样的制度安排必然带来低保对象减少劳动力供给的负面效应,因而政策制定者可以考虑采取一些相关的措施来减少这些负面相应。

首先,最低生活标准必须适度,以满足最基本的生活需求为目的。因为低保标准越高,就越会降低低保对象的工作动力。

其次,要加强思想政治工作。根据经济学原理,我们知道,均衡点是由预算线和无差异曲线共同决定的。无差异曲线反映的是劳动者的偏好情况,劳动者的性格和人生态度是决定其偏好的重要因素。而通过必要的思想政治工作可以使劳动者树立正确的劳动观念,破除他们“等、靠、要”的消极思想,从而无差异曲线将变得相对平坦,效用最大化的均衡点也将随之左移,均衡的工作时间将会增加。

最后,考虑对差额补偿制度进行某些改进。低保对象之所以减少工作时间,很大程度上是因为工资收入的增加将完全被低保金的减少所替代,而对于差额补偿制度作相应的改进,将会提高劳动者的工作积极性。

第二节　劳动力需求分析

一、劳动力需求的含义

劳动力需求，是指企业在某一特定时期在某种工资率下愿意并能够雇用到的劳动量。它是企业雇用意愿和支付能力的统一，两者缺一不可。劳动力需求反映了整个社会发展中对劳动量的需求状况。

（一）劳动力需求是一种派生需求

劳动力需求产生的直接基础是人们对产品(服务)的需求，所以，劳动力需求是一种派生需求。社会物质产品和服务的需求是一种绝对需求。在市场经济中，企业之所以雇用劳动力，是因为劳动力与其他生产要素相结合，就能为市场提供产品和服务。所以劳动力需求是一种引致需求，其最终取决于它所产生的产品、服务需求。由于它是从产品、服务需求的定义中派生出来的，所以劳动力的需求水平必然随着市场产品和服务需求的变动而变动。

（二）劳动力需求与工资率的关系

企业将各种生产要素，主要是资本和劳动结合起来生产产品和劳务。资本和劳动的组合方式取决于产品的需求量、资本与劳动的价格、可以取得的技术条件等。

在市场经济条件下，假定其他条件不变，劳动力与工资率之间呈现出反相关关系：当工资率提高时，劳动力需求减少；工资率降低时，劳动力需求增加。

劳动力需求的派生性说明劳动力需求水平随产品和服务需求的变动而变动，但雇主对劳动力的需求不是单纯由产品和服务的需求决定的，雇主必须根据收益和成本之间的关系才能作出决策，即对增加的单位劳动力与其给企业带来的收益进行比较分析，才能作出更加准确的决定。

企业雇用劳动力，按照一定的工资率支付给工人工资。工资对于工人来说是劳动收入，而对企业而言是劳动力消费成本。当每一单位劳动力消费成本，即工资率大于其给企业带来的产出增量时，企业就不会有雇用劳动力的动机。因此，只有生产的产品价值大于或等于生产成本时，雇主才会增加劳动力消费。劳动力需求的概念中之所以包括雇用意愿和支付能力两个条件,原因就在于此。

二、影响劳动力需求的因素

影响劳动力需求的因素十分复杂,这里择其要者,从宏观和微观两个方面加以分析。

(一) 影响劳动力需求的宏观因素

影响劳动力需求的宏观因素很多,但归根结底,劳动力需求主要由社会生产发展状况所决定。具体说来,影响劳动力需求的宏观因素主要有社会生产规模、科学技术进步程度和制度安排等。

1. 社会生产规模

社会生产规模的大小决定了能够吸收劳动力的多少,即决定着劳动力需求的数量。显然,社会生产规模越大,能够吸收和容纳的劳动力就越多;社会生产规模越小,能够吸收和容纳的劳动力就越少。决定社会生产规模大小的最重要因素是固定资产投资规模,而固定资产投资规模又受到国民收入总体水平、国民收入分配中积累与消费的比例关系以及基本建设投资结构等方面的影响。一般而言,国民收入总体水平高、积累多、基本建设投资结构合理时,固定资产的投资规模就越大,吸收和容纳的劳动力就越多,社会劳动力需求的数量也就越大。

2. 科学技术进步程度

科学技术进步对社会劳动力需求具有双重影响。一方面,科学技术进步引起劳动生产率和资本有机构成的提高,不仅使得安置新增就业人口所需资金增加,而且原有的固定资产也需要较多的资金去更新改造。因此,等量的固定资产所能提供的就业岗位呈现出减少的趋势,这样,就产生了对劳动力的排斥作用。另一方面,科学技术进步会促进劳动力需求的增加。其一,科学技术进步促使物质生产部门分工发展、劳动生产率大幅提高,这样,在工资增速低于劳动生产率增速的情况下,同量劳动可以产出更多的剩余产品,从而为扩大再生产提供更多的积累资金,这就为扩大劳动力需求奠定了雄厚的物质基础;其二,科学技术进步导致更多的新兴部门产生,所以社会劳动领域越来越广泛,劳动力需求也就随之增加;其三,科学技术进步促进生产力发展,社会消费水平提高,使消费结构发生变化,一方面造成新行业、新职业的出现,另一方面促进第三产业的发展,从而使社会劳动力需求增加。

3. 制度安排

约束劳动力需求的制度因素可分为两类:其一是正式制度,即一定的经济体制及其相应的就业制度、用人制度、工资制度、福利制度等各项制度安排;其二是非正式制度,即对人们的意识和行为有潜在规范作用的社会意识形态、伦理道德、习惯等。此处所说的制度约束,主要是指前者。

(1) 经济体制和经济结构。国家通过经济管理体制调节社会劳动在国民经济各部门、各地区的分配,使生产资料和劳动力资源实现最佳配置,从而促进生产力的发展,扩大社会对劳动力的需求。

在中国传统的计划经济体制下,政府通过计划安排劳动者就业,确定企业的招工人数、招工对象、工资标准、就业岗位等,整个社会的劳动力资源配置是按行政配置规则进行的,并通过固定工制度、户籍制度、固定工资制度、企业福利保障制度等相应的制度安排予以保证。企业只有接受和服从国家劳动计划的义务,没有自主决定劳动用工的权利,它们无法严格按照企业技术特征的要求来确定劳动力需求数量和结构,也无法根据外部经济环境的变动严格按效率原则裁减员工。因此在计划经济体制下,劳动力需求所受到的制度约束的结果,是使企业劳动力需求的大小往往无法顾及劳动边际生产率与边际成本相等的原则和技术要求,远远偏离微观效率目标。

在市场经济条件下,企业需要何种类型的劳动力、需要多少劳动力或解雇劳动力,都是企业为实现利润最大化目标的自主行为。劳动力需求曲线是一条向右下方倾斜的曲线,工资率越高,劳动力需求量越小。企业根据技术要求和经济变动状况,按照边际劳动收益与边际劳动成本相等的原则决定劳动力的最佳需求量。显然,劳动市场制度与计划经济制度相比,是一种有利于企业按技术的和经济的界限配置劳动力的制度。然而,现实中的劳动力市场也是在一定制度结构的规范下运行的,因而企业的劳动力需求不可避免地要在既定的制度约束下确定,这些制度约束可能有利于企业在当时的环境下去追求利润最大化,也可能使企业行为,包括企业的劳动力需求行为偏离利润最大化目标或至少是短期内偏离利润最大化目标。因此,需要研究政府对劳动力市场的干预和影响。

经济结构对劳动力需求的影响分别表现为产业结构和所有制结构对劳动力需求的影响。首先,不同的产业对劳动力需求的影响由不同产业生产技术构成所致。在投资固定的情况下,劳动密集型产业投资对劳动力吸收系数较大,而资本密集型产业投资对劳动力吸收系数较小。其次,在本质上,所有制结构对劳动力需求的影响也是由生产的技术构成不同而带来的。一般来说,国有企业吸纳一个劳动力所需要的资金要比集体企业多。民营企业可以使用费用较低的劳动力节省部分资金,再通过各种途径利用社会存量资产与自身积累,生产具有相当规模的社会产品,形成大量劳动力需求。此外,不断调整所有制结构,发展多种经济形式,也可以开拓生产资金的供应渠道,从而扩大社会吸纳劳动力的能力。

(2) 其他制度。在劳动力市场上,政府通过法律法规确立的制度结构主要包括以下四个方面:

第一,最低劳动标准。在企业经营状况变动导致劳动力需求减少和人口过剩的压力下,非熟练工人在劳动力市场上处于劣势,工资往往被压得很低,劳动条件十分恶劣,以至于不得不进入"低工资—多就业"的恶性循环。针对这一情况,各国政府普遍采用立法手段,通过禁止未成年的儿童就业、禁止女工夜间作业、规定最低工资标准和最长工作时间等措施,以保证必要的劳动条件,保护劳动者的身心健康和安全。比如,英国最早于 1802 年制定了《工场法》,20 世纪初又将煤矿劳动条件、工伤事故补偿、最低工资标准等规章制度以法律形式确定下来,最终形成了英国最低劳动标准制度的基本框架。美国政府于 1938 年制定了《劳动标准法》。日本于 1947 年制定了《劳动标准法案》,内容涉及劳动合同、就业制度、工资、劳动时间、休息公休日、带薪休假、妇女和儿童的劳动、工伤事故补偿等方面。

第二,最低生活保障。最低生活保障包括国家救济、养老保险、免费医疗等社会保障制度,确保人们维持基本生活所需要的最低生活标准,即排除了劳动者在最低限度的生存和安全无保障时可能产生的不合理的劳动合同。例如,美国、德国、日本分别建立了以《社会保险法》、《社会保障法》等为核心的社会保障制度结构,成为本国劳动力市场的重要组成部分。

第三,对工会组织和雇主权力在法律上的确认。在劳动力市场上,供需双方的力量对比往往不对等,在承认工会作为合法组织这样一种制度下,工会有权参与有关劳动条件等方面问题的决策,并在监督企业雇用工人、遵守最低劳动标准等方面发挥作用,这就在一定程度上限制了雇主的权力,使力量的对比有利于劳动者。如果政府对工会的活动加以限制,就会加大雇主权力,使力量对比有利于雇主。今天,多数国家都确认了工会组织的合法地位和权力,并将其作为一项社会制度固定下来。

第四,对市场垄断和市场歧视的限制或利用。这些建构于劳动力市场之中的制度安排,对企业的劳动力需求行为具有很大影响,对企业劳动力需求的数量、结构及行为本身构成约束。

(二) 影响劳动力需求的微观因素

从微观方面看,影响劳动力需求的因素主要有企业的生产规模、企业的技术状况、企业的管理水平和企业目标等。

1. 企业的生产规模

企业对劳动力的需求是从企业生产经营活动中产生出来的派生需求,所以,企业的生产规模在很大程度上影响着劳动力需求。一般而言,企业的生产经营规模越大,所设岗位就会越多,因而对劳动力的需求量就越大;反之亦然。

2. 企业的技术状况和管理水平

企业技术状况的改进和管理水平的提高,使得企业对有创造力的高级人才的需求量增加,同时也会促进企业经济效益的提高、生产规模的扩大,从而不断增加对劳动力的需求。

3. 企业目标

企业目标对劳动力需求具有很大的影响。一般来说,经济学将企业目标确定为利润最大化,在这样的目标下,企业试图在既定的成本下尽可能生产出最大的产量,或者是在既定的产量下尽可能采用最小的成本进行生产。利润量取决于边际劳动生产率。当边际劳动生产率为正时,企业会增加劳动力需求;当边际劳动生产率为负时,企业就会减少劳动力需求;当边际劳动生产率为零时,企业就会停止对新增劳动力的需求。但是,如果企业不是以利润最大化作为其目标,那情况就大不相同。比如,中国在改革开放之前的计划经济体制下是采用定向定量指令分配的方式来配置劳动力资源的,这种体制下的企业并不追求利润最大化,而是追求企业规模的扩大或行政级别的提升。因此,这种企业的实际劳动雇用量大大超过了利润最大化目标所要求的雇用量,因而出现了人们常说的"隐性失业"现象。再如,如果企业以管理效用最大化和销售收入最大化为目标,其所要求的劳动力需求量也与利润最大化目标所要求的劳动力需求量之间有很大的差异。本书中,我们主要考察利润最大化目标下的企业对劳动力的需求。

三、劳动力需求曲线

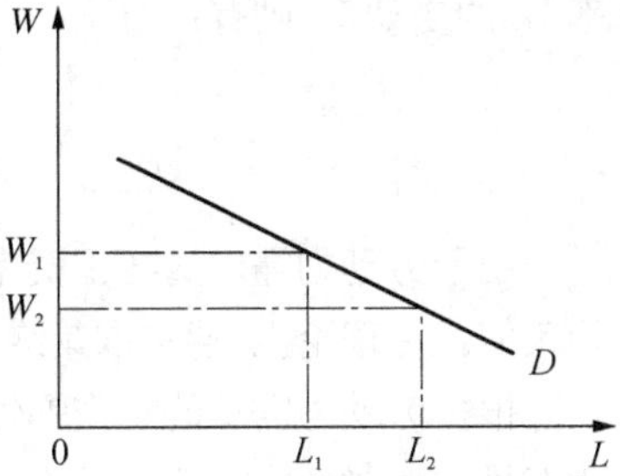

图 4-5　劳动力需求曲线

假定物质要素不变,企业对于劳动力需求的数量就是由购买这一要素的成本——工资变动所决定的。这一函数关系,就形成了如图 4-5 所示的曲线。

在图 4-5 中,横轴 L 为企业劳动力需求量,纵轴 W 为工资率,曲线 D 即为企业劳动力需求曲线。在一般情况下,工资率越高,企业需求的劳动力数量就越小,在工资达到 W_1 时,劳动力需求数量就达到 L_1;工资率越低,企业的劳动力需求量就越大,即当 W_1 下降到 W_2 时,劳动力需求量就从 L_1 提高到 L_2。劳动力需求曲线 D 是一条从左上方向右下方倾斜的曲线,它充分说明了在其他条件不变的情况下,劳动力需求量与工资率之间的反向变动关系。劳动力需求又与劳动供给和社会经济运行中经济

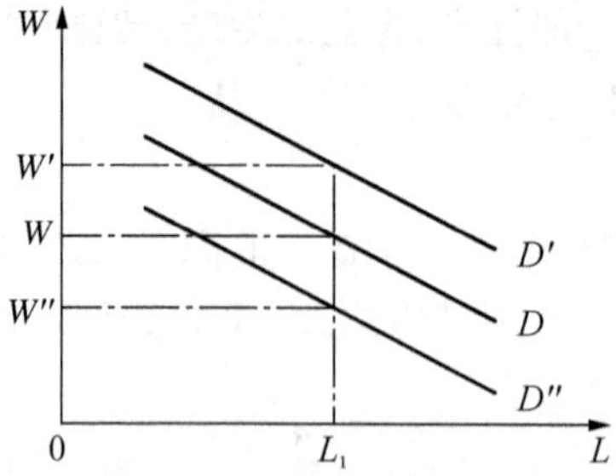

图 4－6　劳动力需求的变动

总需求的旺盛程度有一定关系。如 4－6 所示，当经济处于较繁荣时期或者劳动力供给相对紧张时，企业就要以比以前高的工资(W')来吸引劳动者就业，图 4－6 中的劳动力需求曲线 D 就向右上方移动，形成 D' 曲线；当经济萎缩或劳动力供给相对充裕时，企业就会以比以前低的工资(W'')来雇用劳动力，图 4－6 中的 D 曲线就向左下方移动，形成 D'' 曲线。

四、劳动力需求弹性

（一）劳动力需求弹性的含义和分类

从劳动力需求曲线所反映的工资率与劳动力需求量的关系中我们可以发现，在其他条件不变的情况下，工资率发生变动，劳动力需求量就会相应地变动。我们把在其他条件不变时，劳动力需求量变动对工资率变动的反应程度定义为劳动力需求的自身工资弹性，简称劳动力需求弹性。其通常的表达式为：

$$\text{劳动力需求弹性}=\frac{\text{劳动力需求量变动的百分比}}{\text{工资率变动的百分比}}$$

设 E_d 为劳动力需求弹性，ΔL 和 ΔW 分别是劳动力需求量 L 的变动量和工资率 W 的变动量，则有：

$$E_d=\frac{\Delta L/L}{\Delta W/W}$$

由于劳动力需求量与工资率呈反向变动关系，故劳动力需求的自身工资弹性为负值。在理论上，通常取其绝对值进行讨论。

根据劳动力需求的工资弹性的不同取值，我们可将劳动力需求的工资弹性分为五种类型，如图 4－7 所示。

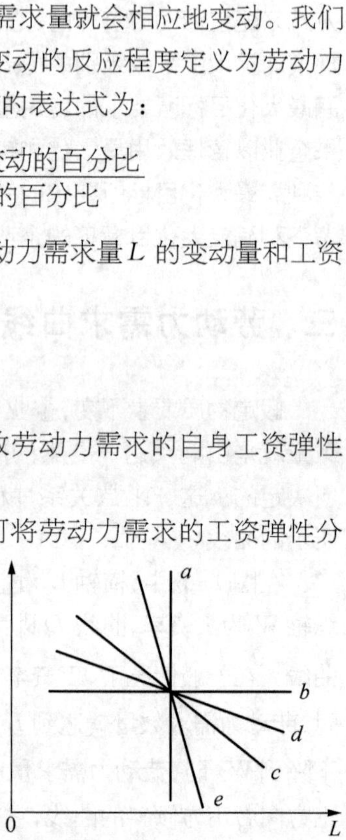

图 4－7　劳动力需求的工资弹性

(1) 需求无弹性，即 $|E_d|=0$。工资率无论如何变化，劳动力需求量固定不变。无弹性的劳动力需求曲线是一条与横轴垂直或与纵轴平行的曲线(如图 4－7 中的 a)

(2) 需求有无限弹性，即 E 趋于无穷大。工资率不变，或者更准确地说其变动的百分比为零，而劳动力需求量变动的百分比的绝对值大于零。无限弹性的劳动力需求曲线与横轴平行或与纵轴垂直(如图 4－7 中的 b)。

(3) 单位需求弹性,即 $|E_d|=1$,此时,工资率变动的百分比与需求量变动的百分比的绝对值相等。这时的劳动力需求曲线是与横轴呈 45°夹角,并向右下倾斜的曲线(如图 4－7 中的 c)。

(4) 需求富有弹性,即 $|E_d|>1$。这种劳动力需求曲线是一条向右下倾斜且较为平缓的曲线(如图 4－7 中的 d)。

(5) 需求缺乏弹性,即 $|E_d|<1$。这种劳动力需求曲线是一条向右下倾斜且较为陡峭的曲线(如图 4－7 中的 e)。

(二) 影响劳动力需求的因素

按照 A. 马歇尔和 J. 希克斯的归纳与总结,劳动力需求工资弹性主要是由其他生产要素替代劳动力的可能性、产品的需求弹性、劳动力成本占总成本的比例和资本的供给弹性等共同决定的。

1. 其他生产要素替代劳动力的可能性

其他生产要素替代劳动力的可能性越大,需求弹性就越大;反之,需求弹性就越小。

从技术的角度而言,当工资率提高,而资本很容易地替代劳动力时,企业就会决定用资本替代劳动力。在生产中,简单的、无技术的、重复性的劳动力就很容易被替代。如建筑业的搅拌工、运输业的搬运工等等,若这类劳动力的工资提高了,就很容易被企业用相当小的资本数量予以替换。因此,类似上述技术含量不高的工种或劳动力,在工资率提高后,企业对其需求就会较大幅度地减少。所以,替代越容易,劳动力需求曲线就越有弹性;反之,弹性就越小。例如,民航客机的飞行员、航天飞机的宇航员等,用资本替代他们就很困难,甚至不可能。

从成本的角度而言,假设资本的价格不变,用一个单位的资本和用两个单位的资本替代同量的劳动力,其替代的可能性是完全不同的。如果工资率提高了,造成以越来越大的资本数量替代同量的劳动力,那么替代的可能性就小,从而弹性就小;反之,替代一定量劳动力所需的资本数量越小,在工资率提高的情况下,企业减少的劳动力就越多,从而需求曲线的弹性就越大。

2. 产品的需求弹性

由劳动力需求的性质可知,劳动力需求是由市场对产品的需求派生的。当工资率提高时,企业的最初反应并不是马上简单地减少劳动力投入,从而降低产出水平。通常的反应是,提高产品价格,力图将工资率的提高、成本的上升转移到消费者身上。但是,产品价格的变动将直接影响到产品的需求量,而影响程度则取决于产品的需求弹性。

一般情况下，产品价格上升，必然会降低产品需求的数量，而且需求弹性越大，产品需求下降就越多，从而导致企业减少所需的劳动力幅度就越大。所以，产品的需求弹性越大，劳动力需求的弹性也越大。

此外，长期劳动力需求比短期劳动力需求更加富有弹性。

3. 劳动力成本占总成本的比例

产品不同，其成本结构也有很大差别。通常所说的劳动密集型产品，劳动力成本占总成本的份额较高；而资本密集型产品，劳动力成本占总成本的份额较低。假设有甲和乙两家企业，在甲企业的产品成本中，劳动力成本占总成本的比例为60%；在乙企业的产品成本中，劳动力成本占总成本的比例为10%。如果两家企业都面临工资率提高10%的市场情况，最终结果是甲企业的总成本会上升6%，乙企业的总成本会上升1%。可见，劳动力成本占总成本的比例不同，对产品价格的影响程度也不同。结合前述第二个因素，显然，在同样的工资率变动情况下，甲企业劳动力需求的变动幅度比乙企业要大。因此，劳动力成本占总成本的比例越大，劳动力需求的弹性也越大；反之亦然。

4. 资本的供给弹性

如果没有任何技术上的障碍，资本和劳动力的相互替代在经济上的比较就具有十分重要的意义。在前述第一个因素的讨论中，我们曾假设资本价格不变，当工资率提高时，将导致企业用资本替代劳动力。确实，当企业面临着极富有弹性的资本供给时，企业增加资本的使用而又不会刺激资本供给价格的较大上升。但是，在资本供给弹性很小的情况下，对资本的需求稍有增加就会导致资本供给价格的大幅上升，这会阻碍企业用资本替代劳动力。因此，在生产要素相互替代的技术可能性给定的情况下，资本的供给弹性越大，劳动力需求的工资弹性也越大；反之亦然。

此外，从市场上不同的劳动力需求主体来看，政府部门对劳动力的需求主要不是由经济目标而是由社会政治目标决定的，因此政府对劳动力的需求弹性大大低于私营部门。

五、劳动力需求理论在政策上的运用

这里主要就运用劳动力需求理论对最低工资立法的劳动力市场效应进行分析。

最低工资立法是各国政府保护劳动者的一项重要法律，其中心目的是以法律形式来保证工薪劳动者通过劳动所获得的最低工资能够满足自身及其家庭成员的基本生存需要。19世纪末，新西兰和澳大利亚最早开始实行最低工资立法。其后，英国、法国、美国等国家也根据本国实际，分别从保障非熟练工人、女工、童工得到最低工资出发，以立法形式建立了各自的最低工资制度。例如，美国《1938 年公平劳动标准法》的条款中规定了最低工资率、加班工资津贴和禁止使用童工等。[①] 20 世纪工人运动的高涨使得资本主义国家很快普遍实施了最低工资立法。第二次世界大战后，发展中国家也开始进行最低工资立法。中国的最低工资立法始于 1992 年，当时，深圳和珠海分别颁布了《关于公布深圳地区 1992 年度企业最低工资的通知》和《关于公布珠海地区 1992 年度企业最低工资的通知》。但是，迄今为止，中国的最低工资立法体系还远不够完善。

从经济学理论看，根据传统的劳动经济学供求模型分析，把工资增加到均衡水平之上就会导致低就业。虽然较高的工资有可能提高生产率、减少旷工和跳槽，但如果政府通过最低工资立法而强迫企业提高工资，那么生产率的提高也可能大部分被工资增长的部分所抵消。

在存在不完全信息的劳动力市场上，最低工资可能会增加就业。由于不完全的流动性，企业面对的是一条向上倾斜的劳动力供给曲线。实施最低工资制意味着增加企业的劳动力成本，这就阻碍了企业增加员工。近年来劳动经济学中许多统计研究表明，最低工资对就业所产生的影响即使是积极的，也必然是微乎其微的。

在经济学界也有一些不同的见解，比如美国斯坦福大学的加文·莱特(Gavin Wright)教授从经济史的角度指出，最低工资在美国南方的经济转变过程中发挥了极其重要的作用。最低工资法促使南方进行了许多变革，使不少就业者从低收入行业转移到支付高工资的新兴行业中来。另外有人认为，提高最低工资的一个优点是，通过扩大低收入者的实际收益以及就业者之间的工资差别，加强了对工作努力程度的促进和激励。此外，有效的最低工资也可能提高生产率，使劳动力需求曲线右移，从而抵消最低工资可能导致的任何失业。

目前关于最低工资对就业的影响，在经济学家中尚未取得一致性的看法，在过去的 20 多年里，有数百项劳动经济学的实证研究成果并未能够从理论上支持最低工资制，但也不足以从理论上完全推翻这一政策措施。在此期间，研究方法的微小变化对研究成果产生重大影响的例子之一，是对青少年就业效应的时间序列进行分析(一般而论，青少年是低工资群体，最有可能受最低工资制的影响)。

这些分析在控制了每一年份中影响青少年就业的其他变量的条件下(比如可能影响青少年就业的成人失业率)，来估计青少年就业如何随着实际最低工资水平而变化。美国经济学家曾使用 1949—1994 年的资料进行分析，发现最低工资对 16～17 岁青少年的就业率(该年龄组中的就业人数除以同一年龄组中的人口)没有

---

① 伊兰伯格·史密斯：《现代劳动经济学》，中国人民大学出版社 1999 年版，第 107 页。

影响。但是利用相同的程序分析了1954—1993年的资料，结果其就业效应是负值。

另外一项研究估测了青少年就业率与总就业率之间的关系，研究结果与假设相一致，即在其他因素不变的条件下，最低工资的上升将会减少青少年的就业机会，并且强制性工资增长的幅度越大，就业率降低的幅度也就越大。那么在什么条件下，最低工资制具有就业正效应呢？西方发达市场经济国家中的多项研究表明：在就业无弹性（即无论工资如何变化，对就业量都不产生影响）的情况下，最低工资的提高将有助于增加低工资工人总体的工资报酬。

那么最低工资立法是战胜或减少贫穷的有效武器吗？迄今为止，多数研究表明，这取决于有多少人受益于最低工资所带来的实际收益，并且这些人中间有多少是真正属于弱势群体的。美国20世纪90年代初的一项研究结果表明，最低工资提高所增加的工资报酬中，只有19%进入贫困家庭。因此，最低工资制经常是一种事与愿违的、相当迟钝的"扶贫"工具。

由于中国长期实施计划经济的运行方式，中央政府对不同地区的投资和财政支持不同，加上不同的税收政策，客观上造成区域经济发展的严重失衡，巨大的地区性差异使不同地区之间的劳动力素质、劳动力使用效率和劳动力价格的差距在很长时期内都无法缩小。所以，不同地区之间的工资差异在一定程度上体现了中央计划经济中的政府意志和政策导向。

改革开放以来，特别是中央政府明确宣称建立市场经济运行机制以来，劳动力要素的流动较过去明显活跃，并且其流动规模与流动范围均显著扩大，不少贫困落后地区的剩余劳动力不断涌向沿海发达地区和中心城市寻求各种就业机会，填补了少数高速发展地区对普通劳动力的巨大需求。

中国是处于转型时期的发展中人口大国，农村剩余劳动力达2亿之多。长期以来，中国事实上存在着阻碍劳动力自由迁徙和择业的户籍制度，由此产生劳动力市场的制度性分隔。因此，即使在城镇地区普遍实行最低工资制，也并非一种保护全体公民之就业权利以及保障劳动者获得合理薪酬的普惠方式。在此制度安排下所实施的最低工资制不可避免地隐含着一种生活保障方面的歧视，因为广大的农村劳动力几乎无法享受到这一貌似公正和体恤低收入阶层的政策所带来的实际收益。而这种歧视恰恰是由应当代表全体公民利益的政府通过貌似合法、合理的政策手段推行的。

但是，我们也应当看到，最低工资制的出发点是为了保护处于弱势地位的就业者，他们是缺乏竞争优势的劳动供给方和低端劳动力市场中的主要储备资源。实施最低工资制应当考虑到地区差距和发展阶段的差异，而不能一概而论地大面积推行。同时我们并没有充分的理论和事实依据表明，最低工资制已经有效地改善了低收入劳动者的生活水准,因此我们必须谨慎对待这一效果尚不确定的政策措施,而不能先入为主地相信,实施最低工资制就一定能够改善弱势群体的实际生活状况,提高社会的整体福利水平。

第三节 劳动就业格局

一、人力资源配置

按照经济学原理,就业是将生产的三项资源或者基本要素——自然(土地或物质要素)、劳动、资本结合在一起,进行有效益的运用。没有这三项要素的结合或三项资源的配置,社会生产就不能进行。资源配置的有效性,除了自然资源、人力资源和资本资源各方面的条件外,关键就在于配置的方式。

总的来看,资源配置可以分为自然配置、行政配置、市场配置三种模式。

(一)人力资源的自然配置

在"自给自足"的自然经济条件下,资源的配置往往是很简单、很容易的事。人到了一个具有自然资源的地方,在那里居住、生活,也就在那里渔猎、耕种,赖以为生。在典型的自然经济——小农经济条件下,劳动者在属于自己的土地上耕作,春播秋收,劳动成果的大部分用于自身消费,少量用来交换其他生活必需品。人们生儿育女,其后代仍然在自己的土地上耕作,世代沿袭,不改变既定的人力资源与土地资源的配置关系。

(二)人力资源的行政配置

资源的行政配置,即一定的管理者对自己所管辖的资源直接进行配置。从管理模式的角度看,资源的行政配置是一种命令经济、管制经济。作为生产要素中的主体——人力资源,处于一种被动的、被他人配置的地位,自身的差异性、选择性和主体能动性等被忽视或漠视。这时的配置主体,是政府的行政部门(计划、劳动和人事部门),各个生产单位没有选择资源和配置资源的权力。政府行政部门对全社会的人力资源、自然资源、资本资源进行统计、规划和分配,将人力资源分配到各个部门、行业、企业,企业则在得到政府认可后,才能从政府手中获得人力资源。在这种配置模式下,作为社会生产单位的企业,其实际劳动力需求与变动显然难以被政府正确把握和及时、合理地调节。

资源的行政配置方式虽然可能在总体上、宏观上大体合理地完成了人力资源配置，但难以完全符合企业和个人在人力资源配置上的实际状况与要求，更难以适应经济条件的变化。在行政配置的情况下，作为劳动要素的人，生产的动力也必然受到遏制，因此，要素结合后不能产生应有的经济效果，甚至造成浪费。

当然，行政配置也不是一无是处。在特殊条件下，例如战争、大灾荒时期，实行资源的行政配置是有一定必要性的；在经济本身出现重大问题时，也可以采取一定的行政配置方式，通过政府的强制性干预缓解经济生活中的矛盾。

（三）人力资源的市场配置

资源的市场配置，是需要配置的经济资源通过市场的途径来实现结合与配置。这意味着存在资源供给、需求双方见面的场所，需求者从供给者手中接受资源时要用货币衡量和交换，让渡的价格以资源本身的价值为基础，由市场上该项资源的供求数量关系决定。

人力资源的市场配置，是以劳动要素的生产成本（人力投资）以及企业对其劳动产出的预期为基础，以劳动要素供求关系决定的工资为条件，通过供求双方的自由选择而完成的。这里，抽象掉了个人求职的非经济因素。

市场配置的方式是比自然配置、行政配置先进的方式，它有利于经济运行，并对资源本身的生产起到信号作用（因为人们要按照市场需求及其发展趋势进行人力投资），而且有利于资源配置后的使用，达到较大的经济效益。从“实现配置”本身来看，人力资源供需双方相互选择，能够使资源按照自身的条件被送到社会需要的劳动岗位，这就是人力资源的合理、有效配置。即使当社会经济条件发生变化时，市场配置方式也能顺利、快速地完成人力资源的再配置；有时劳动力市场还能作为人力资源的蓄水池。企业与个人供需双方共同实现配置的方式，显然在初次就业和就业后的流动上都是优于自然配置和行政配置的。

但是，市场配置方式也存在一定缺陷。首先，它在供求的结合上还不可能尽善尽美，由于信息的不完全、不对称，摩擦性失业不可避免，而且可能数量较大。其次，可能会出现为取得经济效益而影响以致损害社会效益的情况。最后，市场配置方式会毫不留情地把过剩劳动力排斥出来，推向社会，形成失业大军，这除了会造成社会问题外，也在某种意义上意味着人力资源的浪费。

二、人力资源的供求关系

决定人力资源配置的基本因素，是人力资源的供给状况和社会的需求状况。

两者的数量比例关系，是社会就业的最基本成因。人力资源的供求关系，即劳动供给与需求关系，可分为供过于求、供不应求和供求平衡三种基本类型。

（一）供过于求

人力资源供过于求，即人力资源的供给数量大于社会对它的需求数量。这种类型表现为一个社会的就业不足，存在着相当数量的失业人员或择业人员。这是对社会人力资源的闲置和浪费。其原因是复杂的，可能是由于资本缺乏、物质资源的供给数量不足，可能是由于人口和人力资源的数量过多、增加过快，可能是由于生产停滞或者下降，也可能是由于技术进步和资本集约而排斥已经吸纳了的人力资源。此外，供过于求还隐性地存在于"在职失业"、"停滞性的停业整顿"、"潜在失业"等状态下。

（二）供不应求

人力资源供不应求，即人力资源供给的数量小于社会对它的需求数量。这种类型表现为一个国家或地区缺乏劳动力，结果是影响其正常的经济活动，使经济增长受到一定限制。人力资源的供不应求，通常产生于生产持续发展、经济持续增长的情况下。当生产大幅度发展，而人口、人力资源增加速度却比较慢时，就可能出现人力资源供不应求的现象。需要注意的是，当某个地区、部门感到人力资源供给趋紧时，即社会的人力资源供给增加量赶不上对人力资源需求的增加量时，应该分析这种扩大的人力资源需求是否能通过各生产单位产出率的提高，或者通过"物"对"人"的替代，即提高"资本-劳动"的比例和采用自动化技术来加以缓解。

（三）供求平衡

人力资源供求平衡，即人力资源的供给与社会对人力资源的需求达到基本一致的状态。这种平衡应当包括数量、质量、职业类别等方面的内容。人力资源供求平衡，除了宏观上的平衡，还要在结构上、微观上达到平衡。

从理论上说，一个国家或地区人力资源供求平衡的标志是：一方面，人力资源的供给能够为社会全部吸收；另一方面，社会的人力资源需求又能够全部得到满足。但是，在现实生活中，这种理想状况是罕见的。比较现实的目标是达到人力资源供求的基本平衡，即要求就业的人绝大部分都能够得到就业岗位，不存在长期的大量待业人口；同时，不存在长期的大量缺乏人力资源的部门、行业。少量人力资源处于短期失业状态，是经济正常运行条件下不可避免的现象。

人力资源的供求平衡是一个动态的概念，必须在国民经济的发展过程中加以把握。要取得未来人力资源的平衡，除了把握人力资源、物质资源以及社会生产总量的变动之外，还应该考虑两者比例方面的变动。

三、我国的劳动就业格局

（一）机遇与风险

1. 结构调整与体制改革的前景

改革开放是20世纪后20年中国的主旋律。经济改革的诸多措施都指向了我国在计划经济时期形成的数量巨大的过剩职工，使我们在消灭失业20年以后又面临新的失业和下岗这一变相失业问题。实际上，我国的体制改革进程伴随着经济结构的调整过程，使得我们在获得新的发展契机、新的产业成长和就业增加的同时，出现了传统产业和国有企业的职工大规模下岗、失业的问题。

进入新世纪，我国的改革面临结构进一步调整和全面深化的局面。要彻底解决国有企业改革和转制、重组问题，仍然面临着上千万职工的下岗分流问题。

2. 加入WTO后面对的国际压力

2001年，我国成功地加入了WTO，这将大大加快我国与世界经济的接轨，对我国的投资增长、出口增加、技术进步、体制改善、环境塑造、效益提高和政府工作改进等诸多方面都会起到非常积极的作用。但是，加入WTO以后，我们所面临的国际竞争压力会大大增加，特别是在农产品、高科技产品、汽车等机械产品、服务贸易等方面，要受到巨大的冲击，从而可能导致大规模的失业。人们说，21世纪是"亚洲的世纪、中国的世纪"，但真正成为中国的世纪，必须要解决好经济增长、与国际接轨和自身的就业问题。

（二）我国的人力资源数量格局

1. 中国就业的几大压力

(1) 人口与人力资源严重供过于求。中国的人口数量排名世界第一。2000年第五次全国人口普查数据显示，我国人口总量已达到12.65亿，2007年底全国总人口达到13.2亿①，预计中国人口在未来30年还将净增2亿人左右，总人口将于2033年前后达到峰值15亿人左右。有关资料显示，2000年中国劳动力总量规模为8.7亿人，根据全国第五次人口普查数据建立的人口仿真模型预测，未来20多年里，我国劳动力供给总量将持续上升，到2013年，劳动年龄人口将达到峰值10亿人左右，要到2025年，我国劳动人口规模才会出现逐步下降的趋势。其中，劳动

---

① 参见《2007年国民经济和社会发展统计公报》。

适龄人口比重将继续上升，并始终高于世界平均水平及各种收入国家的平均水平。

(2) 城镇失业问题严重。目前，每年在城镇要求就业的，包括当年新增的城镇劳动力和上一年结转下来未能就业的劳动力还有 2 400 万人。但是，每年只能提供城镇就业岗位 1 200 多万个。再加上每年农村富余劳动力向城镇的转移大约有 800 万人，这将会持续相当长的一段时间。

据国家发布的统计数据，我国的城镇登记失业率在维持 4 年的 3.1%后，2001 年中期达到 3.3%。2006 年末城镇登记失业人数为 847 万人，城镇登记失业率为 4.1%；2007 年末城镇登记失业人数为 830 万人，城镇登记失业率为 4.0%。

(3) 以高校毕业生为主体的青年劳动者数量达到历史新高。来自教育部的信息显示，2008 年中国高校毕业生将达到创纪录的 559 万人，比 2007 年增加 64 万人。由于 2007 年尚有 70 万～80 万大学毕业生未能就业，因此 2008 年实际需要就业的大学毕业生将超过 600 万人。据人力资源和社会保障部预计，2009 年全国将有 610 万大学毕业生作为城镇新增就业的主要力量进入劳动力市场。

(4) 农村剩余劳动力就业困难。我国农村剩余劳动力大约有 1.5 亿。据权威部门估算，返乡的农民工大约占外出农民工的 5%，如果以 1.3 亿外出农民工的总量计算，也就是说 2009 年，大约有 650 万返乡农民工面临再就业问题。

(5) 单位富余人员众多。在我国城镇的就业存量中，企业富余职工数量在 1 100 万人以上；机关、事业单位的富余人员水平估计有数百万人。

此外，还有大量的城镇下岗失业人员、就业困难群体等，我国的就业形势依然非常严峻。

2. 经济负担轻——数量多的有利方面

从目前至未来的 10 年，我国正处在人力资源充裕、经济负担较轻的时期，尔后将进入老年负担较大的时期。这是一个难得的时机，对于大力开发和充分利用人力资源是一个极好的机遇。因此可以说，这是“人力资源数量多”对社会经济有利的一面。

因此，必须抓紧机会，大力开发人力资源，尽量使人力资源投入就业，以创造更多的社会财富，积累更多的资金，迎接人口老龄化时代的到来。

(三) 增长缓慢的就业需求

1. 就业需求的宏观分析

一个社会的就业需求总量取决于多种因素，包括经济需求总量、消费水平、经济结构与发展水平、经济增长速度、技术结构、资本-劳动比、企业雇用行为和社会的经济预期等。

从宏观的角度看，改革开放至今的 20 多年间，我国的经济保持了举世罕见的持续高增长状态,并在若干年内维持在8%左右的水平,但就业需求的弹性从总体上呈现逐年下降的趋势:20世纪80年代,我国国内生产总值每增加1%,平均可以增加200万个就业机会;进入20世纪90年代以来,经济每增长1%,却仅能提供约80万个就业机会。这反映了经济增长对就业增长的贡献越来越小。

作为"抓大放小"、减员增效的延续,国家还要进一步从国有商业和资源枯竭型产业等行业中退出,具有2 000万人规模的老集体企业中不景气的部分必然要关闭与分流人员,这将使我国的就业需求存量大大下降。

2. 就业需求的微观分析

从微观的角度看,各企事业机关用人单位在结构调整、深化改革和加入WTO的情况下,其行为反应是:减少招聘,内部挖潜,努力节约人工成本,提高招聘条件,慎重用人,进而是裁员。我们看到近年来许多大企业都在纷纷裁员,诸如银行、钢铁、石化、汽车等。这些行为意味着,在同等生产经营规模的条件下,企业的选择必然是压缩对人力要素的需求数量。

3. 需求不足导致就业难问题加大

众所周知,我国经济将在若干年内维持国民经济高增长水平。但从总体上看,我国的就业需求增长缓慢,难以满足上述巨大的就业供给。就业需求增长缓慢,与规模庞大、呈现过剩状态并持续增长的就业供给结合在一起,无疑表明我国就业难的局面可能进一步扩大。

第四节　我国积极的劳动就业政策

面临严峻的就业局面,我国在总结多年促进就业和再就业的基础上,借鉴国际成功经验,2002年制定出台了积极的就业政策,于2003年全面实施。"十一五"期间,我国实施发展经济与促进就业并举的就业发展战略,千方百计扩大就业,实现促进经济发展与扩大就业的良性循环。同时,将继续实施积极的就业政策,并对现行的各项政策进行调整,使其政策延续、范围扩大,实现城乡统筹就业。妥善解决体制转轨遗留的下岗失业问题,重点做好国有企业下岗失业人员的安置问题。争取未来5年,将我国的登记失业率控制在5%以内。

我国现阶段实行的积极就业政策是在借鉴国内外就业政策和经验的基础上形成的,也是历年来我国就业政策不断探索、不断改革的结果。它的基本内涵是在实施宏观政策、解决就业的同时,采取扶持手段和有效措施,鼓励劳动者自主创业、促进企业吸纳就业、帮助困难群体再就业,从而缓解就业压力,促进社会和政治稳定。积极的就业政策主要有以下几方面的内容。

一、扩大就业的经济政策

这类政策主要是鼓励扩大就业总量、积极创造就业岗位。

(1) 努力开辟就业门路,大力发展第三产业。拓展以商贸、餐饮等传统服务业为主的就业渠道,努力发展旅游业来增加就业。尤其是积极开发社区服务的就业岗位,重点开发面向社区居民生活服务、社区公共管理的就业岗位以及其他公益性岗位。

(2) 鼓励发展个体、私营、股份合作等多种所有制经济,扩大就业;积极发展有市场需求的劳动密集型中小企业,以更多吸纳劳动力。

(3) 促进跨地区的劳务协作和对外劳务输出。据统计,积极就业政策实施以来,通过大力发展民营经济鼓励第三产业就业,全国城镇新增就业人口 1 840 万人,下岗失业人员实现再就业 950 万人。到 2004 年,连续攀升的城镇登记失业率首次出现下降趋势。

二、鼓励劳动者自谋职业和自主创业的政策

这类政策主要是运用政策杠杆,将所创造的岗位优先用于解决困难群体就业、鼓励劳动者自谋职业和自主创业。早在 1980 年,我国就提出了自谋职业、组织起来就业和政府介绍就业的"三结合"就业方针。这一方针引发了我国劳动就业制度的改革,加之后来的一系列改革措施的实施,明显地推动了我国劳动力市场的发展。

(1) 申请小额担保贷款,鼓励劳动者自主创业。对合伙经营和组织起来就业的,可扩大贷款规模。申请小额担保的对象可扩大到国有企业和集体企业下岗职工、城镇登记失业人员以及复员转业军人。

(2) 实施税费优惠政策。按照《中共中央国务院关于进一步做好下岗失业人员再就业工作的通知》精神,对下岗失业人员从事个体经营(从事国家限制行业个体经营的,如建筑、娱乐、广告、网吧等除外)的,自领取税务登记证之日起,3 年内免征营业税、城市维护建设税、教育费附加和个人所得税。

各地又根据当地的实际情况制定了相应的优惠政策。例如,在重庆市,大学生从事个体经营,只需出具本人身份证、高校毕业证和工商部门批准经营的有效证件,经过收费单位核实后,就可以在工商部门批准其经营之日起一年内,免缴登记

类和管理类的各项行政事业性收费。

三、以实现劳动力供需匹配为目标的劳动力市场政策

这类政策主要是通过就业服务和职业培训,促进劳动力市场供求之间合理匹配。现在,各级政府正在抓紧开展改进就业服务、加大就业培训力度的工作。

1. 改进就业服务

在各级公共职业介绍机构中,广泛推行上门服务、即时服务和承诺服务,实行求职登记、职业指导、职业介绍、培训申请、鉴定申报、档案管理、社会保险关系接续等"一站式"就业服务。加快就业服务信息化建设,健全劳动力市场信息网络及发布系统,提供及时、便捷的就业信息服务。

2. 加大就业培训力度

实现劳动力供需的最佳匹配,除了增加就业机会外,还要重视劳动力自身素质的提高,强化就业培训工作,改变我国劳动力素质偏低的状况,以适应市场的需求。就业培训(包括职业培训、在职培训、再就业培训和创业培训)的重点是技能的培训。推广职业资格证书和就业准入制度,加强培训与就业的结合,加强培训的法制化、专业化、信息化、现代化建设。

四、以减少失业为目标的宏观调控政策

鼓励国有大中型企业通过主辅分离、规范企业减员、分流安置富余人员、减轻社会压力等有关办法降低失业率是这个政策的具体体现。为了建立现代企业制度,增加企业竞争力,实行主辅分离、减员增效是一项重要措施。国有大中型企业可以借此盘活企业闲置土地和资产,发挥内部潜力分流安置富余人员,而不是把他们推向社会。这样不仅有利于促进企业精干主体,提高竞争力,也有利于企业和社会的稳定。

五、社会保障的有关政策

这类政策主要是解决下岗失业人员和就业困难群体的社会保障问题。

(一) 基本生活保障政策

对企业新裁减人员和下岗职工,按规定及时提供失业保险,符合条件的,纳入城市居民最低生活保障。对协议期满暂时无法解除劳动关系的下岗职工,各级政

府和企业应继续运用通过现有各类资金渠道筹措的资金保障他们的基本生活。

为保障低收入职工的基本生活,上海市自1993年建立最低工资制度以来,每年调整最低工资标准,到2008年4月已是第16次调整最低工资标准。从2008年4月1日起,上海月最低工资标准从840元调整为960元,小时最低工资标准从7.5元调整为8元。城镇低保标准从每人每月350元调整为400元,增加50元,调幅为14.2%。农村居民最低生活保障标准,由每人每年2 800元,调整为每人每年3 200元。同时还将同步调整民政部门管理的特殊救济对象定期定量补助标准和城乡重残无业人员生活补助标准。上海市失业保险金标准调整为最高550元/月,最低410元/月。

(二)社会保险关系接续政策

社会保险关系接续政策主要包括下岗失业人员离开企业和实现再就业两个环节上的社会保险关系接续。

1. 离开企业时的社会保险关系处理

下岗失业人员离开企业时,其过去的社会保险缴费年限和个人账户继续保留,企业和个人欠缴的社会保险费应一次性补缴。对接近内部退休年龄的下岗职工,经企业与职工协商一致,在解除劳动关系时,可以签订社会保险缴费协议,按规定缴纳社会保险费。继续参加养老保险并按规定缴费的,其前后缴费年限合并计算;未继续参加养老保险中断缴费的,达到退休年龄后按实际缴费年限计发基本养老金。

2. 实现再就业时的社会保险关系处理

下岗失业人员由企业招用再就业的,应由新的用人单位和职工个人按规定继续缴纳社会保险费。自谋职业和灵活就业的,可以按照个体工商户参保办法参加养老保险。对尚未纳入基本医疗保险范围的下岗失业人员,实施社会医疗救助。

总之,就业政策的这五方面内容相互支撑、相互促进,构成了一个较完整的政策体系。积极的就业政策将激励更多的劳动者自谋职业和自主创业,并为他们提供有效的帮助和宽松的环境,同时引导社会各界为扩大就业和支持就业作出更大的贡献。

实施积极的就业政策是体制和政策上的一次突破。我国是一个劳动力资源大国,就业既是经济生活也是社会发展中的重大问题。党的十六届三中全会通过的《中共中央关于完善社会主义市场经济体制若干问题的决定》,根据我国国情和经济体制改革的客观进程,对劳动就业体制的深化改革提出了明确的方向和要求,体现了理论和实践的重大创新。

实施积极的就业政策,充分体现了"更加注重社会公平,使全体人民共享改革发展成果"的精神。以往的就业工作，更多的是关注城镇人口的就业与再就业，而推进城乡统筹就业在很大程度上意味着政府责任观念的深化和责任范畴的扩展。把农民的就业、弱势群体的就业一并考虑，充分体现了"公平和共享"。统筹就业就是把城乡居民的就业作为整体来通盘考虑，既包括农民进入城镇就业，也包括鼓励城镇人口到农村去创业等。城乡统筹就业的积极就业政策，紧密结合了我国的国情，具有鲜明的中国特色，使我们看到了就业工作、经济发展的可喜趋势，势必对社会的全面发展起到积极的作用。

本章小结：

掌握劳动力供需的基本原理，对于理解、分析和评价政府的劳动就业政策是大有裨益的。本章从经济学角度介绍了关于劳动力供给与劳动力需求的一般理论和知识，并分析了劳动力供需理论在政策上的一些典型运用。在此基础上，本章进一步介绍了人力资源的配置方式、供求关系等，分析了我国目前的就业格局，最后介绍了我国积极的劳动就业政策。

案例分析：

案例中的实验资料表明，税率的改变会对收入效应和替代效应产生方向相反的作用。实得工资增加幅度较大的职工，劳动力供给的增加幅度也较大。这意味着对这些妇女而言，替代效应强于收入效应。相对于工作小时决策而言，在劳动力参与决策中，替代效应更加明显。影响劳动力供给的因素很多，可以从人口规模与结构、经济发展和社会制度三大方面加以综合分析。

思考题：

1. 什么是劳动力参与率？其影响因素有哪些？
2. 影响劳动力供给的因素有哪些？
3. 请解释后弯的劳动力供给曲线。
4. 试分析劳动力供给理论在政策上的运用。
5. 影响劳动力需求的因素有哪些？
6. 什么是劳动力需求弹性？其影响因素有哪些？
7. 我国的劳动就业格局是怎样的？
8. 我国积极的劳动就业政策包括哪几方面的内容？

第五章 城市下岗政策分析

引导案例

《关于进一步加强就业再就业工作的通知》

国务院发出《关于进一步加强就业再就业工作的通知》，通知明确再就业工作的主要任务是：围绕经济发展多渠道开发就业岗位，千方百计扩大就业；基本解决体制转轨遗留的下岗失业问题，进一步完善和落实再就业政策，促进下岗失业人员再就业；积极推行创业培训，提高再就业劳动者的就业能力和创业能力；加强失业调控，将城镇登记失业人数控制在合理范围内，减少长期失业人员数量。

案例讨论题：

1. "开发就业岗位，扩大就业"体现了我国积极的就业政策的何种内容？

2. "推行创业培训，提高再就业劳动者的就业能力和创业能力"体现了我国积极的就业政策的何种内容？

3. "加强失业调控"体现了我国积极的就业政策的何种内容？

第一节 城市下岗问题分析

自20世纪90年代初起，随着中国经济改革的逐步深入，大批工人下岗，离开了国有企业，如何对待大量的下岗人员成为国有企业不得不面临的严重问题。1995年，劳动部门提出实施庞大而艰巨的就业计划——再就业工程，国务院提出了对国有企业实行“鼓励兼并、规范破产、下岗分流、减员增效、实施再就业工程”的改革方针，解决下岗职工的再就业问题。随后，这一政策作为改革的重要手段在国有企业中全面铺开并执行。从 1995 年到 2005 年，我国国有企业累计下岗或失业约 4 000 万人。①

一、下岗问题概述

20 世纪 80 年代以来，随着我国经济体制改革的深化，国有企业的冗员逐步剥离出来。20 世纪 90 年代中期以来，经济增长所带来的结构性失业矛盾不断加深，尤其是比较集中地出现了国有企业和集体企业职工下岗的问题，形成了规模庞大的下岗失业大军。针对国企改革引发的下岗问题，为了保障下岗人员的生活，这些人员可以与原企业最多保留 3 年的劳动关系，在此期间，原企业支付他们一定的基本生活费，并负责为他们缴纳社会保险金。②

（一）下岗的含义

下岗职工是指由于用人单位生产和经营状况等客观原因，已经离开本人的生产或工作岗位，并已不在单位从事其他工作三个月以上，目前尚未在社会上从事其他职业，仍与用人单位保留劳动关系的人员。③ 按照这一定义，下岗职工需要在企业再就业中心登记，并与中心签订有关基本生活费和再就业的协议。企业有权与拒签合同的工人解除劳动关系。职工一旦找到了新工作，他们与原企业的劳动关系便自动解除。而厂内带薪轮训、停薪留职、提前退养、劳务输出、多种经营、协议保留劳动关系、其他因本人原因而下岗的人员，以及企业招聘的临时性用工不属于下岗职工。

下岗职工由企业报当地劳动和社会保障部门进行登记，并经认定后，由劳动和社会保障部门发放“下岗职工证明”。下岗职工凭“下岗职工证明”享受基本生活保障、就业服务和再就业优惠政策。④ 现今我们把国有企业和集体企业的失业下岗人员称作“老失业群体”，过去的失业下岗问题，指的就是这部分人的问题。到 2005 年底，下岗和失业的体制并轨工作结束，“下岗”从此成为一个历史性概念。

---

① 姚洋：《中国高速经济增长的由来》，《南方周末》，2008 - 9 - 18。

② 谢桂华：《市场转型与下岗工人》，《社会学研究》，2006(1)。

③ 就业再就业政策解答与业务咨询编写组：《就业再就业政策解答与业务咨询》，中国民主法治出版社 2007 年版，第 4 页。

④ 李正龙，范君辉等：《就业与培训：政策与培训》，北京大学出版社 2008 年版，第 67 页。

（二）下岗人员的分类①

下岗人员可分为如下几类：

(1) 与原企业解除了劳动关系，并实现了再就业的人员。

(2) 未与原企业解除劳动关系，并游离于就业与失业之间的人员，属于再就业中的弱势群体。

(3) 与原企业解除了劳动关系，但一直未能就业，处于长期失业状态的人员。

(4) 未与原企业解除劳动关系，在寻找新的就业机会中多次碰壁、心灰意冷的人员，也属于再就业中的弱势群体。

（三）下岗人员的基本特征②

(1) 下岗人员年龄偏大、女工人数偏多。据国家统计局统计，1996 年有 750 万名下岗职工，其中 24 岁以下的人员占 11.1%，25～39 岁的占 70.4%，40 岁以上的人员占 18.5%。在再就业服务中心登记的下岗人员中，年龄基本在 35 岁或 40 岁以上。

(2) 下岗人员文化素质、职业技术水平不高，技能单一老化。国家统计局 1996 年的抽样调查显示，城镇下岗无业的职工中，受教育程度以初中以下学历为主，大多数只受过中等教育，占 56.8%，大专及以上占 2.3%，高中生占 27.1%，小学及以下占 13.8%。而在全部城镇就业人员中，初中文化程度的仅占 32%，导致了这部分人员素质偏低。同样处于劣势的还有他们的技术水平，40.7%只具有初级技术水平，中级技术水平占 49.7%。过去所从事的主要是低技术的工作，而新的就业机会，则需要相当高的受教育程度，他们难以适应用人单位的需要，不能回到社会的主导产业中去，也基本没有可能回到原来那种稳定的就业体制中去，朝阳产业不会向他们提供多少就业机会，从而加大了这些人再就业的难度。

(3) 国有企业和亏损企业下岗职工是企业下岗职工的主体，产业工人偏多。从全国范围来看，2000 年，国有企业下岗职工人数占全国企业下岗职工总数的 72.1%，国有亏损企业下岗职工人数占全国企业下岗职工总数的 62.5%。制造业、纺织业、采掘业、批发和零售贸易业等行业下岗职工比例最高。这些产业工人在社会化大生产背景下只掌握较为单一的技能，行业性的不景气又使他们难以在本行业迅速找到工作；跨行业转移，由于技能不适应而有较大的难度，而转业转岗培训无论在时间、资金还是在职工本身素质方面都存在许多困难，这制约了他们的再

---

① 赵曼，杨海文等：《21 世纪中国劳动就业社会保障制度研究》，人民出版社 2007 年版，第 14 页。

② 以下数据根据《中国劳动统计年鉴》(2000 年、2001 年)有关数据计算。

就业。

(4) 下岗职工心理承受能力较差,择业观念陈旧。由于受几十年计划经济的影响,国有企业职工在心理上有一种优越感,普遍择业观念陈旧,很多人从来没有想到过失业和下岗问题。而一旦这种事情发生,在心理上一时接受不了。在对下岗职工的调查中,不少人都谈到自感无脸见人、把自己关在家中。据扬州市妇联1996年对1 000名下岗女工的调查,怕丢面子、怕失身份、怕社会议论等心理使79%已找到新工作的下岗女工辞去了新工作。而更多的下岗职工由于择业观念等原因,仍没有找到工作。据河北省妇联对455名女工的调查,下岗两年以上的女工占52.7%。

(5) 老工业基地职工下岗失业问题尤为严重。例如,以东北三省以及湖南、湖北等省份为代表,2000年黑龙江、吉林、辽宁的下岗职工比例分别达到了28.97%、25.58%和26%。东北三省加上湖南、湖北两省,亏损企业下岗职工合计达到了243.4万人,占全国亏损企业下岗职工总数的42.7%。

由以上原因造成的下岗人员数量庞大。1998年,全国下岗职工实现再就业的人数是609万人,1999年为492万人;而在2000年实现再就业的人数只有361万人,实现再就业的人数逐年递减。而且失业之后的再次就业往往很不稳定,有的“再就业”时间也非常短暂。因此可以说,实际的再就业状况,可能还没有上述数字表明的那样乐观,也难以通过劳动力市场建设等措施完全解决这个问题。现在除了尽可能地创造再就业机会之外,政府还通过社会保障制度解决失业下岗人员的生活问题。

二、下岗问题的原因分析[①]

我国职工下岗最早出现在1994年和1995年,下岗在一定意义上讲就是失业的一种形式,这是国有企业改革中的特有现象,是伴随着国有企业在深化改革中形成的。下岗失业是计划经济条件下实行的就业体制和就业政策在经济转轨过程中的必然反应,也是我国经济发展多年来积累的诸多深层次矛盾的综合结果,成为改革发展过程中不可逾越的必经阶段,形成原因复杂。

(一) 历史原因:人力资源相对过剩的必然结果

我国是世界第一人口大国,长期以来,我国处于人口数量巨大、劳动力资源数量过剩且出现增长的状态,劳动力供大于求的矛盾长期存在。特别是20世纪80

① 姚裕群:《走向市场的中国就业》,中国人民大学出版社2005年版,第162页。

年代以来,我国进入劳动年龄人口的高峰期,劳动年龄人口占总人口的比重明显上升,10年间上升了近10个百分点。我国的劳动参与率1993年已超过56%,1998年达到56.8%。这不仅高于发展中国家,而且也高于发达国家,最多的人口加上最高的劳动参与率,为我国提供了大量的劳动力供给。下岗正是我国人力资源数量严重过剩的一种特殊表现形式,是劳动力供大于求和质量上供不应求的矛盾造成的。在我国劳动力总体供大于求的情况下,出现了社会上的公开失业、企事业单位工作岗位冗员过多、职工在企业保持劳动关系但人已下岗三者并存的局面。

(二)体制性原因:传统的就业体制积累的就业问题在经济体制转轨时期的必然反应

我国目前很大一部分下岗失业人员来自体制转轨过程中国有企业富余人员的释放。在传统的计划经济体制下,由于我国实行"统包统配"的传统就业体制,使就业机制日益僵化,由于计划经济时期追求名义上的充分就业,政府、劳动者个人愿意国有企业多用人,国有企业习惯于听从计划安排,从而导致国有企业从业人员过多,并出现富余人员。20世纪80年代,我国的体制改革幅度不大、速度不快,政府通过行政手段安置待业人员。尽管存在着相当多的劳动要素过剩问题,但一直是以在岗的低效率人员形式出现,在岗的低效率人员是"不充分就业"人员,没有成为"停工、待工人员"或者被用人单位排斥出的"下岗人员"。从而导致国有企业从业人员过多,普遍存在富余人员,即所谓冗员。由国家充当用工主体和分配主体,为了维持社会稳定,强制将剩余劳动力"塞入"企业,把企业作为安置城镇劳动力的主渠道,造成企业内部积淀了大量富余职工,劳动力能进不能出,许多单位冗员太多。

改革开放以来,企业冗员开始对生产经营活动产生影响,随着企业的生产经营活动出现困难,企业冗员便成为生产经营活动正常进行的负担甚至障碍。消除冗员、减轻负担,便成为增强企业市场竞争力的重要手段。自1992年以来,国有企业下岗职工每年不断增加,尤其是三年脱困期间,下岗人数急剧上升。与此同时,国有企业的职工人数却迅速减少,1996年国有企业职工为5 549万人,到2000年则减少到4 265万人,年均减少6%。

(三)结构性原因:产业结构调整和产业升级的必然产物

在向市场经济转轨的过程中,伴随着市场经济体制的逐步确立,经济结构、产业结构转型是下岗失业问题的重要原因。一些领域特别是第一、第二产业的传统部门的国有企业在市场经济竞争中面临产业、产品结构的调整,劳动力结构必然要进行相应调整,不仅不能扩大就业容量,反而根据利润最大化原则确定劳动力需求，减少用人，分流部分劳动力，多年来积淀的大量冗员进入社会竞争就业岗位将成为必然趋势。而结构调整和与之相关的技术进步在一定时期内也会产生大量下岗失业人员，科技进步导致部分职工下岗或失业，主要表现在三个方面：一是技术进步，必然不可避免地会带来一些职工的下岗或者失业。二是对企业来说，技术进步是企业降低成本、提高效益、增强市场竞争力的法宝，直接关系到企业的生存和发展，但企业的科技进步对职工提出了更高的要求，那些不适应要求的职工难免下岗或失业。三是由于技术进步，现代化的设备和管理会代替部分人力，从而也会使一些职工下岗或失业。企业富余人员必然要被剥离出去，于是分流、下岗、辞退、失业之类的问题普遍出现。在这一过程中，纺织、机械等行业受到了较为严重的冲击，不可避免地出现大量职工下岗的现象。

（四）经营管理原因：长期重复建设造成问题的必然暴露

职工下岗是企业经营机制深层次矛盾多年积累的结果，是国有企业的低效率和普遍的亏损造成的。一方面，长期以来，我国各地区重复建设、盲目建设状况严重，使得大部分地区产业结构、产品结构严重趋同，在经济上造成严重的不必要的浪费。在我国加快产业结构调整的过程中，许多重复建设的国有企业在激烈竞争的条件下生存状况进一步恶化，效益低下，亏损额、亏损面不断扩大，处于停产或半停产状态，甚至濒临破产，导致职工下岗；还有不少企业盲目扩大规模，急于求成，甚至负债投资建厂，有的半途而废，有的建成投产后，企业难以还本付息，往往陷入困境，导致企业停产，造成部分职工下岗。另一方面，企业自身存在经营管理不善的问题。竞争不足的计划经济体制下企业不负担经营风险，在没有解雇风险和低工资水平的情形下，劳动者的劳动效率也不高，企业的经营激励不足，内部管理差；同时国有企业的社会负担过重，为职工承担了一系列生活设施和社会服务，包括住房、医院、幼儿园和学校及安全保卫等公共服务。这些设施和服务占用了大量用于非生产目的的资金，从而抵消了企业提高效益的努力。

（五）社会保障体系原因：社会保障体系不完善的必然表现

国有企业的改革要求企业释放富余人员。精减富余人员本来可以通过与职工终止、解除劳动合同或经济性裁员的方式来解决，让这部分人员与企业解除劳动关系后实现再就业，精减下来的人员也应当作为失业人员直接进入失业保险，而无需采取下岗这样一种方式。而当时我国的社会保障体系尚在转轨之中，还不够完善，1986年才开始建立的失业保险，就其基金支撑能力而言，远不足以承受如此大规模的支付压力，因此这部分人很难与企业解除劳动关系，只能作为富余人员继续留在企业内部；同时在劳动力市场发育和发展不健全以及市场就业机制不完善的特殊背景下，没有形成市场化的就业环境，劳动力市场难以承受数千万企业富余人员所带来的洪水般冲击，严峻的就业形势使富余人员再就业碰到一定的困难。在这种情况下，我国政府要解决企业富余人员的问题，只有采取不以失业而以下岗的方式进行减员、不直接推向社会而通过建立企业再就业服务中心为他们开展服务、不通过失业保险而通过“三三制”筹集资金向下岗职工提供生活保障的政策是一种符合实际的特殊过渡性政策，实践证明是成功的。

三、下岗后果

下岗失业所引发的问题不仅表现为一部分职工丧失了工作机会，还会影响到职工的收入来源及其家庭的收入水平。大部分失业下岗人员及其家庭成员的生活处于相对贫困状态，几乎很难有能力进行基本需求之外的其他消费，在生活中遇到某些突发性事件的时候，难以应对。从全社会的角度来看，部分居民的收入下降可能会引起贫困发生率的上升和收入差距的扩大。这两种结果都会直接或间接地影响到社会稳定，甚至引发严重的社会问题。这部分失业和下岗者中，除部分是由于企业本身经营不善或单位的不公正裁员而失去工作外，有相当数量的人员是由于自身工作能力差而缺乏岗位竞争力被淘汰下来。对于这部分人来说，在目前就业竞争日益激烈的情况下，再找到令自己满意的工作其可能性很小，加之我国的社会保障制度还不健全，缺乏基本的社会保障，特别是在发生较大疾病的情况下，将会造成严重的生活困难。

第二节　再就业工程分析

随着改革的深入，解决体制转轨遗留下来的下岗失业问题，做好国有企业下岗失业人员、集体企业下岗失业职工、国有企业关闭破产需要安置人员的再就业工作，曾经在相当长的时期内成为困扰企业改革和结构调整的历史性难题。1993 年以后，国家在建立和完善失业保险制度的同时，对国有企业中由体制转型和结构调整导致的大规模结构性失业现象，采取了特殊的应对措施，即建立相应的下岗职工基本生活保障制度，为转型时期这一特殊的失业群体提供过渡性的保障。从开始提出这一问题，到形成解决这一问题的一套成熟方案和政策，其间经历了长达十几年的实践探索。

一、再就业工程概述

（一）再就业工程的含义

再就业工程是指综合运用政策扶持和各种就业服务手段，充分发挥政府、企业、劳动者和社会各方面力量的积极性，通过企业安置、个人自谋职业和社会安置相结合等多种渠道，为市场就业中的困难群体提供重点就业服务，帮助企业妥善安置下岗职工、失业人员和分流富余职工实现再就业的社会系统工程。在我国，再就业不仅指失业人员重新就业的情况，而且还包括下岗职工重新就业的情况，重点是为失业 6 个月以上有求职要求的失业职工和 6 个月以上基本生活无保障的企业富余职工提供集中的就业服务。

在这里，“下岗职工”是指由于用人单位的生产和经营状况等客观原因，已离开本人工作岗位，并不在本单位从事其他工作，目前尚未找到工作，仍与用人单位保持劳动关系的人员。“失业人员”是指在城镇常住人口中，在法定劳动年龄内，有劳动能力，有求职愿望但无业的人员。“富余职工”是指超过企业定员标准的人员。

（二）再就业服务中心

1. 再就业服务中心的含义

再就业服务中心是在政府指导下，对企业下岗职工进行托管的中介机构，再就业服务中心应该建立在企业中，凡是有下岗职工的企业都要建立再就业服务中心或类似机构，下岗职工不多的企业也可由有关科(室)代管。既不把下岗职工直接推向社会，又不让其滞留在企业。

2. 再就业服务中心承担的职能

再就业服务中心的主要职能为：一是为进入中心的下岗职工发放基本生活费，保障他们的基本生活。中心按月发放基本生活费，费用标准原则上可按略高于失业救济的标准安排并按适当比例逐年递减，但最低不得低于失业救济水平，具体标准由各地根据实际情况确定。二是为进入中心的职工缴纳养老、医疗、失业等社会保险费用。再就业服务中心用于保障下岗职工生活、缴纳社会保险费的费用，通过“三三制”的办法筹集，即财政负担 1/3，企业负担 1/3，社会筹集 1/3。三是为进入中心的职工提供职业介绍、职业指导和职业培训等各种就业服务，为下岗职工实现再就业创造条件。建立和完善再就业服务中心，实施再就业工程，从一定意义上说，是目前具有中国特色的过渡性的社会保障制度，是将保障下岗职工基本生活与促进再就业相结合的有效组织形式。

（三）再就业政策的历史背景

再就业政策的出台源于20世纪80年代国有企业刚刚放权让利时，由于出现了严重的企业富余人员问题，为消化内部冗员，国有企业当时提出了比较有限的几项改革措施，包括整顿企业劳动组织、减少富余人员、实行优化劳动组合等内容。当时的目标主要是着眼于压缩二、三线人员，充实生产一线，以及清理混岗人员等，基本属于企业内部劳动管理范畴。从1986年开始，国有企业在新招职工中实行劳动合同制，先从新招人员入手，以制度创新解决企业职工能进不能出的问题，在此基础上，又逐步将改革的重点转向劳动力存量，即固定工问题。到20世纪90年代初期，"破三铁"过程中推行全员劳动合同制，随着大量劳动合同制员工的合同到期，"就业转失业人员"明显增多，形成就业难点。再到20世纪90年代中期，以贯彻《劳动法》为契机全面实行劳动合同制度，主要是围绕改革传统的固定工制度进行的，直接或间接地包含了解决企业富余人员问题这一目标，同时也都因此而引起政府劳动部门对这些人的再次就业问题的重视。

二、再就业工程

为了解决我国经济转型期间的体制性失业问题，促进下岗人员重新就业，1993年，劳动部提出了"再就业工程"试点，由政府大力促进和推动再就业工程，在企业内部建立再就业服务中心负责日常的管理工作，实行分流安置下岗、富余职工和解决失业人员再就业，以解除职工的后顾之忧。再就业工程是劳动部推出的转变就业机制、运用失业保险金的经济杠杆，激励、调节、促使下岗和失业人员再就业的"工程"。

（一）再就业工程的实施及发展（1993—1997年）

劳动部于1993年提出在全国30个城市进行"再就业工程"试行办法。1994年初劳动部启动再就业工程，开始在上海、青岛、成都、杭州等就业服务工作基础较好、失业人员较多的30个城市试点，对长期失业者、下岗职工进行再就业服务，在尚未建立健全的社会保险体系情况下，企业安置富余人员初见成效。1995年，经国务院批准并转发劳动部《关于实施再就业工程的报告》，再就业工程在全国推广实施，并逐步形成中国市场就业中扶持就业困难群体的常年性制度。1996年10月，劳动部在山东省济南市召开了全国200个城市实施再就业工程现场交流会。1997年3月，国务院下发了《关于在若干城市试行国有企业兼并破产和职工再就业有关问题的补充通知》，通知明确，国家经贸委负责全国国有企业兼并破产和职工再就业的组织协调工作,并决定成立全国企业兼并破产和职工再就业工作领导小组。通知强调,各试点城市人民政府要积极推广上海市实施再就业工程的经验,从上到下建立再就业服务中心。同年 5 月,劳动部等部委在北京召开了全国解困暨再就业工作经验交流会,并出台了劳动、计划、经贸等十部委《关于进一步做好企业职工解困和再就业工作的通知》,明确地将下岗分流、解决企业富余人员问题、减员增效与实施再就业工程结合起来,将实施再就业工程同经济结构调整和深化国有企业改革密切联系起来。1997 年,国务院把再就业工程作为推进经济体制改革和发展的一项根本性措施。

再就业工程的主要内容是提供就业服务,帮助长期失业者和国有企业富余人员实现再就业。具体到政府各部门,劳动部门充分发挥就业服务的功能和作用,通过职业指导、职业介绍、就业培训、劳服企业和失业保险等综合手段,促进下岗失业职工再就业;工商部门对从事个体、私营经济的下岗职工给予优先办理执照,减免工商管理费;税收部门对安置下岗职工超过 60%的劳服企业实行所得税“免三减二”的政策;财政、税务、劳动和其他渠道共同出资设立“再就业基金”,用于再就业工程;国有资产部门允许劳服企业优先并有偿使用国有资产等。对企业,组织下岗职工参加转业转岗培训的,劳动部门可给予一定的资助;接收下岗职工并签订稳定劳动关系的,可给予相应的资金支持;兴办独立核算企业并安置下岗失业人员达一定比例的,可享受税收优惠政策等。对职工个人,老职工临近退休 5 年以内的,可提前办理内部退休;自谋职业的,可一次性领取失业保险金或破产清算补贴;从事个体经济的下岗职工,继续缴费的养老保险可以连续计算;保留劳动关系进行劳务输出等等。

(二)再就业工程的深化(1998 年 2 月后)

1998 年,国家加快推进国有企业改革,“实行鼓励兼并、规范破产、下岗分流、减员增效和再就业工程”,下岗职工、失业人员也随之有较大幅度增长,再就业任务更加艰巨。1998 年 2 月,劳动部制订的“三年千万”再就业培训计划开始实施。同年 5 月,中共中央、国务院召开了国有企业下岗职工基本生活保障和再就业工作会议,发布《关于切实做好国有企业下岗职工基本生活保障和再就业工作的通知》,提出要做好国有企业下岗职工基本生活保障和再就业工作,把保障他们的基本生活作为首要任务,力争每年实现再就业的人数大于当年新增下岗职工人数。改变“双轨制”保护机制,将企业的富余人员直接推向市场,即:裁员或失业,其保障也相应地由失业保险承担。对保障国有企业下岗职工基本生活、促进下岗职工再就业、完善社会保障体系作出了一系列明确的政策规定,争取用 5 年左右的时间,初步建立起适应社会主义市场经济体制要求的社会保障体系和就业机制。1998 年 6 月,国家工商行政管理局发文,就认真贯彻落实国务院的通知精神作了具体部署。1999年3月15日,国家税务总局下发《关于下岗职工从事社区居民服务业享受有关税收优惠政策问题的通知》,就下岗职工从事社区居民服务业享受有关税收优惠政策作了具体规定。同年7月,政府作出了提高城镇中低收入居民收入的重大决策。

再就业工程的深化内容主要包括:建立再就业服务中心,按照"三三制"筹集资金(企业负责1/3、财政负责1/3、社会筹集负责1/3),用于保障下岗职工的基本生活和缴纳社会保险费用,促进他们再就业。1995年初,劳动部发布了《关于全面实施再就业工程的通知》,提出了促进失业职工再就业和企业富余职工分流安置的具体政策、措施,主要包括:

(1) 鼓励、扶持企业和社会对失业职工进行开发性安置。凡兴办第三产业安置失业职工和富余职工达到一定比例的,可享受与劳动服务企业同样的优惠政策;确需扶持的,经劳动部门核准,可借给一定数量的失业保险金,作为启动资金或流动资金,必要时可运用适量失业保险金作为企业向银行贷款的贴息。

(2) 鼓励用人单位招用失业职工和富余职工。凡招用失业职工并签订一年以上劳动合同的,可将其应享受的失业救济金作为工资性补贴,一次性付给用人单位。凡招用富余职工并签订一年以上劳动合同的,可由富余职工的原单位按规定支付给用人单位安置费。支持企业组织富余职工到乡镇企业或其他联营企业从事生产经营和劳务工作。

(3) 大力支持失业职工和富余职工组织起来就业和自谋职业。对所需的场地、设施、能源等,应与有关部门协调,统筹规划,做好安排。对组织起来就业和自谋职业的失业职工,可将失业救济金一次性付给本人,作为开办资金;对自谋职业的富余职工,由企业按规定支付安置费,并解除劳动关系。

(4) 支持企业主管部门对富余职工进行行业、企业间的调剂工作,协助办理有关手续,并提供相应的就业指导、信息和咨询等服务。用人单位招用富余职工可先进行试用,试用期一般为3~6个月,试用期内原单位保留其劳动关系。试用合格者,重新签订劳动合同,不合格者可以退回原单位。

(5) 大力兴办劳动服务企业和生产自救基地。对劳动服务企业及自办、联办等多种形式的生产自救基地,安置富余职工达到一定比例的,享受国家有关优惠政策。创办和发展生产自救基地所需资金,采取多方筹集和劳动积累相结合,必要时可用失业保险金中的生产自救费适当补助。

(三) 下岗职工基本生活保障制度向失业保险并轨

我国国有企业下岗职工基本生活保障制度作为一种替代性的非正式失业保险制度,最终是要与失业保险制度并轨的。过去已经进入企业再就业服务中心的下岗职工，在其3年协议期满后仍未实现再就业的所有下岗职工，都将被纳入失业人员范围，下岗职工基本生活保障向失业保险并轨，也进入失业保险。2005年底，原则上停止执行国有企业下岗职工基本生活保障制度，企业按规定关闭再就业服务中心。并轨人员和企业新裁减人员通过劳动力市场实现再就业，没有实现再就业的，按规定享受失业保险或城市居民最低生活保障待遇。

(1) 双轨阶段。下岗职工进入再就业中心，也有少部分失业人员进入失业保险，两种方式同时并存。

(2) 转轨阶段。随着下岗职工基本生活保障问题的逐步解决，特别是在失业保险制度逐步完善、市场就业机制逐步形成的基础上，从1999年起，国有企业不再建立新的再就业服务中心。一些地区开始改变通过下岗进行裁员的方式，而采取直接解除劳动关系的方式，企业新的减员不再进入再就业服务中心，原来滞留在企业中的下岗职工也将陆续进入劳动力市场，转由企业支付经济补偿金。在与原企业解除或终止劳动合同后，企业新的减员直接通过与企业解除劳动关系的方式进入失业保险，符合条件的可享受失业保险待遇，由失业保险为他们提供基本生活保障。对已进入再就业服务中心的下岗职工，仍维持原政策不变，直到其基本生活保障协议期满，尽快走出再就业服务中心。

(3) 并轨阶段。在国企下岗职工全部走出再就业服务中心后，作为过渡性措施的企业再就业服务中心完成其历史使命，下岗再就业基本生活保障制度将退出历史舞台，失业保险制度被推到了前台，国企下岗职工基本生活保障制度并轨到社会化的失业保险制度中，它承担起原来由下岗再就业基本生活保障制度分担的保障责任。至此，三条保障线就归并为两条保障线，这一并轨还有利于解决下岗职工中1/3以上隐性就业造成的种种弊端，规范劳动力市场秩序。①

三、再就业工程的实践

(一) 准备阶段(1994—1995)

1993年4月，国务院就国有企业富余职工安置问题作出规定，提出"企业自行安置为主，社会帮助为辅，保障富余职工基本生活"的分流原则。同年11月，劳动部发出通知，要求对关停企业中单纯依靠救济的困难职工，一般发给3个月的待业救济金，促使他们进行转业训练和生产自救，并进行了试点，再就业工程自此拉开序幕。1995年，在全国300个城市全面实施再就业工程，并逐步形成中国市场就业

① 信长星:《中国解决国有企业下岗职工问题的基本政策》，中国就业论坛专题报道，http://www.labournet.com.cn/jylt/news.htm。

中扶持就业困难群体的常年性制度。再就业工程实施之初的主要内容包括：

(1) 对失业 6 个月以上的人员，根据本人情况，要求其参加职业指导座谈会和进行转业训练。① 职业指导座谈会。每月定期召开，由就业服务机构组织实施。对积极参加并得到提高者，可优先推荐介绍就业；对无故不参加者，停发失业救济金。由就业服务机构向失业者介绍职业信息、求职方法，并进行就业形势等教育。帮助失业者制订实施再就业计划，采取多种形式对失业者进行转业训练，对培训考试合格者优先介绍就业。② 转业训练。由就业服务机构组织其到所属就业训练中心，采取集中办班或分散插班的形式进行转业训练，也可指导他们到社会上开办的培训机构接受训练。对参加考试并合格者，相应减免其培训学费或给予适当的补贴并优先介绍就业；对确需培训而无故不参加者，停发失业救济金。

(2) 对失业 12 个月以上者，根据本人情况，要求其进一步参加求职面谈和工作试用。由就业服务机构组织实施。请企业进行个别面试，对被企业招用的人员，可将他们应享受的失业救济金部分或全部拨给企业，作为支付工资的补贴。对那些已具备相应条件，但企业还不能确定招用的人员，可介绍到企业试工，试用期为 1～3 个月，试用期间个人工资主要由企业支付，不足部分用失业救济金予以补足。试用合格者由企业根据需要择优选用，试用后不符合要求的，可退回。无故不参加者，停发失业救济金。

(3) 生产自救。对长期失业的人员参加上述活动后仍不能就业者，可组织其开展生产自救活动，到劳动部门举办的劳动就业服务企业或其他生产自救基地从事生产劳动。

(4) 对关停企业中经劳动部门批准发放救济金的困难职工，一般只发给 3 个月，并要求他们根据本人情况参加上述四项活动中的一项或几项，直到具备条件转到其他岗位或到社会上重新就业。对无故不参加者，停发失业救济金；对参加上述活动后仍未实现就业者，还可延长发放 3 个月失业救济金。

(5) 协商有关部门在资金、场地及税收等方面支持和鼓励失业人员和厂内失业人员，对于自愿组织起来就业和自谋职业的，可将其应享受的失业救济金部分或全部一次性支付给用工单位或个人，作为扶持生产经营的资金。

（二）实施阶段(1996—1998)

1996 年，劳动部在全国 200 个重点城市加大再就业工程力度。经过多方努力，1996 年，全国共组织 500 万名失业、下岗职工参加再就业工程，其中 300 万人接受了职业指导，74 万人参加了转业转岗培训，为 339 万人次提供了失业救济，组织了 100 万人开展生产自救，并通过政策引导和就业服务，使 245 万下岗失业职工实现了再就业。再就业工程的实践证明,只要政府重视、全社会关心和支持、政策有力、资金有保障,再加上下岗职工的努力,下岗职工的再就业问题是可以解决的。截至1997年,全国国有企业分流及下岗职工人数总计1 274万人。其中640万人实现分流,占50.2%;已实现再就业的433.5万人,占分流职工的67.8%。在未得到分流的634万下岗职工中,434.8万人得到妥善安置,或者进入再就业服务中心,或者已领取基本生活费,占下岗职工总数的51.2%。全国建立的职工再就业服务中心已增加到1 333个,进入中心的人数达76万人,全国有245万人重新就业。1998年,在610万下岗职工中,进入再就业服务中心的占99%,在进入再就业服务中心的下岗职工中,有93.2%的人的基本生活得到了保障,有80.5%的人签订了基本生活保障和再就业协议。通过多种途径,当年共有609.9万国企下岗职工实现再就业,再就业率达50%。1998年,使已下岗职工和当年新增下岗职工的50%以上实现再就业。

(三)完善阶段(1999年至今)

1998年6月9日,中共中央、国务院在《关于切实做好国有企业下岗职工基本生活保障和再就业工作的通知》中提出,力争每年实现再就业的人数大于当年新增下岗职工人数,争取用5年左右的时间,初步建立起适应社会主义市场经济体制要求的社会保障体系和就业机制。通过这几个阶段的工作,组织800万失业职工和企业富余职工参加再就业工程,提高他们再就业的能力,创造新的就业机会,并帮助其中的500万人实现再就业。同时,在城镇,实现新增就业4 000万人,力争将城镇失业率控制在4%左右,并根据改革进程,积极稳妥地分流企业富余人员;在这之后,经过历时5年的分流安置过程,根据劳动部门统计,到2001年6月底,下岗职工进入再就业服务中心的比例为91.6%,进入再就业服务中心的下岗职工领取基本生活费的比例为99.9%,基本满足了下岗职工的生活保障。到2003年底,全国国有企业下岗职工累计达2 800多万人,其中1 890多万人通过多种渠道和方式实现再就业。大批劳动力从第二产业转到了第三产业,从国有企业转向非公有制经济领域,国有企业就业人员从最多时的7 500万减少到4 400万,传统计划经济体制遗留下来的国有企业富余人员问题已基本得到解决。截至2004年底,浙江、福建、江苏、广东等12个省市的再就业服务中心已经全部关闭,实现了下岗职工基本生活保障制度与失业保险制度并轨。我国在2005年完成从下岗基本生活保障向失业保险过渡的并轨任务,下岗职工基本生活保障制度作为一种替代性的非正式失业保险制度,最终与事业保险制度并轨,传统意义上的下岗已不复存在,企业裁员都将依据有关法律法规,直接进入失业保障或低保程序。

从整体上看,1998年以来,下岗职工和失业人员在数量变化上经历了一个明显的此消彼长的过程。2002年起，失业人员的数量已经超过下岗职工数量，全国共有823万下岗失业人员领取了《再就业优惠证》或相应证明。在领取《再就业优惠证》的下岗失业人员中，共有350万人实现了再就业，帮助98万名“4050”人员实现再就业。将逐步推动下岗职工直接进入劳动力市场就业，使下岗、失业人员逐渐离开再就业服务中心或就业服务中心，国有企业下岗职工基本生活保障制度全面并入失业保险制度的新轨道，实行下岗和失业的并轨。

第三节 城市下岗工人再就业政策分析

再就业工程也只是一种具有中国特色的过渡性的社会保障制度，中国在6年时间内成功解决了2 800万名国有企业下岗职工问题，平稳地完成了规模空前的一场劳动力结构大调整。从政策的角度看，为这一过程提供强有力保证的，主要是三大基本政策。

一、下岗职工的基本生活保障政策

1993年以后，国家在建立和完善失业保险制度的同时，对国有企业中由体制转型和结构调整导致的大规模结构性失业现象，采取了特殊的应对措施，即建立相应的下岗职工基本生活保障制度，作为一项过渡性政策，为转型时期这一特殊的失业群体提供过渡性的保障。

（一）对下岗职工的基本生活费一定要有保证，并积极建立社会保障体系

依托企业再就业服务中心，采取“三三制”筹集资金的特殊政策，切实保障国有企业下岗职工的基本生活；在企业建立面向下岗职工的管理服务机构——再就业服务中心。凡是有下岗职工的企业，都要建立再就业服务中心或类似机构。企业在按照规定的程序安排职工下岗以后，下岗职工统一进入本企业的再就业服务中心，并签订协议，约定各自的权利和义务。协议期限一般不超过3年。

（二）建立我国的社会保障体系

通过“三三制”筹集资金，用于向下岗职工发放基本生活费并为其缴纳社会保

险费。所谓"三三制",即企业负责1/3、社会筹集(包括从失业保险基金中调剂和社会募捐)1/3、财政负担1/3。财政负担部分,中央企业由中央财政解决,地方企业由地方财政解决。实际执行中,由于不少亏损企业经营困难,支付所需的1/3资金存在困难,社会筹集部分也由于失业保险基金支付能力有限而达不到1/3,由此产生的资金缺口由财政兜底。各地财政一定要调整预算支出结构,优先、足额安排这项资金,企业、社会筹集不足的部分,财政要给予保证。地方财政确有困难,难以做到兜底安排的,由中央财政通过转移支付给予一部分资金予以补助,重点是中西部地区和老工业基地。国有独资盈利企业和国有参股、控股企业保障下岗职工基本生活的资金,原则上都由本企业承担。财政承担和社会筹集的资金,由财政部门按专项资金管理。

二、完善我国的社会保障体系政策

完善社会保障体系,通过代缴社会保险费和及时接续社会保险关系,消除下岗职工的后顾之忧。概括地讲,就是保障生活、促进就业、接续保险。三大政策支柱相互衔接、相互促进、相辅相成,共同发挥作用。

(一)建立"三条保障线"制度

1998年以来,我国建立了以国有企业下岗职工基本生活保障、失业保险和城市居民最低生活保障为内容的"三条保障线"制度。通过建立国有企业下岗职工基本生活保障制度、失业保险制度、城市居民最低生活保障制度这样三条保障线,将下岗失业人员的生活保障、社会保障和再就业紧密联系起来,为保障下岗失业人员的基本生活构筑了一个可靠的安全网。

(1) 下岗职工基本生活保障线。在有下岗职工的国有企业中普遍建立再就业服务中心,将企业的下岗职工组织起来,进中心的职工,由中央政府、地方政府和下岗企业按"三三制"出资,发给基本生活费,缴纳养老、医疗、失业等社会保险费和报销门诊医疗费用,下岗职工在再就业服务中心期间可领取最长为三年的基本生活费,以保障他们的基本生活。

(2) 失业保险线。再就业服务中心要为中心内的下岗职工缴纳失业保险费;三年期满出中心后没有实现再就业的下岗职工和其他失业人员,与原企业解除劳动关系,已参加失业保险并足额缴费的,可按失业保险有关规定,享受最长期限不超过两年的失业保险待遇。

(3) 城市居民最低生活保障线。这是国家对家庭人均收入低于当地居民最低生活保障标准的城市居民给予必要帮助的社会救济制度。其对象包括:① 无生活来源、无劳动能力、无法定赡养人或抚养人的居民;② 领取失业救济期间或失业救济期满仍未能重新就业,家庭人均收入低于最低生活保障标准的居民;③ 下岗职工在中心期间,领取工资或最低工资、基本生活费后以及退休人员领取退休金后,其家庭收入仍低于最低生活保障标准的居民。符合条件的,可按规定申领城市居民最低生活保障金。

自 1997 年起,政府设计实施了"三条保障线"的政策,先为劳动能力最弱的下岗职工提供两年再就业中心的生活费,继而是两年失业保险费,四年后进入最低生活保障体系,相互补充、前后衔接,由城市居民最低生活保障制度兜底,以应对日趋严峻的失业下岗问题。

(二)完善失业保险制度

在建立国有企业下岗职工基本生活保障制度的同时,为从失业保险基金中向企业再就业服务中心调剂资金、增强失业保险基金支付能力,实现从下岗职工基本生活保障制度向失业保险并轨创造条件,在失业保险方面采取了两种措施:一是将企业缴纳失业保险费的比例提高到 2%,二是规定职工个人缴纳相当于工资 1%的失业保险费。国家又发布了新的《失业保险条例》,进一步规范了失业保险制度。近年来,失业保险改革步伐不断加快,覆盖范围已经扩大到城镇所有企业和事业单位及其职工,基金的筹集、管理制度进一步规范。2003 年底,全国参加失业保险人数 1.04 亿人,领取失业保险金的人数由 1998 年底的 58 万人增加到 2003 年底的 415 万人,1999—2003 年累计向 1 400 多万人提供了不同期限的失业保险待遇,并通过向再就业服务中心调剂的方式,有力地支持了国有企业下岗职工基本生活保障和再就业工作的开展。

(三)加强社会保障服务,为下岗失业人员接续社会保险关系

1998 年以来,政府采取各种措施,积极探索建立下岗失业人员的社会保险关系接续制度,促进下岗失业人员再就业。对在企业再就业服务中心的下岗职工,由中心为其代缴社会保险费。下岗失业人员离开企业时,其过去的社会保险缴费年限和个人账户继续保留,符合规定条件的,可以由企业和个人协议缴纳社会保险费。再就业后继续参加养老保险并按规定缴费的,其前后缴费年限合并计算。下岗失业人员由企业招用再就业的,由新的用人单位和职工个人按规定继续缴纳社会保险费;自谋职业和灵活就业的,可以按照个体工商户参保办法参加养老保险;对尚未纳入基本医疗保险范围的困难下岗失业人员,实施社会医疗救助;对下岗失业人员以非全日制、临时性、弹性工作等灵活形式就业的,初步制定了适应其就业特点的社会保险办法和劳动用工管理制度,以保障他们的合法权益。

三、促进下岗职工再就业政策

（一）积极促进下岗职工通过多种渠道和方式实现再就业

(1) 建立再就业服务中心。中国政府组织各方力量在有下岗职工的国有企业中普遍建立再就业服务中心，为下岗职工提供基本生活保障，代缴养老、医疗等社会保险费，并为他们提供一次职业指导、三次就业信息服务和一次免费的职业培训机会。

(2) 实行税费减免和小额担保贷款扶持政策。对下岗失业人员自谋职业、从事个体经营的，三年内免征有关税费；对下岗失业人员自谋职业和自主创业，提供小额担保贷款，由政府建立担保基金，并提供财政贴息。

(3) 实行社会保险补贴和减免税收政策。对各类服务型企业和商贸企业新增岗位招用国有企业下岗失业人员的，由政府提供社会保险补贴。为鼓励企业多吸纳下岗失业人员，对服务型企业、商贸企业、劳动就业服务企业中的加工型小企业，以及街道社区具有加工性质的小企业实体，在当年新增岗位中招用下岗失业人员达到30%以上的，三年内减免有关税收。

(4) 通过再就业援助帮助就业困难对象。对有就业能力和就业愿望的男50周岁以上、女40周岁以上就业困难的下岗失业人员，作为就业援助的主要对象，提供即时岗位援助等多种帮助。政府投资开发的公益性岗位，优先安排大龄就业困难对象。在社区开发公益性岗位，安排原国有企业的大龄就业困难职工就业，政府给予社会保险补贴和岗位补贴。

(5) 鼓励国有大中型企业分流安置富余人员。鼓励国有大中型企业通过主辅分离、辅业改制，分流安置本企业富余人员。对改制企业以及兴办的经济实体安置富余人员达到一定比例的，三年内可免征企业所得税。

(6) 加强对下岗失业人员的就业服务。在各级公共职业介绍机构中，对下岗失业人员实行求职登记、职业指导、职业介绍、社会保险关系接续“一站式”就业服务，并开展免费职业介绍和职业培训。运用现代化的信息网，为下岗失业人员及时准确地提供就业信息。对下岗失业人员自谋职业和自主创业，在有条件的地方设立专门窗口，实行工商登记、税务办理、劳动保障事务代理等“一条龙”服务。组织开展多层次、多形式的再就业培训，提高下岗失业人员的就业能力。对有开业条件的人员开展创业培训和开业指导，提供项目咨询、跟踪扶持等服务，通过培养创业带头人，带动更多人就业。①

---

① 《中国的就业状况和政策白皮书》，http://www.labournet.com.cn/jylt/bg4.htm。

（二）促进再就业的优惠政策

政府为鼓励下岗职工自谋职业，在工商登记、场地安排、税费减免、资金信贷等方面给予政策优惠。

(1) 税收减免政策。① 下岗职工从事社区居民服务业，符合规定免税项目范围的（各地可根据实际情况增列项目），在规定期限内给予免征营业税、个人所得税、城市维护建设税和教育费附加等项税收优惠政策。② 对下岗职工从事社区居民服务业的，要简化工商登记手续，三年内可免征营业税、个人所得税。下岗职工从事个体工商或者下岗职工人数占企业总人数 60%以上的企业，三年内免征营业税或个人所得税。③ 新办的劳动就业服务企业安置城镇待业人员达到规定比例的，可在三年内减征或者免征所得税。劳动就业服务企业免税期满后，当年新安置待业人员占企业原从业人员总数 30%以上的，经主管税务机关审核批准，可减半征收所得税两年。

(2) 工商登记优惠政策。下岗职工申请从事个体经营或开办私营企业的，在开业一年内，减免工商管理行政性收费；下岗职工从事社区居民服务业的，三年内可免收工商管理行政性收费。

(3) 信贷优惠政策。对积极吸纳国有企业下岗职工的中小企业、劳动就业服务企业等就业实体，以及下岗职工从事个体经济或组织起来兴办服务型企业的，只要符合国家产业政策、产品适销对路、符合贷款条件，有关商业银行和信用社要积极给予贷款支持，城市商业银行和城市信用社要优先安排此类贷款。

(4) 城镇规划建设部门要统筹安排、合理布局，积极解决好发展劳服企业的生产经营场地的问题。对企业利用现有场地、设施和技术发展多种经营，多渠道分流本企业富余人员和安置下岗职工的，要给予必要的政策扶持。

四、再就业举措

（一）“三年千万”再就业培训计划

为配合国有企业下岗职工基本生活保障和再就业工作，1998 年 2 月，劳动部实施“三年千万”再就业培训计划，旨在帮助下岗职工转变就业观念，提高职业技能，尽快实现再就业。即在 1998 年至 2000 年的三年内，为 1 000 万下岗职工提供职业指导和职业培训服务（对 1 000 万下岗职工普遍进行职业指导，对其中 600 万人进行职业技能和创业能力培训），使下岗职工树立新的就业观念，转业转岗人员掌握实用技能，自谋职业者增强创业能力。

“三年千万”再就业培训计划的总方针是：实行在政府指导和扶持下，个人自学、企业组织和社会帮助相结合。充分动员社会各方面的力量，在政府统筹规划和政策指导下，与实施再就业工程相衔接，有计划、分步骤地进行。要发挥企业和行业组织下岗职工培训的重要作用，利用现有条件开展培训；要调动下岗职工自学技能的积极性，并制定必要的优惠政策加以鼓励；要发挥劳动部门就业训练中心和技工学校的作用，同时要动员职业教育、大专院校、社会团体、民主党派以及其他社会办学机构关心和支持再就业培训计划的实施。

“三年千万”再就业培训计划的总体目标是：在1998年至2000年的三年中，为1 000万下岗职工提供职业指导和职业培训服务（对1 000万下岗职工普遍进行职业指导，对其中600万人进行职业技能和创业能力培训）。通过努力，使下岗职工树立新的就业观念，转业转岗人员掌握实用技能，自谋职业者增强创业能力。

“三年千万”再就业培训计划的具体任务是：劳动部确定“三年千万”再就业培训重点，截至2003年第三季度，全国已累计培训下岗职工1 200万人，超过了原定计划。劳动和社会保障部于2001—2003年组织实施了第二期“三年千万”计划，培训合格率达91%，培训后有879万人实现了再就业，再就业率为63%。

（二）下岗青工创业行动

下岗青工创业行动是由共青团中央联合劳动和社会保障部为了引导广大下岗青工通过创业实现再就业而实施的举措。为解决占下岗职工36%的青年职工的再就业问题，1998年3月，共青团中央、劳动和社会保障部联合发出《关于开展“下岗青工创业行动”的通知》，提出“下岗青工创业行动”。

下岗青工创业行动以扶持、引导下岗青工通过创业实现再就业为导向，以培养青年兴业领头人为重点，以就业服务和转岗培训为手段，为下岗青工提供切实有效的服务，推动再就业工程的实施。

青年兴业领头人是指能够艰苦创业，不但解决自己的再就业问题，并且带动了其他下岗职工再就业的创业者。为了培养、扶持青年兴业领头人，各级团组织和劳动部门要联合举办培训班、组织挂职锻炼、提供项目信息、给予政策和资金扶持。

下岗青工创业行动的内容是对广大下岗青工进行有针对性的转岗培训和切合实际的就业服务。① 转岗培训：充分利用劳动、教育部门的技工学校，就业训练中心及共青团系统的团校、青少年宫、活动中心、青年岗位能手活动训练中心等机构，以短期培训为主，对下岗青工进行实用技能培训，通过职业介绍机构优先推荐就业。② 就业服务：发挥自身优势，并协调青年企业经营管理者、青年乡镇企业经营管理者等优秀青年所在单位优先吸纳下岗青工再就业，要依托现有阵地，为下岗青工再就业牵线搭桥，为他们提供场地、资金、信息、政策等多方面的服务。

（三）巾帼创业行动

1996年1月，针对近两年来下岗女工比较多的问题，全国城镇妇女“巾帼建功”活动领导小组会议提出，从1996年起突出抓好“巾帼创业行动”，帮助下岗女职工实现再就业。

本章小结：

就业是每个劳动者的基本权利，也是他们及其家庭获得尊严和福利的基本方式。对于城市下岗人员来说，失业使他们面临着一定的生活问题，对社会的信心受到沉重打击，进而对社会稳定产生极为不利的影响。本章在研究国有企业下岗职工问题产生原因的基础上，对我国政府针对解决城市下岗问题提出的再就业工程，从理论和实践两方面进行了探讨，并从对下岗职工的基本生活保障政策、社会保障体系政策、促进下岗职工再就业政策等方面进行深入的分析，提出再就业举措。

案例分析：

1. 运用我国积极的就业政策理论，“开发就业岗位，扩大就业”体现了我国积极的就业政策中以提高经济增长对就业拉动为取向的宏观经济政策。这一政策旨在继续实施积极的财政政策和稳健的货币政策，以保持较高的经济增长速度，鼓励发展中小企业、第三产业、多种所有制经济和劳动密集型产业，发展多种灵活就业的形式，提高就业弹性，以创造更多的就业岗位。“解决下岗失业问题”体现了我国积极的就业政策和以促进下岗失业人员再就业为重点的扶持政策。这一政策内容包括：对下岗失业人员从事个体经营实行免征税费，提供小额贷款；对服务型企业吸纳下岗失业人员实行减免税费和社保补贴；对国有大中型企业安置本企业富余人员兴办的经济实体免征企业所得税；对“4050”人员实施再就业援助，并实行社保补贴和岗位补贴等。

2. “推行创业培训，提高再就业劳动者的就业能力和创业能力”体现了我国积极的就业政策中的实现劳动力供给与就业需求合理匹配的政策。这一政策包括：对下岗失业人员提供免费职业介绍和免费再就业培训，对下岗失业人员自谋职业和自主创业实行工商登记、税务办理、劳动保障事务代理等一条龙服务。

3. “加强失业调控”体现了我国积极的就业政策中的以减少失业、保持社会稳定为取向的宏观调控政策。这一政策内容包括：对正常生产经营的企业裁减人员，政府进行指导后规范，防止失业规模过大和失业时间过于集中；避免企业改组时产生大量失业人员；完善失业保险制度，充分发挥失业保险在保障失业人员基本生活和促进失业人员再就业方面的积极作用。

思考题：

1. 请解释下岗的含义。
2. 请说明下岗的产生原因。
3. 请解释再就业工程的含义。
4. 请论述再就业工程的理论和实践。
5. 请说明下岗职工的基本生活保障政策的内容。
6. 如何理解“三条保障线”制度？
7. 请简述促进下岗职工再就业政策。
8. 为促进再就业，政府实施了哪些优惠政策？

第六章 农村劳动者进城就业政策分析

引导案例

农村劳动者进城就业，拿什么保护你[1]

根据建设部的统计，农村劳动者进城就业在我国各行业的就业比重已经很高，在建筑业为90%，煤矿采掘业为80%，服务业为60%，城市一般服务业为50%。由于长期以来受城乡二元管理结构的影响，农村劳动者在城市就业时，许多最基本的权益得不到有效保障。这种状况自2009年以来开始得到改善，党中央、国务院针对农村劳动者进城就业的工资问题、作业环境问题、生活环境问题等发了许多通知、文件和批示，要求切实保障农村劳动者进城就业的合法权益。2008年1月到10月，全国共发生建筑施工事故872起，死亡1 027人。由于在煤矿、建筑等农村劳动者进城就业用工量较大的行业，特别是井下挖煤等高危作业工种，发生安全生产事故时，死伤的往往是进城就业的农村劳动者，农村劳动者进城就业成为这些行业安全事故的最大受害群体。如何保障进城就业的农村劳动者劳动作业时的健康与安全，如何保护进城就业的农村劳动者的工伤保险权益，这些问题也成为保障进城就业的农村劳动者合法权益的重要组成部分，受到政府和社会的广泛关注。

案例讨论题：

1. 当前我国农村劳动者进城就业的现状如何？

2. 如何理解政府在改变进城就业的农村劳动者保障缺失问题上扮演的角色？

3. 你认为企业在解决农村劳动者进城就业保障方面应如何应对？

① 王菲：《农民工，拿什么保护你》，《中华合作时报·安全时讯》，2004年第45期。

第一节　农村劳动者进城就业现象分析

在中国工业化和城市化的发展进程中，随着城乡分离的户籍管理制度的松动以及乡镇企业资本和技术要素含量的提高，农民进城打工成为中国经济转型时期的一个重要现象，农村劳动者进城就业也成为中国经济社会转型时期的产物。他们不仅成为"新工人阶层"，也是城镇人口的重要组成部分。在工业化和城市化进程中的中国，要建设新农村、改造新农民、发展新型农业，就必须把大多数农民改造成为工人、市民，这样既可以缓解人口对农村的压力，又可以突破城乡分割体制，实现城乡联动，因而"农村劳动者进城就业"现象成为学术界、政策研究部门和新闻界谈论和研究的热点，也成为中国现代化进程中研究农业、农村与农民问题的突破口。

一、农村劳动者进城就业概述

（一）农民工的含义

农民工是指农村劳动者进城就业，他们的户籍仍在农村，身份是农民，拥有数量不等的承包土地，但主要进城从事非农产业，依靠打工收入维持家庭生活的农村外出就业的劳动者。狭义的农民工一般指跨地区外出进城就业人员；广义的农民工，既包括跨地区外出进城就业人员，也包括在县域内的第二、第三产业就业的农村劳动力。① 本文主要讨论的是狭义的农民工，即进城就业的农村劳动者。他们是我国社会转型时期的一个特有社会群体，是我国工业化和城镇化进程中产生的独特社会现象，是实现新型工业化和城市化战略的一个基本方面。

（二）农村劳动者进城就业的流向和途径

1978 年我国开始实行改革开放政策，劳动力城乡流动的限制政策被逐渐打破，因此出现了农村劳动者大规模自发流动就业现象。从整体来看，农民工的社会流动从自发性流动逐步向制度化流动过渡，最初是纯粹的自发性流动，近年来输出地

① 中国农民工问题研究总报告起草组：《中国农民工问题研究总报告》，《改革》，2007(3)。

和输入地政府开始有意识地引导,逐步形成制度化的社会流动。

农民工流动的地域是从农村流向城市、从不发达地区流向较发达地区。他们就业的区域可分为乡外县内流动就业、县外省内流动就业、省际流动就业、境外就业和国外就业(境外就业和国外就业主要以派遣就业为主,境外指香港特别行政区、澳门特别行政区和台湾省内);流动的职业是从农业流向工商服务等非农产业。从农村劳动者进城就业的行业分布看,他们主要在城镇的第三产业就业,农业仅占0.6%,其余分布在建筑业、采掘业、制造业、服务业;流动的阶层是从低收入农业劳动者阶层流向其他较高的职业阶层。①

农民工在城镇就业的途径主要包括:通过县乡政府统一组织的劳务输出,由城里的亲朋好友介绍就业,先就业的人介绍熟人在同一单位谋职就业,通过在各级各类职业介绍所登记求职就业,自谋职业,由各类包工头组织进城揽活等方式。其中,最初的农村劳动者进城就业是从农业转向农村的非农产业,主要在乡镇企业就业,20世纪80年代后期以来,农村剩余劳动力开始跨地区就业,目前省内就业比重最大,大致占农村劳动者进城流动就业的一半以上。

(三) 农村劳动者进城就业现象产生的背景

十一届三中全会以后,随着以联产承包责任制为主要形式的农村经济改革全面展开,农业劳动生产率不断提高,农村出现了越来越多的剩余劳动力。改革开放的推进、经济体制改革的成果和城市化的加速,为农民冲破长期存在的城乡分割的二元社会结构创造了条件。在此背景下,政府才在1984年明确放松对农民进城的控制,开始有条件地在部分行业、部分企业允许农村劳动者进城就业,从此拉开了农民大规模进城就业经商的序幕,中国劳动市场发生了重要的变化。②

二、农村劳动者进城就业的特点

2004年初的《中共中央国务院关于促进农民增加收入若干政策的意见》第一次明确认定"进城就业的农民工已经成为产业工人的重要组成部分"。全国总工会《1997年中国农民工就业问题调查》资料显示,农村劳动者进城就业队伍本身发生了很大的变化,大致呈现如下特点:

(1) 进城就业的农村劳动者规模大,增长速度快。据劳动和社会保障部2004年的调查,连续30多年的经济增长,农村进城就业劳动者已占企业员工总数的近60%,超过了传统上由城镇居民构成的产业工人,使中国产业工人队伍结构发生重

---

① 韩克庆:《农民工社会流动研究:以个案访谈为例》,《中国人民大学学报》,2006(6)。

② 详见《中国就业制度演变与评估(1949—2001)》分报告。

大变化。2007年《中国农民工就业问题研究总报告》显示，当时中国外出农民工数量为1.2亿人左右，如果加上在本地乡镇企业就业的农村劳动力，农民工总数大约为2亿人，到了2009年有3亿农民进城。① 但是自2003年春季起，每年一度的“招工难”现象愈演愈烈，所谓的用工荒出现。

(2) 进城就业的农村劳动者主要是农村青年，职业技能较低。现在进城就业的农村劳动者主要集中在20～40岁这个年龄段，青壮年农民工是外出农民工的主体。许多调查表明，大量以前与父辈一起外出打工的“80后”、“90后”年轻一代的农民工已成长起来，他们的年龄绝大部分在20～40岁之间，2009年“80后”人数已达到农民工总数的60%，超过9 000万人。② 多数就业者通过跨省流动的方式前往东南部沿海经济发达地区，已具有较长的城市就业经历，平均达到6.5年，在劳动力市场具有较强的流动性和竞争性，大多来自经济不发达的中西部地区。但与城市劳动力相比，进城就业的农村劳动者存在技能不足的问题，由于人力资本投资的投资主体与收益主体往往难以统一，在农民工培训上存在着输入地与输出地互相推诿的现象，无法满足企业对于技能出众的技术型工人的需求。

(3) 进城就业的农村劳动者文化水平比较高，对工作要求较高。相比上一代农民工，“80后”、“90后”学历较高，其文化程度明显高于农村人口平均文化程度，达到初中或高中文化水平，这些农民工逐渐成为现今劳动就业博弈的主角，他们对待遇、工作条件要求较高，生活标准向城市居民看齐，看重工作环境和劳动保障，有学者称之为“农村精英”。这里需要注意的是，今天进城就业的农村劳动者其进城就业的原因已发生变化，不再都是原来我们所理解的农村剩余劳动力。

(4) 进城就业的农村劳动者在城镇中工作辛苦而职业待遇远低于城市劳动者。他们由于职业适应能力差，主要集中于工业、建筑业及传统的服务业，从事着简单繁重的体力劳动。中国人民大学“中国农民工问题与社会保护”课题组于2005年对农民工的居住状况进行了抽样调查，结果显示，有34.9%的农民工住在由单位提供的住房里，51.8%租用私房，5.0%住在工棚里，4.3%住在自己搭建的简易棚屋里，2.2%住在亲戚朋友家，1.8%住在老板家里。③ 他们勤奋努力，吃苦耐劳，虽在城市中辛苦劳作得不到“城市待遇”，却依然坚持通过诚实劳动在城市生活。

三、农村劳动者进城就业的影响

我国农村劳动者进城就业是经济全球化时代中国工业化的产物，它大大地缓

① 曹雨辰：《数字不容宽慰，城市呼喊新生》，《南方周末》，2010-4-8。
② 参见《国家统计局发布2010年1至2月的宏观数据》，《新民晚报》，2010-3-11。
③ 宫力平：《农民工新型管理模式的构建》，《安徽农业科学》，2009,36(29)。

解了农村就业压力，增加了农民收入、为城乡发展注入了活力，对我国经济发展和社会转型产生了极其深刻的影响，客观上促进了市场导向、自主择业、竞争就业机制的形成，是一条进行城乡融合、解决“三农”问题的新路。从世界各国的发展历史和经验来看，经济高增长时期都伴随着大量的人口转移，第二次世界大战之后，日本、韩国、中国台湾等国家和地区在经济高速增长过程中也都大量出现农业劳动力向城市转移的现象。农村劳动者进城就业的影响主要有以下方面：

(1) 有助于推动经济的发展。农村劳动者进城就业是增加农民收入、促进城乡和谐发展的必然选择。一方面，进城就业的劳务收入成为农民增收的主要来源，另一方面农村劳动者在非农业行业中就业，有利于城乡就业结构的调整，增加国内生产总值。同时大批廉价劳动力的充分供给，促进了劳动密集型加工业的发展，扩大了当地人口消费，进而扩大内需。从人口学的角度来看，大量农村劳动者进入大中城市，90%以上的人在 40 岁以下，作为城市劳动力中最年轻的群体，可以增加劳动年龄人口比重，并成为当地的生产群体、消费群体和储蓄群体。此外，进城就业的农村劳动者对住房、医疗以及城市基础设施的需求，都将构成扩大内需的强大动力。

(2) 有助于推动城市化和工业化。农村劳动力有序流向非农产业和城镇，能促进劳动密集型产业和第三产业快速发展，从而促进城市化发展。城镇有较大的发展和就业空间，而农村劳动力转移恰恰最容易进入城市服务业。从 1949 年到开始实行改革开放的 1978 年，农村劳动力向城市的流动处于完全停滞的状态，1978 年城市化率仅为 17.92%。自此以后，城市化步伐逐步加快，到 2009 年城市化率上升到 45.68%以上。目前我国处于工业社会后期，但城市化进程明显滞后于工业化进程，这种局面不利于现代服务业的发展。同时，新转移到非农业部门就业的农村剩余劳动力还会为现代经济部门创造出新增利润，刺激现代经济部门追加投资，扩大再生产的能力，从而加快了工业化进程。

(3) 有助于缩小城乡差距。目前城乡间不仅收入差距大，更重要的是制度上存在明显差异，城乡间是两种身份、两种就业、两种公共服务制度，在教育、卫生、文化设施等公共服务领域的差距显著。这种现象的消除有赖于大规模的农村劳动力进城就业，农村劳动力流动冲击城市的计划福利体制，在城市中为上亿进城就业的农村劳动者提供《中华人民共和国宪法》赋予的各类公民权利，使之享有国家提供的各类公共服务，从根本上解决长期以来城乡隔绝和对立的不公平、不公正的局面。

(4) 有助于促进劳动力市场的发育。美国学者索林洛认为，中国劳动力市场分为三个部分：由国家管理的或正式劳动力市场、非国家管理的或非正式劳动力市场、自发或无人管理的劳动力市场。① 正是农村劳动力流入城市就业补充了城市劳

---

① 岳经纶：《中国劳动政策：市场化和全球化的视野》，社会科学文献出版社 2007 年版，第 306 页。

动力的“不足”,增加了城市职工的流动性,对城市企业原有用工制度带来有力冲击,是推动计划劳动体制向劳动力市场转变的重要力量。通过农村劳动者进城就业,有效地降低了城市劳动力成本,提高了城市劳动生产率,从而有利于劳动力资源的合理配置和有效利用,对全国劳动力市场的发育具有不可估量的作用。

(5) 有助于解决农村劳动力就业问题。随着农村新生劳动力数量的进一步增长,剩余劳动力呈增加趋势,农村的隐蔽性失业加剧,劳动力的剩余时间大幅度增多,从而造成劳动力资源的大量浪费和闲置。而农村劳动者进城就业将有效降低农村剩余劳动力的比例,大幅度提高农业生产率。

我国农村劳动力大量流动,一方面有着明显的积极意义,但另一方面也会产生一些矛盾和问题。例如,流动规模太大导致城市就业压力上升;劳动力市场的信息系统与服务手段不完备,造成劳动力流动盲目性大;劳动力素质不能满足现代企业生产的需要;流向过于集中,给城市基础设施造成压力,对城市的环境也产生某些负面影响;城市面临农村劳动力进城就业在社会治安等多方面的秩序冲击,并引起城市地区犯罪率的上升等等。这些都给城市的管理带来新的问题,给政府工作带来新的负担。在这种背景下,城市政府往往对农民工流动所造成的负面效果过分担忧,而对这种流动的合理性与贡献估计不足,在改革中往往会有过多的短期考虑,而缺少长期的、一贯的积极政策。

第二节 农村劳动者进城就业问题分析

当前,农村劳动者进城就业面临诸多困难,这些困难阻碍了农村劳动者就业,进而成为解决中国就业问题不可忽视的重要方面。对于农村劳动者进城就业问题,政府制定了一系列保障农村劳动者进城就业权益和改善农村劳动者进城就业环境的政策措施,各地区、各部门也做了大量的工作,取得了积极的成效,农民工问题被政府列为劳动政策的主流。但从现实情况来看,进城的农村劳动者长期处于一种工作超负荷、工资没有保障、吃住条件恶劣、生命安全受威胁的生存状态,就业面临的问题仍然十分突出。

一、农村劳动者进城就业歧视问题

近年来,进城就业的农村劳动者已成为中国社会的一个特定的社会群体。虽然随着各种农村劳动者进城就业权益保障的法律、规章、制度的建立和完善,他们的地位得到了一定的改善,但进城就业的农村劳动者数量巨大,无论是从进城就业的农村劳动者自身的文化素质、技能水平、生活条件而言,还是从政府及社会的引导、管理、服务而言,都存在着一些需要解决的问题。2004 年,由中国社会科学院进行的一份调查仍然将外来移民列为 1978 年后经济上的最大输家。在一份对 8 组群体在经济改革中的得益情况进行排队比较的调查表中,专家们只对一项取得完全一致的意见:"外出就业者"是所有群体中得益最少的。这些最不幸的人从属于一个新的阶层:"三无"阶层,即没有土地、没有工作、没有国民收入保险。① 具体体现在以下几个方面:

(1) 进城就业的农村劳动者就业环境普遍较差。长期以来,就业的歧视性政策规定,将农民工限定在城市居民不愿意从事的环境恶劣、风险较大的工作领域,造成进城就业者在城市所从事的大多为脏、累、苦、差的职业,不少用工企业侵犯他们的各项权利。例如,进城就业者被当成廉价劳动力,非法加大劳动量,工资普遍较低,没有建立与城镇职工同工同酬的机制,工资按时发放没有形成制度化,常常被拖欠和克扣工资,低工资水平的农民工群体成为普遍恶意欠薪的主要对象。中国社科院人口与劳动经济研究所 2007 年所作的调查显示, 农业户口的劳动者经常拿不到应得的加班费用;他们普遍超时劳动,工作环境恶劣,在劳动安全、职业病防护等方面缺乏保护;用人单位普遍不与进城就业的农村劳动者签订劳动合同,农业户口的劳动者合同签订率明显偏低等。② 近年来,尽管各地清理拖欠进城就业者工资的力度在不断加大,但拖欠事件依然屡有发生。

(2) 劳动力市场管理混乱,存在城乡就业壁垒和地区分割的格局。尽管近几年国家出台了一系列促进农村劳动力转移就业的积极政策,但是有些政策落实不到位。一方面,各地政府对农村进城就业者的数量、结构、劳动合同签订、工资情况、社会保险情况等基本信息缺乏了解;另一方面,大多数进城就业者就业渠道仍是通过非正规劳务市场,几乎没有专门为进城就业农民介绍就业岗位的劳务市场,从源头上为用工不规范、大量企业不与职工签订劳动合同等问题留下隐患。在农村劳动者进城就业准入方面、城镇公共就业管理服务体系方面,就业歧视还未完全消除。就业行业、工种限制虽然正在逐步取消,但仍存在职业工种限制、总量限制、季节限制、性别限制、比例限制等,他们进城就业享受不到与城镇居民同等的公共资源和公共服务。

(3) 进城就业的农村劳动者缺少有效、平等的教育培训。我国进城就业的农村

---

① 乔治·吉尔博伊,埃里克·赫金伯瑟姆:《中国的拉美化》,卧梅译,《前沿周刊》,2005(1)。

② 董伟:《中国社科院对全国劳动者的抽样调查显示——农业户口劳动者明显缺乏权益保障》,《中国青年报》,2007-7-2。

劳动者职业技能培训不足，缺乏系统的专业技能培训，没有接受过技术培训的占76.4%。由于我国技能培训主要通过用人单位、政府部门组织，学徒制、技校和职业学校等方式进行，但政府对农民工的教育培训的投入资金不足，导致技术培训少，技术含量低；进城就业的农村劳动者流动性大，职业不稳定，使得培训内容变动大，培训资金回报率低，企业出于成本的考虑不愿意承担培训的责任，很少设计职工培训制度，农民工由于经济条件差也无力承担培训的费用。

（4）进城就业的农村劳动者缺少完善有效的社会保障，融入城市困难。我国长期实行的城乡分割管理体制使进城就业的农村劳动者无法享受到平等的社会保障，在失业、工伤、医疗、生育、养老、工资、住房等社会保障方面得不到与城市居民相同的公共福利与服务（流动性极强的农民工社会保险关系的转移存在很大的困难），更不能进行平等的竞争，成为城市的弱势群体。虽然近几年国家把保障进城就业农民的合法权益放在重要位置，如我国现行的《失业保险条例》专门规定了农民合同工的失业保险问题，但广大流动就业的农民工仍被排斥在外，没有建立起权益保障的长效机制。虽然许多政府根据当地实际情况制定了一些有关进城就业的农村劳动者社会保障的政策法规，然而在各地制定的法规中，有不少规定的险种不全面，且不能在各地流通（农村劳动者进城就业流动性较大），这样就很难保障他们的权益，所以实施的效果并不理想。

《2007中国农民工（蓝领）报告》显示，超过半数的农民工认为城市居民对他们的接纳度一般，"社会地位"成为"收入水平"、"工作环境"、"权益问题"、"子女问题"、"生活环境"、"社会地位"、"文化生活"七项中评价最低的一项。只有7.6%的被调查者表示"满意"，17.6%的人表示"比较满意"，而表示"不太满意"和"不满意"的人分别占15.1%和7.3%，45.6%的人表示"一般"。收入水平低、工作环境差、权益难保障、子女上学难、生活环境恶劣、文化生活单一，无一不是影响到他们自觉社会地位低的重要因素，而这些因素中，尤以权益难保障和生活环境恶劣影响最大。①

二、农村劳动者进城就业问题产生的深层原因

（1）现代经济发展的必然趋势是将劳动力由第一产业转向第二、第三产业，我国正在进行的城市化进程主要表现为农村人口转化为城市人口及城市不断发展完善的过程。在我国，农村劳动力过剩、土地短缺，加之不同地区、不同职业之间就业机会、就业条件、工作报酬和经济福利方面存在的差异以及城乡经济福利方面的差

① 刘鹏：《农民工为什么觉得自己是二等公民》，新华网，2008-1-11。

异，使得大量的农村劳动力进入城镇就业。城市在工业化与现代化进程中需要吸纳大量新生劳动力资源，使农村劳动力向城市转移。改革开放以来，我国城市化率不断提高，1978年中国城市化率仅为17.92%，2008年上升为45.68%，可见进城就业的农村劳动者的数量不断增多。[①] 但传统的户籍制度阻碍了农村劳动力的有序转移，当进城就业的农村劳动者离开土地，国家的制度使他们成为流动人口，传统的城乡二元就业体制使大量进入城市就业的人无法得到城市身份，影响了人力资源的合理配置。

(2) 人力资源市场的分割就业体制、不公平的市场准入条件、不完善的社会保障等构成了城市对农村劳动力的歧视和排斥，是产生农村劳动力进城就业问题的体制性根源。传统上认为，人力资源市场长期存在二元就业体制，实际上中国今天的人口和社会结构，已经从二元经济结构变成三元制结构：大约三分之一的城市户籍人口，三分之一的纯农村人口，三分之一的农民工及其直系亲属漂浮在城镇和乡村之间。[②] 有英国专家认为，中国城市劳动力可以分为三部分：国家管理（正式）的劳动力市场、非国家管理（非正式）的劳动力市场、自发（盲目或无人管理）的劳动力市场，这三种人力资源市场中都存在农民工。[③] 进城就业的农村劳动者的合法权益缺乏政府系统的劳动政策保护，农民工问题成为政府劳动政策的边缘问题。一些地方政府以控制和监管的方式，从行政管理的角度，对其进行干预，制定了一系列排斥和歧视外来人口就业特别是进城就业的农村劳动者的政策，来"保护"当地居民的就业。这种政策的后果是不但没有提高城镇失业人员的再就业水平，反而造成农村劳动者进城就业的不稳定，不利于全社会失业率的降低。

(3) 制约进城就业的农村劳动者社会保障缺失还有观念方面的因素。农村务工者由于传统观念的影响，惯于依赖土地保障、家庭保障等农业社会保障方式，不过分依赖现代社会保障，他们的维权意识、自我保护意识不高，在自身的合法权益受到侵害时，不懂得通过法律手段来保护自己。值得高兴的是现今农村务工者对于待遇不平等等问题开始用脚投票，这发生在几乎所有的沿海地区，而且开始蔓延到经济发展相对落后的中西部地区，成为全国性现象的民工荒就是资本与劳动力进行工资博弈的信号。

三、计划经济体制下的农民劳动力进城就业政策

我国政府在长期的计划经济体制下对农村劳动者进城流动就业一直亮"红

① 何亚福：《民工潮背后是年轻劳动力减少》，《东方早报》，2010-2-26。
② 华生：《主要矛盾已改变，调整改革思维迫在眉睫》，《南方周末》，2010-3-4。
③ 岳经纶：《中国劳动政策：市场化和全球化的视野》，社会科学文献出版社2007年版，第306页。

灯”,采取严格控制的劳动就业政策。新中国成立初期,我国曾短暂地实行过人口的自由流动政策。1951 年公安部颁布《城市户口管理暂行条例》、1954 年颁布《中华人民共和国宪法》,在这样的制度安排下,随着新中国成立后国民经济的恢复,一批批青壮年农民将刚分配到的土地留给家人,自己则进入城市,寻求新的发展机会。但当时的经济发展水平很低,政府为了优先解决城市失业问题,开始限制农村劳动力进入城市就业,多次劝阻农民盲目流入城市,对农村劳动者进城就业采取限制措施。为了严禁农村劳动者向城镇流动,自 1952 年开始,政府采用行政指令和计划方式配置人力资源①,1957 年,中共中央、国务院联合发出《关于制止农村人口盲目外流的指示》,要求严格进行户口管理,并于 1958 年颁布第一个限制城乡人口自由流动的法令——《中华人民共和国户口登记条例》,将制止农村人口盲目流入城市的政策法律化,形成世界上独有的城乡户籍制度,正式确立了城乡隔离的就业制度。自此建立的城乡分割的二元就业体制及与之相配套的户口制度,明令禁止城市企业招用农村劳动力,使我国的劳动力被分割成互相排斥的城市工人与农民两部分,限制农民流动的政策进一步得到强化。直到 20 世纪 80 年代初期,政府放宽了农村劳动力进城就业的限制程度,1984 年政府关于农民进城就业的控制政策开始松动,对劳动力市场的垄断被打破,而在这之前的 30 多年里,我国的劳动政策基本上没有发生根本性的变化。

第三节　农村劳动者进城就业政策历史

我国农村劳动力随着经济体制改革的深化,不断向非农业转移,这是中国工业化、城市化和现代化的基本途径,是历史发展的必然趋势。回顾农村劳动力进城就业政策,它与体制改革的不同阶段相对应,大致经历了四个不同阶段:第一阶段是适当放松限制农村劳动者进城就业阶段;第二阶段是控制农村劳动者盲目进城就业阶段;第三阶段是积极引导农村劳动者进城就业阶段,取消对农村劳动力进入城镇就业的不合理限制,引导农村剩余劳动力在城乡、地区间的有序流动;第四阶段是扶持农村劳动者进城就业阶段,改革城镇户籍制度,形成城乡人口有序流动的机制。以下具体分析农村劳动者进城就业政策。

① 岳经纶:《中国劳动政策:市场化和全球化的视野》,社会科学文献出版社 2007 年版,第 298 页。

一、适当放松、适当控制农村劳动者进城就业政策阶段：20世纪70年代末—80年代末

在此阶段，农村劳动者进城就业表现为"离土不离乡"，由控制流动转向允许流动。1989年后，国家对之前的政策进行局部调整，通过加强对盲目跨地域流动的约束，对农村劳动者进城就业进行控制，实现了减轻农村劳动者进城就业跨地域流动给城市工作与社会生活造成被动的目标。此阶段农村劳动者进城就业主要是在农村内部（本村或就近的乡镇企业）从事非农产业，具有兼业性质的低成本转移，呈现盲目自发流动的特点，属于无序流动阶段。

（一）"民工潮"现象

此阶段我国的政策以改革开放为主要内容，同时实行对外开放，政府实施了一系列有利于城乡发展和农村劳动者进城就业的措施，东部地区大力发展劳动密集型产业，沿海开放地区加工贸易持续升温，城市第二、第三产业的迅猛发展而创造的就业机会和高收入吸引农民进城。由于农村劳动者进城就业的规模越来越大，近半数农村劳动力转入非农产业，引发了大规模的劳动力跨区域流动，1989年春季的广州首次出现了我国就业特有的"民工潮"现象。20世纪90年代初期的大批农村劳动力无序流入城市，"民工潮"使交通运载能力和城市承受能力受到巨大挑战，给城市生活秩序造成了巨大的压力，但"民工潮"是中国工业化发展过程中劳动力要素重新配置的表现，农民进城就业是一种社会发展的必然趋势，在工业社会发展过程中，城镇化的后果就是大量农村人口进入城镇就业，总的来说利大于弊。

（二）农村劳动者进城就业政策

(1) 允许农民进城就业经商的政策。1984年10月，国务院发布《关于农民进入集镇落户问题的通知》，规定凡在集镇就业、经商、办服务业的农民和家属，在集镇有固定住所，有经营能力，或在乡镇企事业单位长期就业，准许落常住户口，口粮自理。此项政策表明政府的态度：农民进入城市是农民自己的事情，要建立在有自立能力的基础上，政府不会为进入城镇的农民提供相关公共服务。自此，实行了30多年的限制城乡人口流动的就业管理制度开始松动。

(2) 鼓励乡镇企业发展的政策。1984年10月，国务院发布《中共中央、国务院转发农牧渔业部和部党组〈关于开创社队企业新局面的报告的通知〉》，确立了乡镇企业在国民经济中的地位，随着乡镇企业的发展，党中央制定和出台了一系列政策，如家庭联产承包责任制的政策，以及在农村实行村民自治与对外开放引进外

资、发展乡镇企业的政策，使乡镇企业得到迅速发展，成为农村劳动者进城就业的重要方向。

(3) 20 世纪 80 年代后期，政府适应当时的经济环境，为控制农村劳动者有序流动，及时调整了农村劳动者进城就业政策。这一时期出台的主要政策法规有：国务院办公厅 1989 年初发出的《关于严格控制民工盲目外出的紧急通知》、1990 年 4 月的《关于做好劳动就业工作的通知》，1991 年初国务院办公厅发出的《关于劝阻民工盲目去广东的通知》，1991 年民政部发出的《关于进一步做好劝阻劝返外流灾民工作的通知》等。① 各级地方政府通过具体政策措施，如积极动员准备外出就业的农民坚持就地转移就业，到车站、码头等现场劝阻外出寻找工作的农民，在国有企事业单位清理临时工，对盲目流动的农民实行收容遣返等方式，控制农村劳动力盲目进城就业。

（三）农村劳动者进城就业政策评价

此阶段尽管市场导向的农村经济改革为农民的流动创造了条件，但是，由于户籍管理制度和城镇用工制度的约束，为避免对既成城乡秩序造成严重冲击，政府对于农民流动就业的政策主要倾向于制约，政府通过给农民松绑，有条件地允许农民进城，给农民在经济、社会与政治生活等各方面以自主权，限制性使用农村劳动者。此阶段农村劳动力向城镇流动的规模、范围比较小，很少有进城就业的，乡镇企业成为吸纳农村剩余劳动力的主要形式，农村劳动力开始了改革开放后的第一次大规模转移——进入乡镇企业就业。

农村劳动者进城就业政策注重对农村劳动者进城就业的硬性管理，政府通过积极发展多种经营与乡镇企业引导农村劳动者进城就业，使得农村劳动者外出异地就业人数增加总体放缓；通过对进城就业的农村劳动者实行就地转移、离土不离乡的引导，在一定程度上减轻了农村劳动者进城就业对城市的冲击；针对农村劳动者进城流动就业的特点，在交通管理、治安管理、计划生育、用工制度等方面进行了政策创新的尝试，产生了一定的积极作用，在实践中取得了一定的成效。但是，城乡居民身份差异给农村劳动者的自由迁移增加了成本和风险，政府将农村劳动者进城就业视为影响社会秩序的一种负面因素，政策以控制农村劳动者进城就业为重点，例如，实行对民工的行政性限制和歧视性收费的市场准入歧视，导致了农村劳动者跨地域流动就业的短期控制与长期转移农村劳动力之间的矛盾。

① 赵曼，杨海文等：《21 世纪中国劳动就业社会保障制度研究》，人民出版社 2007 年版，第 63 页。

二、正面引导农村劳动者进城就业政策阶段：20 世纪 90 年代初—21 世纪初

在此阶段，农村劳动者开始大规模进城流动就业，就业表现为“离土又离乡”的异地转移。为了使农村劳动力流动有序化，政府开始采取正面疏导的政策，通过实施农村劳动者进城就业有序流动工程，引导农业劳动力从无序流动转向规范流动，以实现进城就业的农村劳动者自由流动就业、规范就业的目标。

（一）政策产生的背景

1992 年，中共“十四大”确立了建设社会主义市场经济，大量外资进入沿海地区，为农村劳动者进城就业提供了巨大的就业空间，当年中国出现了 4 600 万进城就业的农村劳动者局面。① 同时政府取消了食品和生活必需品按计划凭票供应的制度，为农村劳动者进城就业重新启动大规模流动提供了条件，农村剩余劳动力转移进入新阶段。但是，前一阶段政府的允许与鼓励政策引发了大规模盲目流动的民工潮，1993 年后，政府对农村劳动力的流动政策开始发生变化，提高农村劳动者进城就业流动的组织化、有序化程度，侧重于控制与管理，政策以有序管理为特征，引导农村劳动者规范就业。

（二）农村劳动者进城就业政策

中共中央于 1993 年发布《关于建立社会主义市场经济体制若干问题的决定》，1998 年发布《关于农村和农村工作若干重大问题的决定》；国务院相继推出《关于加强流动人口管理工作的意见》（1995 年）、《关于小城镇户籍管理制度改革的试点方案》（1997 年）、《关于当前户籍管理中几个突出问题的意见》（1998 年）、《关于做好灾区农村劳动力就地安置和组织民工有序流动工作意见的通知》（1998 年）、《关于推进小城镇户籍管理制度改革的意见》（2001 年）等。劳动部相继出台《关于印发〈再就业工程〉和〈农村劳动力跨地区流动有序化——“城乡协调就业计划”第一期工程〉的通知》（1993 年）、《关于建立社会主义市场经济时期劳动体制改革总体意见》（1993 年）、《关于促进劳动力市场发展，完善就业服务体系的实施计划》（1994 年）、《关于农村劳动力跨省流动就业的暂行规定》（1994 年），并在此基础上，于 2000 年 10 月，劳动和社会保障部、农业部等七部门发出《关于开展农村劳动力开发就业试点工作的通知》，提出开展城乡统筹就业试点的要求，在沿海和经济发达地区及部分具备条件的中西部地区，选择一些中小城市或县城，逐步建立统一、开放、

① 岳经纶：《中国劳动政策：市场化和全球化的视野》，社会科学文献出版社 2007 年版，第 300 页。

竞争、有序、城乡一体化的劳动力市场，加快城市化进程。

（三）农村劳动者进城就业政策实践

1994年国家实行“有序化工程”，发展有组织的劳务输出，鼓励和引导农村剩余劳动力向非农业转移和地区间有序流动。劳动部和国际劳工组织在河北、江西、甘肃共同发起“农村就业促进试点项目”，通过职业技能培训、劳务输出、小额贷款支持等多种途径，直接帮助近3万名农村富余劳动力实现了充分就业。劳动部推出“城乡协调就业计划”第一期工程，部署“农村劳动力跨地区流动有序化”，计划在全国形成劳动力流动的基本制度、市场信息系统和服务网络，开展农村劳动力就业促进和城乡统筹就业工作。2001年3月，劳动和社会保障部召开“中国农村就业促进试点项目”总结评估会，提出要在更大范围内推广农村就业试点项目的经验成果，进一步加强农村就业培训工作，探索解决农村就业问题的政策措施。

虽然此阶段农村劳动者开始大规模进城就业，政府鼓励农村劳动者进城自由流动就业，允许其跨地区就业，进而取消对农民进城就业的不合理限制，但在城市内部还存在另一种形式的二元体制，即农民工就业体制。① 如部分省市出台了一些限制农村劳动者进城就业的政策与措施，或者对允许农村劳动者进城跨地域流动就业的地区、行业与时间作出规定，禁止进城就业的农村劳动者在政策范围外盲目流动。北京市劳动局1996年制定了《1996年本市允许和限制使用外地人员的行业工种范围》（北京市劳动局通告第2号），明确规定了允许使用外地工的行业是12个，共204个工种，这些工种基本上都是城市人不愿干的脏、苦、累、险、毒的苦差事；在政策执行中，各地还有具体的招工条件限制；对农村劳动者进城就业的流动行为进行包括暂住证、婚育证、外出就业证、身份证等在内的证件管理；对证件不全者或无证人员，采取罚款、补办证件或强制遣送等措施。

三、积极扶持农村劳动者进城就业政策阶段：自2002年起

随着我国市场经济的加速发展，农村劳动者进入城市的速度大大加快，规模更加壮大。在深入推进建设社会主义市场经济和基本政策调整的背景下，农村劳动者进城就业政策由正面疏导发展到积极扶持阶段。此阶段的农村劳动者进城就业政策重点转向保护农村劳动者进城就业权益，政府通过打破城乡分割体制，扶持农村劳动者进城就业，建立城乡统一的劳动力市场，在渐进发展中使进城就业的农村劳动者由城乡统筹进入城乡一体，实现公平就业的目标。

① 陆学艺：《当代中国社会流动》，社会科学文献出版社2004年版，第333页。

（一）积极扶持政策产生的背景

进入新世纪，我国农村劳动者进城就业队伍不断壮大，进城就业的农村劳动者成为产业工人的主体，政府决策者开始把农村劳动者进城就业问题作为劳动决策的主要内容，农村劳动者开始成为劳动政策的目标群体，政府积极调整农村劳动者进城就业政策，在劳动立法、社会保障、劳动力市场和劳动关系等政策领域重视进城就业的农村劳动者权益，积极引导他们的有序流动。2002 年，温家宝总理在中央农村经济工作会议上提出了"公平对待，合理引导，完善管理，搞好服务"的 16 字方针，自此农民工问题进入政府劳动政策议程，进城就业的农村劳动者成为与城镇职工一样受劳动法律和劳动政策保护的普通劳动者，从此改变了一直以来在农村劳动者进城就业政策上重管理、轻权益，不注重维护进城农民的合法权益的问题。

（二）农村劳动者进城就业政策

1. 具体政策

2003 年，国务院接连发出三个有关农村劳动者进城就业问题的文件：《国务院办公厅关于做好农民进城务工就业管理和服务工作的通知》（国办发[2003]1 号）提出了政策原则，规定了六方面的政策内容；"国办发 78 号"、"国办发 79 号"文件，分别对进城就业的农村劳动者子女的义务教育问题及进城就业的农村劳动者技能培训问题作出专门规定，完善就业教育制度，加强对进城就业的农村劳动者的职业教育和技术培训以及在岗培训指导服务；2004 年中央"一号文件"首次提出"农民工已经成为产业工人的重要组成部分"，把进城就业的农村劳动者正式列入了产业工人的队伍，劳动和社会保障部发布《关于农民工参加工伤保险有关问题的通知》，要求用人单位必须及时为进城就业的农村劳动者办理参加工伤保险的手续；2005 年初，国务院又发布了进一步改善农民工就业环境的 5 号文件。

2. 具体措施

2005 年 10 月，劳动和社会保障部提出采取四大措施进一步改善进城就业人员的就业环境，鼓励引导劳动力在地区、行业间的流动，消除限制农村劳动力合理流动的歧视性政策，逐步解除农民进城的管制，积极推动建立有利于农村劳动者进城就业参加的养老保险制度，为进城就业人员提供良好的就业服务。加强对进城就业人员的职业技能培训，加大劳动保障监察执法力度。

（三）农村劳动者进城就业政策实践

此阶段农村劳动者进城就业及其相关问题已经进入中央政策议程，维护农村劳动者进城就业权益的法律和政策陆续出台。农村劳动者进城就业政策既注重对农村劳动者进城就业进行有序化管理，也重视维护农村劳动者进城就业的相关权益，为其提供相应的公共服务。从2005年起，全国大中城市公共职业介绍机构向进城就业的农村劳动者开放，为进城求职农民提供信息引导，农村劳动者进城就业可以免费享受公益性就业服务。各地还向进城求职农民广泛发放“春风卡”，内容包括公共职介机构、求职指南、维权注意事项和举报电话等，让进城就业的农村劳动者更好地了解政策信息，维护自身合法权益。劳动和社会保障部等六大部门联合制订了《2003—2010年全国农民工就业培训规划》，要求各级政府和有关部门根据国家职业标准和不同行业、不同工种、不同岗位对从业人员基本技能和技术操作规程的要求，安排培训内容，设置培训课程。

第四节　农村劳动者进城就业政策分析

我国大批农村劳动者进城就业从工业化后期开始，这是工业化、城市化的必然结果。由于农村劳动者人数众多，我国政府一直无法利用行政力量阻止其进城就业，目前他们已成为我国城市中具有活力的劳动大军。但自2003年春季开始，在我国南方沿海地区出现了每年一次的“民工荒”，这与长期以来存在的“民工潮”现象并列成为奇特的进城就业农村劳动者务工难现象。为了有效管理无序的劳动力流动，我国政府陆续出台了一系列有关农民工的政策，虽对农村劳动者的劳动权益保护起到了重要作用，但劳动政策的实际效果仍与政策预期出入很大。因此进入21世纪后，中国进城就业劳动者问题进入了政府政策议程，并出台了一些保护农村劳动者的政策。农村劳动者进城就业政策的重点是扩大就业、实施积极的劳动政策，通过引导进城就业的农村劳动者有序流动，提高他们的就业能力，以实现传统农民的终结，使他们也拥有自由和全面发展的机会，实现社会的公平和正义。

一、农村劳动者进城就业政策模式

（一）农村进城就业劳动者的管理模式①

1. “门户开放”模式

一些沿海发达地区的城市对农村劳动者进城就业基本实行“门户开放”政策，

① 张坤：《什么样的值得我们喝彩——进城务工青年创业发展座谈会实录》，《中国青年报》，2001-8-22。

特别是广东省的许多中小城市，进城就业的农村劳动者已经成为当地劳动力的主要组成部分，甚至超过了当地劳动力或当地人口。广东省的佛山、深圳、中山等地将城镇化水平较高的农村地区居民统一转为非农业户口，实行城市化管理，为下一步统一城乡户口登记制度奠定了基础。近年来，河北、山东、重庆等十二个省市取消了农业户口和非农业户口的二元户口性质划分，统一了城乡户口登记制度，统称为居民户口。

2. “限制就业”模式

一些城市在对待农村劳动者进城就业参与竞争时，对就业工种、专业、人数、使用期限、报酬等方面不同程度地出台了限制性政策，如上海等特大城市对农村劳动者进城就业实行自相矛盾的政策：一方面由于城市的迅速发展，特别是基础设施和住宅建设的发展不得不大量使用进城就业的农村劳动者；另一方面为了解决当地下岗职工的就业出路问题，又采取歧视进城就业的农村劳动者的各种做法，规定了几十种工作岗位不得雇用未持证的外来劳动力。上海市劳动和社会保障局在2001年提出的单位招用外来人员须知中，明确禁止五类岗位使用外来人员，包括：党政机关、企事业单位、社会团体的各类工勤人员，社会公益性保洁、保绿、保养、保安人员，物业管理从业人员，各类商店营业员，场、车站、码头清洁工；并要求上述五类岗位已经使用外来人员的单位，于2001年6月30日前予以清退。对于用工单位未经批准使用外来人员，一经查实，劳动和社会保障部门将责令其在限期内清退，并补缴管理基金，另按每人500～2 000元的标准处以罚款。虽然目前全国大部分地区已经取消了这种行政性限制和歧视性收费，但在少数大中城市还有不同形式的痕迹，非本地户籍人员的就业受到种种限制和歧视的现象没有得到根本改变。

3. “半开放歧视”模式

由于失业人群对当地政府构成重大的社会压力，许多地区在招收外来劳动力方面，采取“先本市、后外地，先城市、后农村”的歧视性做法，如对使用外来劳动力的单位，每使用一人须向政府缴纳一定的手续费，用于建立富余人员安置基金。2006年，北京市劳动局还发出了《北京市劳动局关于用人单位招用外地务工人员有关问题的通知》(京劳就发[1996]74号)，明确要求用人单位招用外地人员应严格坚持“先城镇、后农村，先本市、后外地”的原则。下岗待工人员较为集中的系统，要严格控制外地务工人员的使用数量，按市劳动局1996年2号通告精神，属于限制使用外地人员的行业、工种，必须招用本市人员。

（二）农村进城就业劳动者的社会保障模式

我国缺乏全国统一的法规明确农民工社会保障模式，一些地方政府根据当地实际情况，针对进城就业的劳动者流动性强、城镇职工基本养老保险只能实现省级以下统筹的特点，对建立农村劳动者进城就业社会保险制度进行了积极的探索，出台了一些有关农村劳动者进城就业社会保障的政策法规，但地区间的差异和不平衡导致对他们的社会保障无法在全国范围内进行衔接。针对农村进城就业劳动者的社会保障大体分为三种情况：第一种是执行现行城镇社会保险制度，农村劳动者进城就业与城镇职工实行同等缴费、享受同等待遇。第二种是在现行城镇社会保险制度框架内，根据农村劳动者进城就业的情况适当降低门槛。第三种是针对外来从业人员实行单独的社会保险制度。如上海、成都，养老、医疗、工伤捆绑式参保，解决了外来从业人员的医疗保障问题。2002 年，上海市推出了《外来从业人员综合保险暂行办法》，规定凡符合条件的单位和个人，必须办理综合保险。为外来就业人员（农村劳动者进城就业）建立了综合保险制度，包括了老年补贴、工伤（或者意外伤害）和住院医疗三项保险待遇。深圳市规定对外来工单独实行住院医疗保险，由用人单位按本市上年底职工平均工资的 1%缴费，单独建立外来工住院医疗保险。

我国政府在第八届人大二次会议上通过的《政府工作报告》中明确指出：我国农村剩余劳动力向非农业转移和地区间的合理流动，是经济发展的客观要求，要积极引导、加强管理、有步骤地进行。我国应当逐步建立起符合城乡一体化的非歧视性劳动力市场，消除城乡、工农利益矛盾趋于激化的潜在威胁，政府采取疏导的策略，在对农村劳动者进城就业不对城市发展与就业带来大的冲击的前提下持积极的态度，采取有针对性的措施疏导农村剩余劳动力就业。根据城市经济社会发展的具体需要和城市的人口容量、劳动需求增量，考虑城市自身的劳动供给，有选择地吸收外地劳动力进城就业。① 进城就业的农村劳动者养老保险总的发展趋势应该是纳入城镇职工基本养老保险，但在制度设计上必须保证其与新农保制度相衔接，如果原来参加农村劳动者进城就业养老保险的农村劳动者想回到农保制度，应该可以根据其缴费金额或缴费时间转换为参加新农保制度。

二、农村劳动者进城就业政策问题

一直以来，我国政府将进城就业的农村劳动者排除在劳动政策主体之外，对农村劳动者进城流动就业依旧采取“计划式、二元分割式、防范式”的政策管理体制，政府一直企图利用行政力量控制农村劳动者向城市流动，劳动政策也常常忽视他们的权益保护，含有各类限制性、歧视性的就业政策和规定，特别是政府在促进农村劳动者进城就业的主动性方面，存在着一定的问题。

① 姚裕群：《走向市场的中国就业》，中国人民大学出版社 2005 年版，第 192 页。

（一）农村劳动者进城就业政策缺乏同一性

农村劳动者进城就业问题的出现是计划经济时代城乡二元就业体制向市场经济体制转型的产物，在我国的政策法规层面缺失进城就业劳动者的综合治理法规，使他们长期处于政府劳动政策视野之外。改革开放以来，国家针对农民的制度性就业壁垒虽逐渐在松动，但这种松动始终随着经济形势的变化而反复，政策明显缺乏连续性。如在2008年初用工短缺和《劳动合同法》出台的背景下，最低工资的执行似乎不容置疑。但到了2008年末和2009年初，随着金融海啸的来袭，又出现了最低工资缓行的言论；①在政策实践中，针对进城就业劳动者的政策也不能切实保护他们的权益，存在应对性明显的政策倾向等；在政策效力层面也不完整，使得中国农村劳动者进城就业政策在执行中一定程度上丧失了权威性，在与强势竞争群体博弈时，相关政策无法真正发挥作用，农村劳动者进城就业在政策保护上容易处于被动地位，近年来更是频发"民工荒"等现象，从一定程度上反映了劳动政策的缺失。

（二）农村劳动者进城就业政策缺乏公平性

由于众所周知的二元社会对城市户口与农村户口的产业工人过去长期实行区别对待的政策存在歧视性，农村劳动者进城就业一直游离于统一就业体制之外，在就业、社会福利、享受公共服务与政治权利上与城市劳动者差距极大。以户籍制度为主的二元体制以及建立在其之上的医疗、住房、教育和就业等歧视性待遇，是当前农村劳动者进城就业的主要障碍之一。进城就业的劳动者权利长期被忽视与侵犯，就业歧视导致他们的工资收入远低于城镇员工，参保能力也有限，无法享受政府的就业资源和政策，导致农村劳动者难以在城市立足，制约了农村劳动力转移就业，进而影响市民化和城市化的进程，最终延缓二元经济结构的消除。

（三）农村劳动者进城就业政策存在低效性，实施不到位

农村劳动者进城就业政策在推进过程中，应保持一定的可行性。现行的政策执行和落实十分不力，②在实施上存在的低效问题一方面表现为，农村劳动者在城市生活中长期存在诸多尖锐的问题，解决的难度大。如给予进城就业的农村劳动者的城市待遇问题，因涉及复杂的农地制度改革、户籍与社会保障制度调整等原因而进展不大。另一方面表现为农村劳动者进城就业流动性大，许多相关劳动政策受各方利益博弈、认识程度等政策资源的限制，不能在各地流通，其后果要么是根

---

① 张智勇，梁东新：《政策冲突与农民工就业权益保障——基于户籍制度的视角》，《社会保障研究》，2009(4)。

② 吴忠民：《中国劳动政策问题分析》，《当代世界与社会主义》，2009(2)。

本没有执行，要么执行不下去，或者在执行中变形，很难真正保障其权益，实施的效果也不理想。如关于农村劳动者进城就业子女在城市的上学问题，一些地方政府也开始执行国家政策，接收进城就业农民工子女入学，但常常设置种种限制条件。

三、农村劳动者进城就业政策建议

中国的劳动政策在市场化与全球化的影响下，追求效率至上，忽略公平，使得劳动政策从属于经济政策，出现了严重失衡。为了建立适应市场经济体制的新型劳动力市场，切实解决农村劳动者进城就业的实际问题，政府需要渐进发展劳动政策，在以人为本的科学发展观指导下，由消极应对发展转为积极引导，由控制、放松政策进而转变为引导为主，消除农村劳动者进城就业这一中国市场转型期出现的过渡性的特殊劳动者阶层，引导农村劳动者进城就业，缩小与城市工人的差距，真正融入城市社会中。

（一）夯实城市化，改革进城就业劳动者的治理体制，采取渐进方式彻底解决进城劳动者的就业问题

中国进城就业的劳动者是在城乡二元经济体制的基础上起步，在现代化、城乡互动改革开放政策的进程中发展起来的。今天的中国城市化并不是盲目扩大城市规模和升级美化城市建设，要彻底解决农村劳动者进城就业问题，需要通过农村城市化的发展，改变生产方式，加快企业经济结构升级换代，通过产业升级、制度创新来改变农民由农村向城市大规模迁移的现象。农村劳动者进城就业后要成为真正的城市人，需要改革城市治理，实现城市彻底的整合与和谐，而不是将众多在城市发展过程中多年参与建设的外来人口不断从城中村、城郊村赶走的逆城市化。① 但是我们也要看到我国人口众多，地区发展极不平衡。从长远来看，地域不平等和城市分层是客观事实，要真正将农民纳入城市治理的轨道，实现城市化，绝不可能是单一的模式，而实现农民最终融入城市，也需要一个较长的历史过程。②

（二）统筹城乡发展，建立自由流动、公平统一的劳动力市场

中国城乡隔绝的户籍制度和土地制度阻断了农民转为市民，畸形的城市化会造成城市化与工业化的脱节，成为现代化的主要障碍。要消除农村劳动者进城就业的体制和政策障碍，改变我国当前劳动力市场建设落后的局面，使他们真正成为城市建设与管理的主人，需要政府改革现有的劳动就业制度、城乡户籍制度，统一

---

① 华生：《主要矛盾已改变，调整改革思维迫在眉睫》，《南方周末》，2010-3-4。
② 韩克庆：《农民工社会流动研究：以个案访谈为例》，《中国人民大学学报》，2006(6)。

城乡就业政策，建立平等的就业机制。一方面，地方政府应根据本地实情进行农村劳动者进城就业输出与输入政策创新，改革城市的社会管理体制，将农村进城就业的劳动者全面纳入城市的管理体系，消除限制进城就业的农村劳动力合理流动的歧视性政策，使他们能够在城市获得与市民平等的待遇，具有参与城市治理的权利。另一方面，建立对劳动力市场的动态监测，规范劳动力市场运作秩序，为农村劳动者进城就业建立正规劳务中介市场，降低进城就业的成本，健全劳动力市场的服务体系，提供良好的就业服务。

（三）培育农村劳动者进城就业能力，完善有效的职业培训制度

进城就业的农村劳动者待遇低、工作环境差的重要原因是他们职业素质不高、职业技能欠缺。要提高进城就业农村劳动者的职业水平，改变农民工就业集中在劳动密集型企业，主要从事简单的体力型岗位的局面，必须增强农村劳动者进城就业的综合素质和就业能力，完善农民工职业培训体系。一方面，在城市，由政府主导规范职业技术培训体系，整合各类培训资源，创新培训。要做到这一点，政府要加大对进城就业的劳动者培训的力度，提供平等的职业培训、技能培训等必要的服务，发展多层次的技能培训体系，提高农村劳动者的工作水平，提高技能培训的实效性；同时政府保障进城的农村劳动者子女的平等受教育权利，解决他们的义务教育问题，建立公平的教育体系，使他们真正融入城市。另一方面，在农村，系统开展职业教育，进行职业培训和就业训练，为城市现代产业提供源源不断的具有中等教育水平的熟练工人；加快普通教育的发展，教育公共资源向农村倾斜，扩大教育供给规模，平衡城乡之间的教育资源，从根本上解决农村地区教育水平低下的问题。

（四）建立科学的进城就业劳动者保障机制，进行定期性、经常性的劳动监测，防止出现侵犯农民工合法权益的行为

中央政府是劳动政策的重要制定者，地方政府是劳动政策的重要执行者，他们都具有保护农民工利益、维护劳动关系和谐的责任。因此，一方面，应改革城市治理体制，使农村进城就业的劳动者在生产、管理与工资、福利、社会保障和其他社会权益方面与城市劳动者有相同待遇。同时，细化和完善相关劳动法规，改进对劳动合同、工资支付、劳动保护的监管制度，完善农村劳动者在城市就业与生活的社会保障制度。如不断扩大农村进城就业劳动者社会保障的覆盖面，适应农村劳动者进城就业流动大的特点，使其社会保险权益可以方便转移接续，并保证其在流动就业过程中社会保障权益不受侵害。① 另一方面，应积极建立有效的农村劳动者进

① 中国农民工问题研究总报告起草组：《中国农民工问题研究总报告》，《改革》，2007(3)。

城就业组织体系,积极支持农村劳动者进城就业加入各类社会组织,让农村劳动者进城就业有自己的利益代表。为进城就业劳动者提供表达利益要求的制度渠道,得到与城市职工同等的待遇,教育农村劳动者树立依靠自身力量维护权益的意识。

本章小结:

随着中国工业化、城市化的发展,农村劳动者进城就业已不再是一般意义上的人口流动。本章通过对农村劳动者进城就业现状的考察,探讨农村劳动者进城就业遇到的诸多问题,具体分析了进城就业问题产生的深层原因,对新中国各个历史阶段就业政策的演变过程进行了回顾。一直以来,我国劳动政策忽视对农村劳动者进城就业政策的关注,存在各种歧视农村劳动者进城就业的政策,在一定程度上阻碍了社会的和谐发展。现今在农村劳动者进城就业政策与实践中存在的问题与难题已不能用旧的管理方式来解决,为了促进中国经济结构变革、夯实城市化进程,政府需要进行劳动政策创新,制定公平的农村劳动者进城就业政策,保证农村劳动者进城就业的劳动权益,平等地对待农村劳动者进城就业,使之享有与当地城市居民同等的权利,实现劳动政策由歧视向平等的转变。

案例分析:

政府:应当编织一张安全网,保护农村劳动者进城就业的合法权益。

由于相当多的企业不按《劳动法》规定与进城就业的农村劳动者签订劳动合同,导致农村劳动者进城就业缺乏许多权益保障。为此,全国总工会正在推动农村劳动者进城就业工会组建工作,要求总承包企业和专业承包企业工会,必须吸收直接使用的农村劳动者进城就业入会,指导进入工程项目的劳务队伍建立工会组织,通过工会组织,切实保障和维护农村劳动者进城就业的合法权益。同时,劳动和社会保障部发布《关于农村劳动者进城就业参加工伤保险有关问题的通知》,解决建筑、矿山等工伤风险较大、职业危害较重行业的农村劳动者进城就业参加工伤保险,避免出现农村劳动者进城就业工伤认定难和赔付难的问题。各级劳动保障部门加大了对农村劳动者进城就业参加工伤保险的宣传和督促检查力度,促进农村劳动者进城就业参加工伤保险,加大工伤保险覆盖面,出台了农村劳动者进城就业参保的细则。工伤保险正在为农村劳动者进城就业编织一张"安全网",切实保障农村劳动者进城就业的工伤保险权益。

企业:注重岗前培训,提高农村劳动者进城就业的安全意识。

根据对农村劳动者进城就业安全生产事故的统计分析，违反操作规程或劳动秩序以及生产场所环境不良成为事故发生的主要原因，占总数的70%。提高农村劳动者进城就业安全意识，对员工进行安全培训，是实现企业与员工双赢的手段之一。针对不同的培训对象而制订出一种具体、多样化的培训方式，使参训农村劳动者进城就业真正从心里提高对安全的认识。

社会：一视同仁，解决农村劳动者进城就业的后顾之忧。

保护他们的合法权益，实行与城镇劳动力统一的就业管理制度，真正做到一视同仁。劳动和社会保障部日前宣布，以往专门对跨地区就业农村劳动力实行的流动就业卡管理被废止，农村劳动者进城就业不再办"流动证"。各地劳动保障部门将清理农村劳动者进城就业的限制性政策，取消不合理收费，并会同公安、工商等部门开展对劳动力市场的集中整治，打击职业介绍领域的各种违法犯罪活动，取缔各类非法职业中介机构，严厉打击欺诈行为。

思考题：

1. 请解释农民工的含义。
2. 请说明农民工就业的途径和流向。
3. 简述农民工的特点及意义。
4. 简述农民工就业存在的歧视问题。
5. 论述农民工政策的历史。
6. 请说明农村进城就业劳动者的管理模式。
7. 简述农村劳动者进城就业政策存在的问题。
8. 论述农村劳动者进城就业的政策建议。

第七章 发达国家劳动就业政策理论与实践

引导案例

“5 000×5 000”的就业模式[①]

2001年8月,德国大众汽车集团公司与德国五金工会就一份新型劳资协议达成一致,创造了一种全新的就业模式。这种被称为“5 000×5 000”的就业模式最早由大众集团总裁皮尔于2001年6月正式提出,其基本内容是:大众新建一家制造家用型“微型货车”的工厂,并为此安置5 000名失业工人。这些工人的月工资不受实际工时影响,一律为5 000马克。但工人必须定时接受培训,否则就拿不到全额月薪。

案例讨论题:

1. 德国就业形势怎样?
2. “5 000×5 000”的就业模式反映了德国就业政策发生了怎样的变化?

第一节 发达国家劳动就业政策理论

失业与就业是市场经济国家的伴生现象,自其出现之日起就成为困扰各国政府的难题之一,长期实行市场经济的国家为解决失业问题,进行了大量的研究,经

① 郑秉文:《全球化对欧洲合作主义福利国家的挑战》,《世界经济》,2002(6)。

过几个世纪的探索，其就业理论与政策的研究进展很快，形成了适应市场经济需求的多角度、多层次的就业理论。如古典经济学派的就业理论、凯恩斯的充分就业理论、新古典综合学派的就业理论、新凯恩斯主义的工资粘性就业理论等。这些理论对各国的劳动政策与实践产生了持续的影响，同时各国的就业实践又进一步丰富和完善了劳动就业理论。

一、古典经济学派的“否定失业存在”理论

18 世纪晚期至 19 世纪中叶，以亚当·斯密、大卫·李嘉图为代表的古典经济学派提出自由市场竞争理论，反对政府干预，到了 19 世纪末 20 世纪初，以萨伊、阿尔弗来德·马歇尔为代表的经济学家，将以生产成本分析为中心的供给理论和以边际成本分析为中心的需求理论加以综合，创立了新古典经济学派，提出市场调节、平衡就业的主张。古典学派将自由竞争作为前提条件，主张市场调节平衡就业，否定了失业问题的普遍性。其基本内容是：劳动供给会自行创造需求(萨伊定律)，一个均衡的劳动市场，没有劳动力资源被闲置或被浪费现象，所以它同时又是个“充分就业”的市场，失业问题是劳动力市场竞争不充分所导致的结果。长期持续的非自愿失业不可能存在，存在的只是自愿失业和短期性的摩擦性失业。要解决失业问题首先要解决劳动力市场竞争不充分的问题，通过消除货币工资的刚性，使货币工资能够随劳动力市场的需求而发生相应的变化，供求平衡时的就业量就是充分就业水平。

二、凯恩斯的“有效需求不足”理论

1929 年到 1933 年的世界性经济危机给西方各国带来规模空前的失业，经济大萧条中诞生的凯恩斯经济学的政府干预经济理论，从根本上动摇了古典经济学中的就业理论所奉行的市场自动调节而达到均衡的观点。1936 年，凯恩斯发表了《就业、利息与货币理论》，主张国家干预的充分就业理论应运而生，并成为战后主要西方国家的主流经济理论。该理论要求政府放松银根，增加流动性，扩大财政支出，其基本内容包括：① 自由市场制度是经济危机的产生根源，失业的原因在于有效需求不足，而不是像古典经济学家萨伊所认为的那样，“供给会创造它自身的需求”。② 失业分为摩擦性失业、自愿失业和非自愿失业，非自愿失业是一种需求不足的失业。现代资本主义一般情况是有效需求不足，充分就业只是资本主义经济的一种特例，这是市场经济机制自发作用下的必然产物，即总供给价格和总需求价格达到均衡时的总需求不足，由此造成较多的社会失业，即不充分就业。③ 主张通

过国家扩张性宏观经济政策实现充分就业，摒弃自由放任的经济政策，通过扩大财政支出、减少税收等来刺激需求，实施需求管理，依靠国家干预，解决经济危机，达到社会充分就业水平。

三、新古典综合派的“结构性失业”理论①

20 世纪 60 年代末，各主要资本主义国家的经济相继陷入停滞的困境，人们开始怀疑政府干预为主的凯恩斯理论。因而以托宾、杜生贝、萨缪尔森等经济学家为代表的新古典综合学派经济学家提出“结构性失业”，力图用市场结构的变化来解释失业问题。他们认为，是微观市场的不完全性和结构变化引起高通货膨胀和高失业率并存的现象，结构性失业是因经济结构的变化而引起的劳动力供给和需求的结构失调，必然引起失业与工作空位并存。由于强大的工会力量使工资易涨不易跌，所以尽管社会上存在着失业，但货币工资却不下降，而只要存在工作空位，货币工资就会迅速上升。于是，失业与工作空位并存就转化为失业与货币工资上涨并存，进而转化为失业与通货膨胀的并发症。该理论主张从就业内容或就业结构角度来解决结构性失业问题，如政府要指导收入政策，即政府要采取措施限制工资和物价的上升，以缓和通胀；注重完善劳动力市场，缓和因劳工市场技术结构变化造成的失业；适当修改完善失业补助金制度，激励失业者就业。

四、新凯恩斯主义“工资粘性”理论

20 世纪 80 年代，由凯恩斯主义发展而来的新凯恩斯主义理论，从微观经济学的基础上解释工资粘性和失业问题，研究劳动力市场上工资与价格的名义粘性和实际粘性，说明劳动力市场失业发生的必然性，从而进一步强调政府干预的必要性。其基本内容包括：① 名义工资粘性是由于长期劳动合同的存在和错位调整工资所致，通常是由工会与企业通过谈判而固定下来的，受有合同的企业粘性工资的影响，工资不会轻易变动。② 实际工资粘性是造成失业的主要原因。新凯恩斯主义认为应该更多地考虑长期失业者的利益，为他们多提供就业机会，政府应该干预劳动工资合同，使工资较有弹性，以提高就业率。③ 效率工资论。雇主会主动付给员工高工资，以提高员工的生产积极性，提高跳槽和偷懒的机会成本，同时吸引有能力者及高技术人才。致使工资调整主要取决于在职人员而不是失业者，可能出现非自愿性失业。因而要解决失业问题，政府就要干预工资合同，要减少工资粘

① 王传荣：《经济全球化过程中的就业研究》，经济科学出版社 2007 年版，第 20 页。

性，增加工资弹性，使工资能够适时适度灵活调整。

五、发展经济学派的“劳动无限供给”理论

20 世纪 50 年代，以刘易斯、费景汉、拉尼斯等为主要代表的发展经济学家研究了发展中国家二元经济结构发展模式下的就业问题，提出发展中国家的劳动力市场是以农村和城市相分割的二元劳动力市场为特征，强调收入预期在农村人口转移中的作用，由于城乡实际收入存在差异和获得城市工作的可能性，大量农村劳动力向城市的流动是经常发生的，就业问题的解决要靠工业和农业两部门的平衡发展。发展经济学派关于二元经济结构下的劳动力转移理论，对我国就业的启示主要包括：① 尽量减少城乡不均等的就业机会，减少城乡收入差距。降低城市的吸引力，以缓解城市就业压力。适度发展教育事业，避免教育失业、人力成本闲置等。② 发展农村经济，兴办农村工业，繁荣农村工业。形成城乡合理分工，提高资本增长对就业的扩散效应，提高农民收入。③ 消除生产要素价格扭曲，形成由市场决定的均衡资本价格，提高资本增长对就业的扩散效应，增加就业机会。

六、新自由主义的反古典经济学派就业理论

20 世纪 90 年代，西方各国就业问题出现新的特点，就业格局出现新的发展趋势，失业率居高不下，失业规模庞大、范围广。同时，伴随经济全球化浪潮，失业具有明显的非周期性。美国总统克林顿上台前后，美国经济学领域发生了“反古典革命”。“反古典”经济学的代表人物布莱因达担任了克林顿总统的经济顾问。“反古典”学派主张放弃自由放任的经济政策，采用日本的经济模式，即行政主导型的市场经济模式；在就业问题上，强调保证企业具有灵活的用人机制，加强人力资源部的建设，保证企业能够在第一时间招聘到合适的、合格的劳动力，同时求职者也能够自由灵活地选择适合自己的满意的工作岗位，从而充分地适应市场经济的竞争。在保证企业自由用人和求职者自主择业的前提下，国家对市场活动进行宏观调控和政策指导，同时建立稳定就业、劳动力流动率较低、劳资合作和工资差距较小的劳动力市场模式，并通过建立稳定的社会保障体系等措施来建立新型的劳动就业服务体制。

1973 年全球性的石油危机和 20 世纪 80 年代末期泡沫经济的破灭，使通货膨胀不断加速。20 世纪 90 年代以来，在经济全球化步伐加快的背景下，世界就业形势严峻，凯恩斯扩大需求的理论解决不了由此带来的通货膨胀和失业问题。在技术革新、工作调整、产业结构升级换代以及资本市场强力作用的大前提下，各国政

府开始根据不同的国情,从实际出发,调整与之相应的雇佣政策。一些发达国家也先后采取了积极的雇佣政策,重视对雇佣制度实行长期的、系统的、更加重视劳动力市场机能的雇佣政策。从"完全雇佣"向"维持一定的失业率"的政策转变,短期而灵活的积极雇佣制度成为许多国家解决失业问题的重要手段。

第二节　美国劳动就业政策

一、美国的就业现状

从第二次世界大战到20世纪80年代,美国一直认为就业安全是企业应追求的目标,在凯恩斯理论影响下,美国的市场经济历来都比较注重政府对整个经济运行的干预和调节作用,劳动力市场也受到不同程度的国家干预。早在20世纪30年代,联邦政府采取兴办公共工程、以工代赈方法缓和失业和贫困问题。20世纪50年代和60年代的美国随着欧美经济的迅速发展,曾一度进入就业的黄金时代。20世纪70年代,为了解决失业工人增多的问题,地方政府开始投资建厂,吸引企业承办、安置失业人员就业。联邦政府还直接拨款为经济萧条地区兴办公共建筑等工程,将每年数十亿美元的工程计划拨款的65%在各州按登记失业人数的比例分配,35%额外拨给失业率超过6.5%的州。[①] 从1990年下半年开始的美国经济的新一轮衰退,使美国一度遭遇较严重的失业问题,2000年美国失业率为4.0%,但2001—2003年间,失业率不断攀升,根据新浪网对美国季度失业数据统计,从2001年初的4.2%增长到最高时候的6.3%,美国劳工部2009年10月2日发表报告说,美国9月失业率升至9.8%,面临较严重的失业问题。

二、美国劳动就业政策的演变

(1) 第一次世界大战使美国经济进入大萧条时期,出现了周期性的经济危机、失业率急剧上升等一系列严重问题,20世纪30年代的全球性经济危机,使大批小企业倒闭或被兼并,造成严重的就业危机。为了促进经济发展,解决国内越来越严重的劳资冲突,20世纪30年代,罗斯福政府开始改变劳动政策导向,进行积极的经

① 李强,胡俊生等:《失业下岗问题对比研究》,清华大学出版社2001年版,第175-176页。

济改革，大力扶持中小企业发展，制定、实施了一系列的失业和保险制度。

(2) 20 世纪 70 年代后的能源危机带来高失业率，导致失业金支出大幅增长，造成严重的财政危机。美国政府为了降低成本，进行了就业政策的调整，尼克松总统和卡特总统都提出过工作福利主张，将工作与福利紧密结合。以哈耶克、弗里德曼等为代表的新保守主义思想取代新自由主义，在此背景下，政府开始实行削减福利政策，使失业保险制度具有就业导向的特点，企业也为了适应客观形势发展的需要，开始裁员，逐渐改变了完全雇用制度。

(3) 20 世纪 90 年代，随着劳动力成本的不断提高，面对严峻的就业形势，美国政府开始削减福利政策，劳动政策由消极劳动力政策发展为“充分发挥和最佳利用人力资源”的积极劳动力政策。1994 年 1 月克林顿政府提出《劳动保障法案》，对 20 世纪 30 年代以来的失业保险制度进行全面的调整，政府通过发展新兴产业、支持中小企业的发展，增加就业岗位，鼓励再就业。同年 6 月，政府公布了《工作与责任法案》，提高了最低工资标准，确保全日制工作人员都能脱离贫困，对拒绝接受职业培训的失业者，政府停止福利救济。1996 年 8 月，克林顿签署了“个人责任与工作机会融合法案”，对社会救济金领取者规定了严格的领取时间和领取条件，并将工作重点放在督促和帮助失业者再就业上。2001 年伊始，美国就遭遇较严重的失业问题，布什政府为此采取加强劳动力投资的政策。

美国政府主要是通过制定一整套的劳动法律、法规和一些政府行为，促进劳动力市场公平有序地运行，并对包括劳动力市场上的人员招聘、薪酬、劳动时间、劳动条件、职业培训、解雇、劳工关系及有关工会问题等各个环节及有关劳工利益实行最基本的保障，劳动政策趋向于促进社会的公平就业，维护社会的公正与稳定。

三、失业保险政策

美国于 20 世纪 30 年代建立的失业保险制度基本上属于消极劳动力政策，是为在劳动力市场竞争中的失败者和无力竞争者失业期间提供最基本的生活保障，帮助特别困难者重新获得工作，稳定失业者的情绪乃至社会秩序。到了 20 世纪 70 年代，美国政府开始改革福利制度，历届政府对失业保险政策的主导方向是强调就业促进功能，经过长期的修正和发展，建立了就业导向性的失业保险制度，使失业保险政策由消极救济转变为促进就业，其主要内容如下。

（一）通过抑制解雇减少失业[①]

(1) 贸易调整津贴。2002 年，《贸易法案》为因受进口产品冲击而失业的工人

① 李娟：《美国就业导向型失业保险政策》，《兰州学刊》，2006(12)。

提供特别的财政资助，援助内容包括再就业服务、求职补助、搬家补助和就业培训补贴，以此帮助他们掌握新技术，重新获得工作，避免失业者对失业金的依赖。

(2)“从福利到工作”计划。参加该计划的人必须首先进行为期 4 周的找工作活动。实行资格审查，对领取社会救济金的资格、期限和条件作出限制。

(3)“工作日减少补贴”，帮助雇主保留岗位。援助对象是因正常工作时间减少而介于全职和兼职工作之间的工人，该计划通过保留雇员的工作岗位来帮助雇主，补贴工人因工作时间减少而降低的收入。为那些受经济影响而需要解雇工人的雇主提供另一种渠道渡过暂时的难关，提高失业者的再就业能力，增加失业者再就业的机会。

(4) 对吸纳特殊群体就业的企业，给予税收优惠。比如就业时间超过 90 天或 120 小时，雇主可以向就业服务机构申请免税证，年底凭证兑现免税。

（二）失业保险强调促进失业者重新就业

(1) 失业保险救济金可作为再就业的担保。失业者可以将失业救济金用于再培训和再就业工作。当失业者需要培训时，或是当失业者的技艺在另外的地区能得到发挥而需要流动时，可以得到政府发放的用于培训的救济金或用于工作地迁移所需的流动费；也可以使用失业保险救济金作为新雇主雇用他们的担保金，为其再就业进行担保。

(2) 经济增长计划向失业者提供再就业补贴，激励失业者重新就业。为激励待遇期满的失业者积极重新就业，政府提供补贴，将之存入个人再就业账户中，补贴标准由各州自行确定，最高可达到 3 000 美元，如果失业者在享受失业保险的 13 周内找到工作，可以保留补贴作为再就业的奖励。

(3) 企业雇用失业者可享受“纳税人所得税减免”优惠、“从福利到工作”纳税减免优惠，以及“工作机会信用”纳税优惠。此外，各州还给予企业一定的地方税减免优惠。对于雇用加入“从福利到工作”计划失业者的企业提供一定的优惠政策，例如可以免费享受“一站式就业服务中心”庞大的人才库和完善的就业培训体系为它提供的招聘及人才培训服务。

(4) 通过奖惩失业者，调动再就业。政府从正反两方面奖惩失业者，激发失业者的再就业积极性。奖励措施主要表现在：贸易调整补贴中有求职补助、搬家补助、就业培训补助等，如再就业补贴项目用于排除失业者就业中的困难，鼓励失业者参加技能培训，早日重返岗位。惩罚方面主要是实行严格的资格审查，如成年公民在一生中因失业而领取社会救济金的时间最长不得超过 60 个月；取消那些依赖失业金、不积极寻找工作或拒绝合适工作的失业者的领取资格，失业保险机构要求失业者定期汇报求职情况，严格限制长期领取失业津贴人员的领取资格。这些刺激措施取得了较好的成效。

四、职业培训政策

随着美国科技革命的迅猛发展、产业结构与就业结构调整的加速进行，政府逐渐认识到消极被动地限制企业解雇、裁员及失业救济等办法不是解决就业问题的根本途径，因此越来越重视优化劳动力供给的结构，提高劳动者素质。通过提高对职业教育方面的投入，直接参与职业培训，提高劳动力的就业能力。失业培训的着重点转向对高技术替代劳工及具有综合技能的新型劳工进行培育，强调以技术培训促进重新就业，推行积极的劳动力市场政策。

（一）政府资助职业培训

美国重视对失业人员的职业培训，发挥政府培训资金的导向作用。美国在各州都设有小企业开发中心，与政府的就业培训计划相结合，向失业者提供小企业经营培训。同时，还由教育、科研、经济等部门联合对小企业给予技术支持、信息服务、经营指导等帮助，并且还建立了国际贸易网，运用电脑网络帮助了解世界贸易信息，促进小企业发展。联邦、州和地方政府承担全部“一站式职业中心”的运转经费，因此无需向申请者收费。美国自 1962 年开始实行“人力开发与培训法”，联邦政府花在职业培训方面的经费共达 800 多亿美元。2002 年劳动力培训项目的总财政支出为 129.15 亿美元，2003 年为 141.04 亿美元，2004 年为 158.92 亿美元，而且 2003 年新增再就业账户，当年支出 16 亿美元，2004 年增加到 20 亿美元。

（二）职业培训法和职业教育的法规

20 世纪 60 年代以来，美国政府制定、颁布了不少关于职业培训和职业教育的法律，以法律形式动员全国力量加强职业培训。其中重要的有 1961 年的《地区发展法》，1962 年的《人力开发与培训法》、《职业教育法》、《经济机会法》、《综合就业培训法》、《平等就业法》、《青年就业与示范教育计划法》、《就业培训合作法》，1988 年的《工人调整和再训练通知法》、《从学校到工作机会法》、《劳工保障法案》等。

（三）职业培训计划

美国国会和联邦政府组织实施职业培训计划，曾颁布了多项人力培训计划，改革了培训管理体制，调动私人企业和社团的积极性，开展例如入门培训、在职培训、脱产培训、升级培训及针对被解雇工人的再训练等多种形式的培训。如对刚走出校门的青少年进行临时性或3～6个月的技能培训；为破产和关闭企业的失业人员提供6个月的就业培训，为失业者积极主动地参与培训活动提供条件；对雇用缺少技能的雇员的雇主提供税收方面的优惠，用以加快这些工人技能的提高；对那些因为某些特殊政策而失业的人员提供收入补助和培训优惠；制订伤残人士恢复和扩大就业的计划，加强和改善伤残儿童的特殊教育，为伤残者提供专门的职业培训，提高伤残人员的自立能力和工作效率，力图使他们成为自食其力的劳动者。

美国的就业培训对增加就业和降低失业率起到了重要作用。最近几年，美国政府拨款资助的再就业培训计划每年使100万左右的失业人员接受了培训。据克林顿在1997—1998年财政年度预算说明中介绍，约有70%的失业者在培训后找到了新的工作，平均工资相当于以前工作收入的92%。

五、就业服务政策

美国政府认为，国家应以发展高科技新兴产业、现代服务业为经济增长点和扩大就业的载体，就业服务的基点应由被动的经济帮助转为积极主动地促进就业，提高就业服务质量，加强就业服务工作。美国政府为了避免失业者在重新就业后再次面临失业的困境，还为他们提供强化服务。

（一）完善的就业服务体系

美国将职业培训机构和失业保险服务并入职业介绍中心合署办公，建立“一站式服务”，并与社会上的其他机构建立合作伙伴关系，为求职者和用人机构提供方便、快捷、高效的服务。美国的公共就业服务机构的对象分化为三种类型：第一类为就业能力较强的初次求职者或自愿转换工作的人员，他们可以通过“一站式就业服务中心”提供的设施实现自我服务；第二类为需要中心提供基本服务的短期失业者，他们要接受基本的能力测试，在工作人员指导下，自己选择学习、培训项目，掌握求职技巧等；第三类为长期失业人员、困难群体、因产业结构调整而大规模失业的特殊群体等，他们在基本能力测试、就业咨询、学习、培训、领取社会救济等方面都需要帮助，成为中心重点工作对象。一站式就业服务中心为失业者提供就业核心服务，强化技能培训，加上美国就业信息服务的广泛和便捷，形成由失业补偿、就业服务和就业培训的整合系统。

（二）劳动力市场就业服务的信息化建设

美国就业信息服务很广泛，全国形成了一站式就业服务网。早在1979年，美国政府率先在州一级建立了以计算机为基础的电子化职业信息库，并与州内所有的公共职业介绍机构连通。20 世纪 90 年代初，建立了国家级的“职业信息库”、“人才信息库”，形成了全国连通的就业服务网络。美国人口普查显示，2005 年失业者寻找工作的方式中“雇主直接雇用”的占 60.6%，“投递简历或申请材料”的占 55.4%，“刊登或应答广告”的占 14.8%，“亲友介绍”的占 17.7%，“公办、私办职业机构介绍”的占 25.0%，一个人平均用 1.85 种方法来寻找工作。

第三节　德国劳动就业政策

一、德国的就业现状

第二次世界大战后的五十多年里，从失业率和失业人数的角度看，联邦德国的失业现象较为轻微。联邦德国的失业现象大体经历了四个阶段：① 1950—1956 年，由于经济结构和经济政策调整剧烈，加之数百万外来难民的涌入，使联邦德国的劳动力市场在短期内出现了总体上供大于求的格局，形成了庞大的失业队伍；② 1957—1974 年，联邦德国的失业现象相当轻微，全国就业异常充分，主要原因是联邦德国的经济处于高速增长期，取得了前所未有的成就，创造了大量的就业机会，劳动力处于短缺状态；③ 1975—1989 年，联邦德国劳动力市场供求矛盾较为激烈，劳动力需求难以增长，结构性失业不断增加，再次出现了大规模的失业队伍。

二、德国劳动就业政策的演变

失业问题是德国头号经济和社会问题，政府和社会各界采取种种措施来解决这一问题。德国政府信奉社团主义理念，它们主张实施积极的劳动力市场政策来处理失业问题。具体说，企业负责培训在职员工，使他们及时更新知识，掌握最新技术，以适应经济与技术变革；青年与失业者则由国家统一组织培训。[①] 20 世纪 90 年代，考虑到原东德地区经济状况的恶化，政府允许发放比较“现代”的开工不足补助。这种比较“现代”的开工不足补助是指在特殊情况下，可以对长期开工不足或

① 袁方，姚裕群：《劳动社会学》，中国劳动社会保障出版社 2003 年版，第 264 页。

实际上本应削减的工作岗位提供补助金。当然,发放这种开工不足补助金有一个基本前提,即:某些行业结构恶化,导致企业不能生存,雇员工资或工作岗位不能得到保障。

三、德国劳动就业政策的主要内容

(一)促进就业是宏观经济政策的核心

长期以来,德国政府把实现充分就业作为宏观经济政策的目标之一。1998年,德国新政府把减少失业作为解决经济、财政和社会问题的核心政策,建立了由政府、雇主组织和工会三方组成的"国家社会公约劳资联盟",定期对促进就业和劳资关系等重大政策进行协商。财政支出政策吸收了大批失业人员从事环境保护、交通、社会服务等社会公益建设项目;增加公共投资,提供了10万个临时就业岗位;2000年投资47亿马克用于改善基础设施、修缮文物、开展环保绿化等公共工程,也提供了大量就业岗位;税收政策促进了企业发展,增加了就业岗位;东西德统一后,政府采取多项政策措施,来稳定和改善东部地区的就业形势,比如对东部以前的国有企业提供30%～50%的工资补贴,对雇用失业者的东部企业,在36～48个月内,按人数每人每月补贴2 100马克;政府购买公益就业岗位和提供免费职业培训等;2002年政府开始实行"东部促进就业之桥"计划,创造了1万多个就业岗位。就业政策支持经济结构相对落后的地区,比如1997年,联邦政府和北莱茵威斯特法伦州与鲁尔煤业公司和工会达成协议,至2005年政府补贴650亿马克扶持煤的销售,减缓煤矿的破产以及大量人员失业;政府采取税收优惠政策,鼓励创办小企业,增加就业岗位,比如,开办小企业的最初两年,免征企业所得税,并把最高免税额由2.5万马克提高到3.25万马克。

(二)德国的职业技术培训

(1)以"双轨制"为基础的三方合作的德国职业培训制度是世界上最具特色的职业教育,即企业内部技术培训与职业技术学校专业知识学习相结合,职业教育由联邦、州和企业密切合作,根据市场需求共同决定;时间根据职业的不同,一般在两年到三年半之间;内容和标准按照未来职业对受训者提出的要求而定。培养经费由政府、企业、个人和社团分担,集中体现了雇主、雇员和政府三大社会力量的协商与合作机制。《德国联邦职业教育法》对前述三方在职业教育和培训中的责任、权利和义务作出了明确规定。德国的"双轨制"职业教育,大大改变了青年就业的不利地位,缓解了青年的高失业问题,1998年德国的青年失业率只有7.9%,是西方国家中控制得最好的国家之一。①

(2) 职业培训是联邦德国积极的劳动力市场政策最基本的一项措施,主要包括职业进修、转行培训等形式。职业进修是为在职人员和需要再就业的失业人员安排的。学徒工的进修、妇女就业帮助以及老年求职者重新就业的培训,也属职业进修的范围。德国政府为鼓励中小型企业创造培训学徒的岗位,规定多创造一个培训岗位可申请一定的贷款。

(三) 失业保险制与失业救济制

德国通过降低劳动力成本和税率等办法减轻企业负担,尤其是减轻为普通工人提供再就业的企业的税收,鼓励企业增加更多的岗位或开辟新的岗位,并对安置失业者的企业提供补贴。

(1) 德国的失业保障由于失业津贴和救济水平偏高,支付期限较长,因此导致部分人失业以后没有尽快再找工作的强烈愿望,尤其不愿从事报酬较低的工作。针对这种现象,德国改革失业保障制度,从传统的给失业者提供收入补助转变为帮助、约束他们重新就业。通过从严制定享受失业津贴的条件,促进失业人员再就业。为了鼓励失业者尽快就业,德国的《就业促进法》规定,失业保险津贴的领取者必须在劳动介绍所登记,这意味着具有正常劳动能力的失业者,必须准备接受劳动部门安排的新工作。同时制定了新的《职业教育法》,规范全国的职业教育培训,加强职业培训力度,提高失业者的再就业能力。对于失业者,接受培训的则可得到生活补贴和培训费用补贴。参加职业继续培训者,如果能够提供较多的资格证书,并通过一个阶段的义务劳动来证明自己的能力,德国劳动部门可以协助其找到一份较为理想的工作。

(2) 对自营就业者给予补贴。对自营就业者,政府会提供信息咨询、低息小额贷款等服务,开展免费培训,并在其开业后给予减税优惠,提供政府补贴。

(四) 就业开发策略

失业保障制度是一种带有一定"消极"色彩的劳动力市场政策,那么,劳动力市场的开发策略则是一项"积极"的政策。积极的劳动力市场政策是"旨在帮助失业者重新工作或为在职人员提供机会"的政策,它"有别于通过提供现金或其他福利以期资助失业者提高生活水平"的消极政策。1969 年的联邦德国实施了《劳动促进法》和《职业培训法》,为劳动力市场的开发奠定了基础。这以后,又颁布实施了《联邦教育促进法》、《就业支持法》等法律,越来越重视劳动力市场的开发,力图消除劳

---

① 王列军,丁宁宁:《有关就业问题的国际经验及对我国的启示》,《中国劳动》,2004(2)。

动力市场的流动障碍，提高社会就业水平。

(1) 开发劳动力市场，促进就业。目前许多工会采取“灵活工资”和“灵活工时”等办法，实行灵活工资和工时政策，促进就业。某些劳资协议规定，年度名义工资增长3%，其中1.5%作为雇员对企业的投资留在企业，记在雇员名下；为提高企业的设备利用率，可安排灵活工时，实行两班甚至三班倒；实行积极的劳动和市场政策，增加失业者的就业机会，节省劳动市场政策费用的支出。

(2) 职业介绍和就业咨询。政府重视职业信息资料系统的建设，免费为劳动者介绍职业，向雇主介绍所需要的劳动力，并向他们提供公正的劳动力市场情况咨询。对求职者和职业转换者的咨询，内容广泛，既涉及职业现状和前景分析，又涉及劳动者择业时的心理测试，还涉及向劳动者推荐职业培训地点等。政府设有庞大的就业信息系统，除国内各地区外，还有许多国家的就业信息系统相连，出版各种职业情报资料。此外，联邦劳工局还编辑出版了《职业现状》、《职业活页》、《深造和就业》、《你的职业前途》、《教育和职业》等书刊资料，免费提供给各类劳动者。

(3) 为职业转换者提供补助。政府规定，雇员在转换工作时，若遇经济困难，可向政府申请求职费补助、交通费补助、搬家费补助、工作装备费用补助等。雇主在安排求职者熟悉工作时，若有困难，也可得到相关的补助或一定的贷款。德国还为在职者和谋求新的就业岗位者提供职业进修和改行培训，接受培训者可以获得生活补贴、培训费用补贴。德国政府为推动技术教育和职业培训的发展，投入了大量费用。

(4) 创造工作岗位。由政府直接投资，录用了大批失业工人从事环境保护、交通、社会服务等社会公益建设项目。在一些公共工程建设项目中为失业者解决工作，常常是一种临时性的就业措施。这些措施主要是针对长期失业者而进行的，其参与的期限有一定的限制，一般为几个月，最长为3年左右，由政府提供信贷和资金支持。德国政府还大力支持中小企业发展，尤其是在资金方面加强对中小企业的支持力度，如提供财政补贴和低息长期贷款、提供科研和技术补贴、设立中小企业发展基金等。

(5) 帮助职业恢复者。职业恢复是针对那些体力或智力有障碍的残疾人，帮助他们找到适合个人能力、爱好的工作。联邦政府规定，企业每招收100名工作人员，必须有6名是残疾人，否则会被课以罚款，每少招一名残疾人，企业每月得向劳工局缴纳200马克的罚款。此外，联邦政府还为残疾人的职业恢复提供多种补助，包括支付治疗费用、职业培训费、社会保险费、家庭生活补贴以及求职时的就业接纳补助。雇主若为残疾人提供职业培训，建造特殊的实习工厂，也可从政府处得到一定的资助或贷款。

第四节　日本劳动就业政策

一、战后日本的就业现状

日本作为后起的发达市场经济国家，是第二次世界大战以来就业管理最成功的国家之一。20 世纪 50 年代中期到 20 世纪 70 年代中期，日本经济进入高速发展阶段，随之而来的是劳动力市场的供不应求，长期以来日本失业率基本上徘徊在 1%～3%，与其他发达国家相比，大多数时间失业率最低，失业人数最少。但 20 世纪 70 年代中期后，日本经济增长速度减缓，劳动力需求下降，不过在 20 世纪 80 年代至 20 世纪 90 年代初，日本的失业率还一直保持在 2%。20 世纪 90 年代后，由于国内"泡沫经济"带来的后果及亚洲金融危机的影响，失业压力加大，1998 年甚至出现零增长。在此情况下，失业的增加和就业的减少成为必然趋势。

二、日本劳动就业政策的演变

日本具有特色的内部劳动力市场萌芽于战前，产生于明治后期和大正时代的终身雇用制度是日本典型的雇用制度，为了确保企业的稳定，规模较大的一部分企业对技术人才、熟练员工采取了终身雇用的经营战略。日本军国主义时代的军事化管理，使这一用工制度被大大加强了。第二次世界大战以后，日本采用终身雇用制度的企业范围不断扩大。日本企业以终身雇用制和年功序列工资制为基础，终身雇用制度被视为"日本式经营"的核心内容，它对随意解雇有一些限制，譬如经济和财政的必要性，或者身体和精神上的不能胜任，或者绩效差、严重错误等。日本的终身雇用制只对核心员工实行，对边缘员工仍然实行弹性化用工，只限本土范围，在海外基本上没有推行。

日本在不同时期采取有所区别的就业政策，政府干预的、主导型的经济政策产生了垄断大企业集团，同时为了发展产业、快速地导入并适应新技术，使它们确立了以各种企业为区别的经营体系，比如"企业内技能养成制度"、"年功工资制度"以及"企业内福利政策"等。在 10 年恢复时期采取应急性就业政策，缓解严重的失业危机；在经济高速发展时期，就业政策由应急性政策转变为预防性政策，即从失业政策到充分就业政策的转变；在稳定发展的时期，就业政策的重点是预防失业和稳定就业。战后日本的就业政策，特别是旨在预防失业的所谓"充分就业政策"，对维持低失业率作出了积极的贡献。但是,充分就业是以弹性地变动其劳动时间和工资等为前提的就业保持政策,而且一般来说,采用终身雇用制的大企业,往往缺乏其劳动力调节的伸缩性。因此,一旦出现就业条件调整的需要,这些调整都在中小企业等所谓外部劳动力市场进行。在外部劳动力市场,劳动者就难以避免在被解雇、待遇恶化和减少工资等不稳定环境下的就业。1966 年日本制定了以充分就业为基本目的的《雇用对策法》,1967 年又明确地提出综合且具体的就业政策体系,以增加就业机会,谋求消除或缓解因需求不足而产生的失业压力。1967 年开始实施的第一次雇用对策基本计划,在其五年的计划期间展开了创设"职业转换给付金制度"等新政策,提出以综合的、积极的就业政策为目标,促进中高年龄者就业、改善就业的不稳定等基本事项,为完全就业奠定基础。进入 20 世纪 70 年代之后,政府开始对向来所持的经济成长至上主义加以反省,并提出相应的就业政策。它是以实现宽裕及充实的职业生活为目的,这其中特别重要的政策有,中高年龄者的雇用对策、地区雇用对策及雇用保险法等的制定。日本政府在 1969 年制定了《职业训练法》,确定了全国性的职业培训体系。

三、日本劳动就业政策的主要内容

(一)通过宏观经济政策促进充分就业

日本就业政策和产业政策是一致的,通过产业结构的调整来促进就业,通过财政、税收、金融等手段实现产业政策目标和就业政策目标。在 1950 年至 1970 年 20 年的高速发展时期,日本产业政策的重点从基础产业转向了能带动整个经济增长的支柱产业,这些支柱产业的发展提供了许多就业岗位,一定程度上缓解了日本的就业压力。具体的政策措施包括:给予重点产业长期资金支持、实行特别折旧制度、先进技术设备免税等。进入 20 世纪 70 年代的稳定时期,就业政策的主要特征是促进再就业,重视对失业进行积极的预防。

(二)用法律确定就业政策的具体实施

为了抑制失业,保持就业的稳定,日本制定了以推进近代就业政策为基础的《职业安定法》,为谋求就业劳动者在失业期间的生活安定、以确保个人选择职业自由为目的的《失业保险法》,为吸收大量失业者、以创造直接就业机会为目的的《紧急失业对策法》,即职安三法。

(1)《职业安定法》。1947 年,日本政府制定了《职业安定法》,取代了 1921 年制定的《职业介绍法》。在全国设置了公共职业安全所,并开展免费的职业介绍服务;规范并控制民间进行的职业介绍及劳动者的招募活动,特别是禁止了所谓的“剥削劳动者的人力中介业”。《职业安定法》对于全国劳动力市场的有序化、规范化起到了积极作用。

(2)《失业保险法》。在战后失业问题严重化时,政府通过此项法律为参加失业保险的劳动者在失业期间为其支付失业保险金,试图以此来确保劳动者的生活安定,并防止情愿接受不良劳动条件而草率地再就业的情况发生。但是这部法律只适用于雇用人数在 5 人以上的公司的劳动者,未满 5 人的零散企业的劳动者以及临时工不在其列。而大部分失业者是在这些零散企业、零售业当中,以及在农村潜在的失业队伍里,所以,其适用范围并不囊括所有失业者,而且它对失业问题并没有也不可能进行根本性的解决。

(3)《紧急失业对策法》。在战后混乱时期,失业者逐渐增加,1948 年到 1949 年,在全日本掀起了失业者的求职运动。政府在 1949 年 5 月制定了《紧急失业对策法》,试图由国家直接谋求增加就业的机会。具体措施是给失业者提供在建筑部门等从事公共事业的机会,由国家实施或通过国家补助,由地方政府具体组织实施。但《紧急失业对策法》无法救助大量失业者,大部分的失业者还得靠社会救助来维持最低生活水平。尽管如此,作为战后日本正式的失业对策事业的起始点,这部法律的制定与实施,还是有一定的历史意义的。它给失业者提供的只有临时工、零散企业等工作岗位,因而形成了外部劳动力市场。

(三) 积极开发就业机会

(1) 促进失业人员自主创业。建立紧急就业开发基金,在紧急就业形势下(失业率超过 5.2%),对非自愿失业的中高龄失业者提供必要的就业机会,鼓励和扶持雇主雇用中高龄失业者,鼓励 65 岁以上高龄者继续就业;扶持劳动者向 15 个可能新增就业岗位的行业转移。一般情况下,在日本注册设立股份公司至少需要1 000 万日元的资本金,设立个体企业至少需要 300 万日元的注册资金。为了鼓励失业人员创办企业,日本经济产业省和法务省允许设立 1 日元资金的公司,1 日元公司成立后必须逐步增加注册资本,在 5 年内达到法定的资本金。对失业人员自主创业,还给予一定数额的事业助成金。比如,失业人员自行在护理、保育、家电维修等领域创办企业,将得到无偿事业助成金。此外,政府还提供无担保、无抵押融资。经审定合格,以派遣经营指导员为条件,可以从国有政策性金融机构获取上限为 550 万日元的无担保、无抵押开业资金贷款。帮助失业严重地区的失业者转移到其他地方就业,以帮助劳动者获得工作岗位。实施帮助中高龄失业者再就业计划;提供多种短期培训和职业指导;实施促进就业的示范项目(地区性紧急就业促进计划);动员民营培训机构开展职业培训,为应届毕业生和早期失业者举办就业洽谈会，组织现场观摩和工作面试等；为失业者和转职工人扩展培训，运用培训补助金鼓励工人自我开发技能等。

(2) 鼓励扶持创办中小企业，为劳动者创办中小企业或开辟新的事业提供法律政策支持。积极鼓励企业自我消化富余人员和吸纳失业人员，政府对企业自我消化富余人员给予优惠，对不景气企业内部安置富余人员提供为期一年的工资补贴，标准为工资额的1/2；对转产、重组企业提供一次性就业稳定特别补贴，安置5～9人补贴150万～250万日元，安置10～19人补贴300万～500万日元；一般人员在护理、保育、家电维修等领域创办服务性企业，并在公司设立后一年之内雇用3名失业人员，将得到最高500万日元的无偿资助。日本政府还制定了1999年度促进就业补充预算，总额为2 739亿日元。其中，有657亿日元用于对新创办的小企业补贴和扶持小企业发展。2002年编制了1 844亿日元的扩大就业机会预算，主要用于支持创办高新技术企业和稳定就业形势。

(3) 强化职业培训制度，扶助转业培训。政府在通过400余所公共培训机构开展职业培训的同时，还采取多种措施支持企业内部培训。近年来针对信息化转型、大规模结构调整和制造业不景气的情况，加大了对新型产业和高附加值产业职业培训的支持力度，同时继续保持对小企业培训活动的支持。在经济繁荣的背景下，劳动力市场出现了年轻的技术劳动力严重不足的现象，政府高度重视职业技能训练问题。在这样的背景下，要达到劳动者能力的提升与劳动力流动化，就要纠正劳动力供给的不均衡，实施以促进经济增长、稳定物价为目的的雇用政策，即“积极的雇用政策”。

(4) 重视就业服务，发挥中介机构的作用。鼓励地方政府团体开办新事业时提供临时和短期工作机会，对雇用全日制工人较多的雇主给予补贴。日本的就业服务以公办为主，私营服务作为补充。现有综合性公共职业介绍所600余所，专门就业服务机构275所。在服务对象方面，针对不同群体，提供特色服务；在服务方式上，既提供先进的全国网络服务，促进劳动力供求匹配、与产业部门(经济单位)协作建立“产业就业信息网”、引导求职者自我查询岗位信息、加强对学校毕业生提供信息服务、在失业者培训期间适当延长失业救济时间、进一步推行“紧急就业开发计划”，同时保留人工服务。此外，政府还为特别困难的行业和企业提供有针对性的就业服务。日本非常重视劳务派遣服务，政府制定了专门的劳务派遣法，全国现有1.2万家私营劳务派遣公司，2001年提供了139万个灵活就业机会。

本章小结：

在治理就业的过程中，各国政府经历了一个从“不干预”到把就业作为经济社会发展的基本优先目标的演变过程，“增加就业，消除贫困，保持社会安定”已经成为一种国际共识，减少失业、促进就业也成为世界各国政府面临的共同挑战。进入20世纪80年代，西方各国的失业率普遍上升，各国政府为了摆脱失业困境，在治理失业、促进就业的过程中，采取了各种积极政策和措施，利用宏观经济政策带动经济增长，以此扩大劳动力需求，增强就业宏观调控，缓解失业；运用微观经济政策保证劳动力需求，稳定就业市场。通过积极就业政策和消极就业政策两方面入手加以解决。从消极就业政策入手，各国政府通过提高雇主、雇员的缴费水平来增加收入，或对领取失业津贴者实施更加严格的审查来减少支出；从积极就业政策入手，各发达国家对就业培训在解决失业问题上的作用的认识经历了“不重视—高度重视—理性回归”的过程，政府通过组织失业者进行培训来解决失业问题。这些积极就业政策的实施，对于改善就业状况、增加就业机会、降低失业率、促进经济发展和维护社会稳定发挥了举足轻重的作用。加强对西方就业理论与实践的研究，积极借鉴它们的经验，对我国有很大的益处。

案例分析：

德国大众汽车集团公司与德国五金工会达成的契约最早由大众集团总裁皮尔正式提出，基本内容是大众新建一家制造家用微型货车的工厂，并为此安置5 000名失业工人。这些工人的月工资不受实际工时影响，一律定为5 000马克，但工人必须定期接受培训，否则就拿不到全额薪资。大众公司的最初方案是工人每周的劳动时间较长，而新方案规划的每周工作时间超过标准时间，这损害了工人利益。在政界的干预下，大众公司和五金工会再度就此事进行谈判，经过艰苦磋商，双方终于就大众的新型就业模式问题达成一致。据大众公司透露：这种新的就业模式确实使工人的实际收入较以往有所提高，这是一种值得效法的劳资模式。

思考题：

1. 简述发达国家劳动就业政策理论的主要内容。
2. 简述美国劳动政策的演变历史。
3. 简述美国失业保险制度和就业服务政策。
4. 试分析美国职业培训政策的主要内容。
5. 什么是美国就业中心的“一站式”服务？
6. 简述英国劳动政策的主要内容。
7. 简述德国劳动政策的主要内容。
8. 简述日本劳动政策的主要内容。

第八章 劳动关系政策

引导案例

"劝辞"员工的醉翁之意①

年关将近，双薪、年终奖、花红，是很多人盼望过年的理由之一。然而，×公司上海区域的部分员工称，自己被公司"劝辞"，主动离职后年终奖当然泡汤，而若不主动离职，接下来将被扣光奖金、调职异地。×公司否认存在裁员情况。在×公司工作了4年多的小林终于坐上了销售主管的位置。国庆以后，公司陆续有裁员的传言，但小林并未在意。然而，12月初，在年终奖即将到手时，这一传言成为现实。让小林始料未及的是，自己竟也在被裁之列。公司要求员工不用上班，并将支付12月份的工资及奖金，但需要在12月底之前自动离职。对于平均月工资5 000元的小林来说，根据常规，年终奖及花红总共有1万余元。小林当然不愿意放弃这本该属于自己的1万余元。况且，自己与公司之间的劳动合同明年底才到期。而区域经理表示，不辞职公司也不会主动开除。但之后公司将开展大规模的严查，可能对员工进行调职。在小林看来，区域经理的言外之意就是，不主动离职，就意味着薪水大幅下降、可能调职异地。早在2009年11月中下旬，金山区、松江区等区域销售站点的部分员工就接到了劝辞通知。小林透露，上海区域总计不到500名员工，其中包括上海区的职能部门员工约200人、各站点及在加盟商和大卖场的销售人员约300人。"公司预计裁掉的150人几乎都是销售人员及文员。"劝辞通知下达后，很多员工选择安静地离开。据早报记者目前掌握的数据显示，虹口站共计销售人员10人，劝辞7人，劝辞当天5人递交辞职申请；金山区共计11人，劝辞3人，目前2人离职。

① 孙瑞灼：《王老吉"劝辞"员工的醉翁之意》，《新民晚报》，2009-12-9。

案例讨论题：

1. 企业合法解除劳动合同的程序是什么？
2. 你如何看待×公司的“劝辞”行为？

第一节 劳动用工政策的历史

我国的劳动用工制度自新中国成立以后到“文革”前逐步形成，之后随着我国经济体制的变化，经过多次大的变革，由计划经济时期的固定工制度转变为劳动合同制度。我国的劳动用工制度大致分为两个阶段：新中国成立以后至1980年以前，在我国实行计划经济的时期，基本上实行的是固定工制度。在劳动用工方面经历了统一介绍、统一招收和统包统分两个阶段。其中在“文革”至20世纪70年代末，我国的劳动合同实践一度中断。到了20世纪80年代，我国逐渐开始改革劳动制度，恢复劳动合同制度，劳动政策转向以市场机制为核心，劳动用工制度开始走向市场化。

一、计划经济时期的单一计划性劳动用工政策

新中国成立初期的中国运用行政配置的手段将劳动力输送到企业，随着生产资料所有制社会主义改造的完成和计划经济体制的建立，“包下来”的政策和劳动力统一调配的政策逐步发展成日后的“统包统配”就业政策，这一时期中国实行的是单一计划性劳动用工政策。

（一）新中国成立后到“文革”前，我国部分实行劳动合同制度

解放初期，为了有效地调整劳动关系，我国企业根据劳动者所工作的企业性质和用工的方式，与私营、公有制企业以及其他企业中的临时工、季节工、轮换工签订劳动合同，而公有制企业的其他绝大部分职工则实行固定工制度，并未规定订立劳动合同。国家颁布了宪法和配套的劳动政策法规调整劳动关系，如《关于劳资关系暂行办法》提出签订集体或劳动契约，《关于各地招聘职工的暂行规定》规定直接订立劳动契约和劳动基准等规定。同时根据相关规定在建筑业、矿山、交通、铁路等

行业招收临时工或使用轮换工、季节工时须签订劳动合同。随着我国资本主义工商业社会主义改造的完成,原来为解决国民党政权遗留下来的公职人员的“包下来”政策,后发展为“铁饭碗”就业制度,其适用范围扩大到新中国成立后培养的大中专毕业生和城镇复员转业军人,会同20世纪50年代中期实行的“劳动力统一调配”政策,在20世纪60年代中后期形成以“统包统配”为主要特征的传统就业制度,在此期间的1958年,我国公开失业被消灭,中国政府宣布消灭了失业。

(二)1966—1976年的“文革”时期,劳动合同制消失

“文革”期间,我国劳动关系政策建设陷入停滞,劳动合同制受到批判,并于1971年11月30日由国务院发出《关于改革临时工、轮换工制度的通知》,大部分临时工、合同工都改为固定工。此后,招工完全取消了订立劳动合同的办法,劳动合同制也最终消灭。在1978年改革计划经济体制之前,与高度集中的传统计划经济管理体制相适应,我国长期通过国家行政配置劳动力,实行以“统包统配”为主要特征的传统劳动用工政策,这是一种政府行政性计划管理的劳保福利性就业制度。政府通过指令性计划和行政手段统一配置劳动力资源,实行“固定工”形式的一次就业终身制,严格限制劳动力的自由流动。[①] 我国这一政策是改革开放前中国就业制度的典型特征,一直沿用到20世纪70年代末的改革开放初期。

二、市场经济时期的市场化劳动用工政策

20世纪80年代以来,中国的就业制度和就业机制在由计划经济体制向社会主义市场经济体制转变的过程中,发生了重大变化。国家改变了计划经济体制下统包统配的就业制度,劳动力就业逐渐市场化,劳动力的流动性日益加强,大批外来工在城市部门受雇用,我国由计划劳动体制逐步过渡为劳动力市场体制,就业机制也以实行国家促进就业、市场调节就业和劳动者自主择业为中心的市场就业新机制。

(一)党的十一届三中全会以后,我国由计划劳动体制转变为劳动力市场体制

党的十一届三中全会以后,我国一些地方开始试行劳动合同制,改变一直通过国家行政配置劳动力的固定工制度,改革了传统的劳动就业制度。其标志是1980年8月中共中央召开的全国劳动就业工作会议,提出解决当前就业问题的根本途

① 孙月平:《劳动经济问题研究》,人民出版社2004年版,第216页。

径为“三结合”就业方针，劳动合同在实践中经历了从有到无的形成与发展过程。1983 年 2 月，劳动人事部发布《关于积极试行劳动合同制的通知》，提出开始劳动用工制度的改革。1986 年，国务院发布《国营企业实行劳动合同制的暂行规定》、《国营企业招用工人暂行规定》、《国营企业辞退违纪职工暂行规定》和《国营企业待业保险暂行规定》等四项“暂行规定”，改革原有的招工制度，实行“新人新制度(劳动合同制度)，老人老制度(固定工制度)”，在新进员工中统一实行劳动合同制；废除企业原来所实行的“子女顶替”制度和“内招”的办法，企业有用人自主权，公开招用，择优录用。此阶段劳动用工方面出现固定工和劳动合同制两种用工制度并存的“双轨制”。

(二) 20 世纪 90 年代实行全员劳动合同制，建立劳资个体协商为核心的劳动关系运行机制

随着我国社会主义市场经济理论的提出和建立社会主义市场经济体制，在经济体制改革过程中逐渐形成了以建立劳动关系市场化运行机制为目标的劳动政策体系。自 1992 年开始，我国改革原有的固定工制度，很多地区和企业单位进行全员劳动合同制的试点。1994 年以后，国家制定并颁布了一系列调整劳动关系的政策法规，包括《中华人民共和国劳动法》、《中华人民共和国职业教育法》、《中华人民共和国民办教育促进法》、《中华人民共和国工会法(修订)》等，逐步确立了以劳动合同制度为核心的劳动法体系，特别是 1995 年正式施行的《劳动法》将劳动合同制度作为法定的用工制度，规定适用不同所有制的用人单位，劳动者也从新招用的职工扩大到所有的劳动者，不分固定工和临时工，不分管理人员和普通工人。1996 年，我国开始在全体员工中实行劳动合同制度，国务院对建立劳动合同制度提出明确要求，要在全国 80％的企业职工中实行劳动合同制度。1995 年《劳动法》的颁布，标志着我国的企业已基本实行了劳动合同制，到 1999 年末，适用劳动合同制度的职工已达到 98.1％。1997 年劳动部提出“市场调节就业、劳动者自主就业、政府促进就业”的新就业方针。

(三) 新世纪实施积极的劳动政策，《劳动合同法》出台

2003 年 10 月，十六届三中全会明确提出，要把扩大就业放在经济社会发展更加突出的位置，坚持劳动者自主择业、市场调节就业和政府促进就业的方针，实施积极的就业政策，努力改善创业环境和就业环境，鼓励企业创造更多的就业岗位。我国政府制定了各项扶植政策，鼓励劳动者自主创业、自谋职业，引导城市失业下岗人员创办小企业，或去小企业就业，鼓励海外留学人员和大学毕业生创办各类企业。针对劳动政策层面存在的诸多问题，从 2004 年开始，由劳动和社会保障部牵

头,《劳动合同法》开始了起草工作。2008 年 1 月 1 日,《劳动合同法》正式施行。《劳动合同法》对我国的劳动用工制度进行了大调整,改变了以往以固定期限合同(定期合同)为主的用工制度,无固定期限合同(不定期合同)将成为劳动用工的主要形式,这是我国用工制度的巨大改变。

第二节 劳动基准制度

劳动基准是指为了保障劳动者最起码的劳动报酬、劳动条件而规定的最低限度的措施和要求。劳动基准法是有关劳动报酬和劳动条件最低标准的法律规范的总称。用人单位可以采用高于但不能低于基准法所规定的标准。劳动基准法与劳动合同法、工会法、集体合同法(未单独专门立法)、安全生产法、社会保险法(专门的社会保险法正在制订中)、劳动争议处理法(劳动争议调解仲裁法等)等共同构成我国的劳动法体系。

我国的劳动基准法主要规定在:《劳动法》第 4 章(工作时间和休息休假)、第 5 章(工资)、第 6 章(劳动安全卫生)、第 7 章(女职工和未成年工特殊保护)。具体规定有:① 工作时间和休息休假方面:《国务院关于工作时间和休息休假的规定》(1994 年)、《全国年节及纪念日的放假办法》(1999 年)、《职工带薪年休假条例》(2008 年);② 工资方面:《关于工资总额组成的规定》(1990 年)、《工资支付暂行规定》(1994 年)、《最低工资标准》(2004 年);③ 劳动安全卫生方面;④ 女职工和未成年工特殊保护方面。由于劳动安全卫生方面及女职工和未成年工特殊保护方面的内容在本书第三章已专门介绍,本章将不再涉及。

一、工作时间政策

工作时间简称工时,是我国劳动法的基本法律制度,是我国宪法关于公民休息的具体化。工作休息的实质是为了使劳动者不致疲劳,主要源于劳动者的生理需要。"法国学者米勒指出:一般人可以连续劳动 480 分钟,中间不休息的最大能量消耗界限是 16.75 KT/min。如果作业时的能量消耗超出这个界限,作业者就必须动用肌体的贮备能量,然后必须通过休息补充能量贮备。米勒假定标准能量为 100.47 KT,若要避免疲劳积累,则工作时间加上休息时间的平均能量消耗不能超出 16.75 KT/min,当能量为 66.98 KT/min 时,贮备的能量在 2 分钟内耗尽,故称

16.75 KT/min 的能量消耗为耐力水平。”①

（一）标准工时制

劳动者从事工作或劳动，“每日工作 8 小时，每周工作 40 小时”为标准工作日，标准工作日是计算其他工作日种类的依据。1995 年 5 月 1 日起，我国实行了国际通行的每周 40 小时工作制，对于施行每周 40 小时工时制度有困难的企业最迟可以延期到 1997 年 5 月 1 日施行，因此，在过渡期内，有些企业实行每周 44 小时的工时制度。《劳动法》规定，用人单位不得任意延长劳动时间，用人单位应当保证劳动者每周至少休息一日。

（二）特殊工时制

特殊工时制是指适用于特殊职工的工时制度，主要包括以下几种。

1. 缩短工作日

缩短工作日是指法律规定的少于标准工作日时数的工作日，即每天工作时间少于 8 小时或者每周工作时数少于 40 小时。适用于从事矿山、井下、高山、有毒有害、特别繁重体力劳动的劳动者、夜班工作的劳动者和哺乳期工作的女职工。

2. 不定时工作日

不定时工作日是指没有固定工作时间限制的工作日，主要适用于一些因工作性质、工作条件不受标准工作时间限制的工作。如企业中高级管理人员、外勤人员、推销人员、部分值班人员和其他因工作性质无法按标准工作时间衡量的职工；企业中的长途运输人员、出租汽车司机和铁路、港口的部分人员，以及因工作性质特殊，需机动作业的职工；其他因生产特点、工作特殊需要或职责范围的关系，适合实行不定时工作制的职工。

实行不定时工时，不受劳动法规定的日延长工作时间和月延长工作时间标准的限制，不享受超时加班的加班报酬，但企业可安排适当补休。一概地说，不定时工作制没有加班工资的说法是错误的，依据上海的规定，平时延长工作时间以及休息日加班的，用人单位不需要支付加班工资，但实行不定时工作制的员工在法定节假日加班的，用人单位需要按照不低于劳动者本人工资标准的 300％支付加班工资。实行不定时工作日，应履行审批手续。

3. 非全日制用工

非全日制用工是指以小时计酬为主，劳动者在同一用人单位一般平均每日工

① 转引自何娟：《人力资源管理》天津大学出版社 2000 年版，第 305－306 页。

作时间不超过 4 小时,每周工作时间累计不超过 24 小时的用工形式。具体内容为:非全日制用工双方当事人可以订立口头协议;从事非全日制用工的劳动者可以与一家或者一家以上用人单位订立劳动合同,后订立的劳动合同不得影响先订立的劳动合同的履行;用工双方当事人不得约定试用期;双方当事人任何一方都可以随时通知对方终止用工,用人单位不向劳动者支付经济补偿;计酬标准不得低于用人单位所在地人民政府规定的最低小时工资标准,劳动报酬结算支付周期最长不得超过 15 日。

4. 综合计算工作日

综合计算工作日是指用人单位根据生产和工作特点,以周、月、季、年等为周期,综合计算劳动者工作时间的一种工时形式,但其平均日工作时间和平均周工作时间应与法定标准工作时间基本相同,通常适用于从事受自然条件和技术条件影响或限制的季节性或特殊性的工种。如交通、铁路、邮电、水运、航空、渔业等行业中因工作性质特殊,需连续作业的职工;地质及资源勘探、建筑、制盐、制糖、旅游等受季节和自然条件限制的行业的部分职工;其他适合实行综合计算工时工作制的职工。实行综合计算工时,受劳动法规定的日延长工作时间和月延长工作时间标准的限制,应享受超时加班的加班报酬,企业无权随意安排劳动者的工作时间。实行综合计算工时,应履行审批手续。

5. 延长工作时间

延长工作时间是指劳动者的工作时数超过法律规定的标准工作时间,即加班、加点。加班是安排劳动者在法定节假日、公休假日进行工作,加点是超过基本工时进行工作。

(1) 延长工作时间的工资支付。标准工作日内安排劳动者延长工作时间的,支付不低于工资的 150%;休息日安排工作又不能安排补休的,支付不低于工资的 200%;法定休假日安排劳动者工作的,支付不低于工资的 300%。

(2) 实行延长工作时间的条件。必须是生产经营需要;必须与工会协商;必须与劳动者协商,得到劳动者的同意,不得强迫劳动;不得超过法定时数:每日不得超过 1 小时,特殊原因需要延长工作时间的,每日不得超过 3 小时,但每月累计不得超过 36 小时。

(3) 不受延长工作时间限制的条件。发生自然灾害、事故或者因其他原因,威胁劳动者生命健康和财务安全,需要紧急处理的;生产设备、交通运输线路、公共设施发生故障,影响生产和公众利益,必须及时抢修的;法律、行政法规规定的其他情形;在法定节日和公休假日工作不能间断,必须连续生产、运输或者营业的;必须利用法定节日或公休假日的停产期间进行设备检修、保养的;为完成国防紧急任务的;为完成国家下达的其他紧急生产任务的。

6. 其他工时制

根据《劳动法》规定，“企业因生产特点不能实行本法第 36 条、第 38 条规定的，经劳动行政部门批准，可以实行其他工作和休息办法。”

二、休息休假制度

我国宪法规定，劳动者享有休息休假的权利，这是我国劳动法律体系中的重要组成部分，是对劳动者进行保护的一个重要方面。休息时间包括工作间歇、两个工作日之间的休息时间、公休日、法定节假日以及年休假、探亲假、婚丧假、孕假、生育假、病假等。

（一）休息休假的含义

休息休假是指劳动者在任职期间，根据国家规定，不必从事规定的劳动和工作而自行支配的时间和法定节假日。

关于劳动者的休息权利有如下规定：

(1) 劳动者依法享有一定期间内休息时间总量的权利（至少每日享有 16 小时）。

(2) 劳动者依法享有在特定时间（妇女节、青年节、建军节、少数民族节日等部分公民放假节日期间）、法定节日、单位公休日休息的权利。

(3) 劳动者享有每周至少休息 1 日的连续休息时间的权利。

(4) 劳动者依法享有工间休息、年休假、婚丧假、探亲假等休息或休假的权利。

（二）探亲假、带薪年休假的规定

1. 探亲假政策

(1) 为了适当解决职工同亲属长期远居两地的探亲问题，我国自 1958 年开始实行探亲假制度，1981 年重新修订颁布了《关于职工探亲待遇的规定》，对享有探亲假的员工作了明确界定。文件规定：凡在国家机关、人民团体和全民所有制企业、事业单位的职工工作满一年，不能在公休假日团聚的可享受探亲假。但注意，公休假日和法定节日均包括在内。

(2) 享受探亲假的条件：在同一单位工作满一年，与配偶不住在一起，又不能在公休假日团聚的，每年一次 30 天探亲假；与父亲、母亲都不住在一起，又不能在公休假日团聚的，原则上每年一次 20 天探亲假；如因工作需要，单位当年不能给予假期，或职工自愿两年探亲一次，可两年给假一次，假期为 45 天。但职工与父亲或与母亲一方能够在公休假日团聚的，不能享受。“不能在公休假日团聚”是指不能利用公休假日在家居住一夜和休息半个白天。

(3) 私企职工不可以享受探亲假。对于私营企业和外资企业，则没有探亲假方面的规定。

2. 带薪休假政策

2008年我国企业职工开始实行带薪年休假政策。

(1) 对象。中华人民共和国境内的企业、民办非企业单位、有雇工的个体工商户等单位(以下称用人单位)和与其建立劳动关系的职工。

(2) 享受资格。职工连续工作满12个月以上的，享受带薪年休假，其间享受与正常工作期间相同的工资收入。

(3) 具体内容。① 条件：用人单位根据生产、工作的具体情况，并考虑职工本人意愿，统筹安排年休假，年休假天数根据职工累计工作时间确定，用人单位确因工作需要不能安排职工年休假或者跨一个年度安排年休假的，应征得职工本人同意。② 补偿方法：经员工同意不安排年休假或安排天数少于应休天数，按其日工资收入的300%补偿未休年休假工资报酬，其中包含用人单位支付职工正常工作期间的工资收入；员工解除或者终止劳动合同时，年休假按照职工当年已工作时间折算应休未休年休假天数并支付未休年休假工资报酬，但折算后不足1整天的部分不支付未休年休假工资报酬。具体方法如下：

第一，用人单位新进职工连续工作满12个月以上的，享受带薪年休假，当年度年休假天数，按照在本单位剩余日历天数折算确定，折算后不足1整天的部分不享受年休假。折算方法为：(当年度在本单位剩余日历天数÷365天)×职工本人全年应当享受的年休假天数。

第二，用人单位与职工解除或者终止劳动合同时，当年度未安排职工休满应休年休假的，应当按照职工当年已工作时间折算应休未休年休假天数，并支付未休年休假工资报酬，但折算后不足1整天的部分不支付未休年休假工资报酬。折算方法为：(当年度在本单位已过日历天数÷365天)×职工本人全年应当享受的年休假天数－当年度已安排年休假天数。

(4) 对违反规定的处理。用人单位不安排职工休年休假又不依照条例及办法规定支付未休年休假工资报酬的，由县级以上地方人民政府劳动行政部门依据职权，责令限期改正；对逾期不改正的，除责令该用人单位支付未休年休假工资报酬外，用人单位还应当按照未休年休假工资报酬的数额向职工加付赔偿金；对拒不执行支付未休年休假工资报酬、赔偿金行政处理决定的，由劳动行政部门申请人民法院强制执行。注意：用人单位安排职工休年休假，但是职工因本人原因且书面提出不休年休假的，用人单位可以只支付其正常工作期间的工资收入；职工依法享受的探亲假、婚丧假、产假等国家规定的假期，以及因工伤停工留薪期间不计入年休假假期。

(5) 退休返聘人员的年休假问题。依据《劳动合同法》及相关法律规定,职工达到法定退休年龄,并且享受基本退休养老待遇,终止劳动关系从而进入社会保障体系,不再受劳动法律的调整,因而退休返聘职工并不享受法定年休假待遇。但是,实际上返聘人员与普通职工仍然在同一个环境里工作,退休返聘员工所做的工作和一般员工没有区别,且员工退休后得到返聘往往说明单位对其能力比较看重。为避免引发员工反感和不满,企业应与返聘人员在合同中约定一定天数的带薪休假日,或可以通过内部规章制度为退休返聘人员设立带薪休假的制度,赋予退休返聘职工一定的带薪假日,以弥补退休返聘职工与普通职工在这方面的差别。

三、劳动工资政策

(一) 劳动工资的规定

劳动工资是用人单位依据国家有关规定或劳动合同约定的劳动者本人所在的岗位(职位)相对应的工资标准,以各种货币形式支付给劳动者的劳动报酬。作为劳动合同的重要条款,用人单位根据劳动者提供的劳动数量和质量,依据国家有关规定或劳动合同的约定,由雇员和雇主定期协商决定,以货币形式直接支付给劳动者。

1. 我国现行的工资形式

根据国务院统计局《关于工资总额组成的规定》,工资总额有计时工资(月、日、小时)、计件工资、奖金、津贴和补贴、加班加点工资和特殊情况的工资等六种形式。其中,特殊情况的工资包括病假、产假、计划生育假、年休假、探亲假、婚假、丧假工资,停工学习期间的工资,履行国家或社会义务期间的工资,企业依法破产时劳动者的工资,附加工资和保留工资。

2. 工资支付的方法

(1) 员工工资应当以法定货币形式在用人单位与劳动者约定的日期支付,至少每月支付一次,实行周、日、小时工资制的可按周、日、小时支付工资。对完成一次性临时性劳动或某些具体工作的劳动者,用人单位应按有关协议或合同规定在其完成劳动任务后即支付工资。如遇节假日或休息日,应提前在最近的工作日支付,不得以实物及有价证券代替货币支付。

(2) 劳动者与用人单位在依法解除或终止劳动合同时,用人单位应同时一次结清劳动者工资;用人单位依法破产时,应将劳动者的工资列入清偿的顺序,首先支付。

(3) 用人单位必须直接支付工资。必须书面记录支付劳动者工资的数额、时间、领取者的姓名以及签字,向劳动者提供一份其个人的工资清单,并保存两年以上备查。

3. 关于特殊人员的工资支付问题

(1) 劳动者受处分后的工资支付:劳动者受行政处分后仍在原单位工作(如留用察看、降级等)或受刑事处分后重新就业的,应主要由用人单位根据具体情况自主确定其工资报酬;劳动者受刑事处分期间,如收容审查、拘留(羁押)、缓刑、监外执行或劳动教养期间,其待遇按国家有关规定执行。

(2) 学徒工、熟练工、大中专毕业生在学徒期、熟练期、见习期、试用期及转正定级后的工资待遇,由用人单位自主确定。

(3) 新就业复员军人的工资待遇由用人单位自主确定;分配到企业的军队转业干部的工资待遇,按国家有关规定执行。

(二) 病假工资的规定①

病假工资是法律给予劳动者因疾病或非因工受伤,在企业批准停止工作进行治病休息期间的劳动者在医疗期的特殊保护。在此期间,除法定情形外,医疗期内用人单位不能解除或终止劳动合同,同时,医疗期内依法支付病假工资待遇是企业的义务,用人单位还应当依法支付病假工资,以保障劳动者的基本生活。病假待遇应当低于正常的工资水平,用人企业不可以随意制定病假工资标准,法律对此有详细的规定。

1. 病假工资的计算

病假工资由病假工资基数和病假工资系数两部分构成。

(1) 病假工资的基数确定原则。根据上海市《企业工资支付办法》规定:① 劳动合同有约定的,按不低于劳动合同约定的劳动者本人所在岗位(职位)相对应的工资标准确定。集体合同(工资集体协议)确定的标准高于劳动合同约定标准的,按集体合同(工资集体协议)标准确定。② 劳动合同、集体合同均未约定的,可由用人单位与职工代表通过工资集体协商确定,协商结果应签订工资集体协议。③ 用人单位与劳动者无任何约定的,病假工资的计算基数统一按劳动者本人所在岗位(职位)正常出勤的月工资的 70%确定。此外,按以上三个原则计算的病假工资基数均不得低于本市规定的最低工资标准。

(2) 病假工资的计算系数按照以下方式确定:① 职工因病或非因工负伤连续

① 唐付强:《病假工资如何计算》,《新民晚报》,2010-2-21。

休假在6个月以内的，企业应按下列标准支付疾病休假工资：其一，连续工龄不满2年的，按本人工资的60%计发；其二，连续工龄满2年不满4年的，按本人工资的70%计发；其三，连续工龄满4年不满6年的，按本人工资的80%计发；其四，连续工龄满6年不满8年的，按本人工资的90%计发；其五，连续工龄满8年及以上的，按本人工资的100%计发。② 职工疾病或非因工负伤连续休假超过6个月的，由企业支付疾病救济费：其一，连续工龄不满1年的，按本人工资的40%计发；其二，连续工龄满1年不满3年的，按本人工资的50%计发；其三，连续工龄满3年及以上的，按本人工资的60%计发。

病假工资的计算基数和计算系数确定后，便可计算出病假工资的数额：病假工资=(计算基数/21.75)×计算系数×病假天数。

2. 病假工资的保底和封顶标准

(1) 病假工资的保底标准——强制性标准。根据上海市原劳动局《关于加强企业职工疾病休假管理保障职工疾病休假期间生活的通知》(沪劳保发[1995]83号)及上海市劳动和社会保障局《关于本市企业职工疾病休假工资或疾病救济费最低标准的通知》的相关规定，每月职工疾病或非因工负伤休假待遇低于本企业月平均工资40%的，应补足到本企业月平均工资的40%，但不得高于本人原工资水平、不得高于本市上年度职工月平均工资。企业月平均工资的40%低于当年本市企业职工最低工资标准的80%，应补足到当年本市企业职工最低工资标准的80%。企业职工疾病休假工资或疾病救济费最低标准不包括应由职工缴交的养老、医疗、失业保险费和住房公积金。

(2) 病假工资的封顶标准——非强制性标准。根据上海市原劳动局《关于加强企业职工疾病休假管理保障职工疾病休假期间生活的通知》第五条之规定，职工疾病或非因工负伤待遇高于本市上年度月平均工资的，可按本市上年度月平均工资计发。

3. 病假工资待遇与因工负伤的停工留薪待遇的不同

(1) 支付的待遇不同。根据《上海市工伤保险实施办法》第三十五条之规定，从业人员因工作遭受事故伤害或者患职业病需要暂停工作接受工伤治疗的，在停工留薪期内，原工资福利待遇不变，由所在单位按月支付。因此，因工负伤或者患职业病，用人单位需要按照负伤或者患职业病前原福利待遇支付工资，标准为工伤人员负伤前12个月的平均工资收入。停工留薪期的原工资福利待遇不得低于本市职工最低月工资标准。而按照法定标准计算出的病假工资标准，一般会低于原工资福利待遇。

(2) 支付的期间不同。根据《上海市工伤保险实施办法》第三十五条之规定，停工留薪期一般不超过12个月。伤情严重或者情况特殊，经鉴定委员会确认，可以适当延长,但延长不得超过12个月。也就是说,停工留薪期最长不超过24个月。而员工的病假一般来说要根据病情,由医生开具病假单,并由用人单位批准,时间上可长可短。

(三) 工资保障的监督

用人单位应根据法律、法规、规章制度的规定,通过工会组织或职工大会、职工代表大会或其他形式协商制定内部工资支付制度,并告知本单位全体劳动者,同时抄报当地劳动行政部门备案。

各级劳动行政部门有权监督用人单位工资支付的情况。用人单位有下列侵害劳动者合法权益行为的,由劳动行政部门责令其支付劳动者工资和经济补偿,并可责令其支付补偿金,经济补偿和赔偿金的标准,按国家有关规定执行。具体如下:

(1) 用人单位违反劳动合同的规定,给劳动者造成损失的,应按下列规定赔偿:① 造成劳动者工资收入损失:按劳动者本人应得工资收入支付给劳动者,并加付应得工资收入25%的赔偿费用。② 造成劳动者劳动保护待遇损失:应按国家规定补足劳动者的劳动保护津贴和用品。③ 造成劳动者工伤、医疗待遇损失:除按国家规定为劳动者提供工伤、医疗待遇外,还应支付劳动者相当于医疗费用25%的赔偿费用。④ 造成女职工和未成年工身体健康损害:除按国家规定提供治疗期间的医疗待遇外,还应支付相当于其医疗费用25%的赔偿费用。⑤ 劳动合同约定的其他赔偿费用。

(2) 用人单位拖欠或者未足额支付劳动者工资的情况。

《劳动合同法》第三十条第二款规定:用人单位拖欠或者未足额支付劳动报酬的,劳动者可以依法向当地人民法院申请支付令,人民法院应当依法发出支付令。《劳动合同法》以"拖欠"替代原《劳动法》中的"无故拖欠",强调了用人单位无论什么理由都不能逾期不发工资;以"未足额支付"替代原《劳动法》中的"克扣",强调了未足额支付的客观状态。

(3) 用人单位拒不支付劳动者延长工作时间工资的。

(4) 用人单位以低于当地最低工资标准支付劳动者工资的。

用人单位出现以上(2)(3)(4)情况的,由劳动行政部门责令限期支付劳动报酬、加班费、支付差额部分;逾期不支付的,责成用人单位按应付金额的50%以上100%以下的标准加付赔偿金。

员工在操作过程中由于自己失误给公司造成经济损失,员工应该承担赔偿责任。《上海市企业工资支付办法》第二十二条规定:"劳动者因本人原因给单位造成经济损失,用人单位依法要求其赔偿,并需从工资中扣除赔偿费的,扣除的部分不得超过劳动者当月工资收入的20%,且扣除后的剩余工资不得低于本市规定的最低工资标准。”

第三节　劳动合同制度

固定工和临时工这两种形式是我国主要的旧有就业体制,其中固定工制度成为劳动者普遍追求的就业形式。但随着市场经济的建立和发展,劳动关系和用工情况发生了多种变化,用工政策也从固定就业、终身就业向合同就业转变,在我国出现了非全日制用工、劳务派遣工、家庭用工、个人用工等新型的劳动关系,劳动合同制成为中国最基本的雇用制度。为了使企业能够根据自身对劳动力的需求灵活管理员工,有必要依据现实存在的问题对劳动合同制度作进一步的完善,以保证企业对职工的有效使用。

一、劳动合同概述

劳动合同是劳动者和用人单位之间确立劳动关系、明确双方权利和义务的协议。建立劳动关系,应当订立书面劳动合同。劳动合同主体一方的劳动者必须是大于16周岁,具有劳动行为能力,有就业要求的劳动者。作为另一方主体的是企业、个体经济组织(7人以下个体工商户)、民办非企业单位(非营利性社会组织)等组织或与劳动者建立劳动关系的国家机关、事业单位、社会团体,必须是依法成立,能够承担民事责任,能够提供国家规定的劳动条件、支付劳动报酬、缴纳社会保险费的用人单位。

(一) 劳动合同的内容

劳动合同的文本内容包括必备条款与约定条款。

(1) 必备条款(又称法定条款)。包括劳动合同期限、工作内容、劳动保护和劳动条件、劳动报酬、社会保险、劳动纪律、劳动合同终止的条件和违反劳动合同的责任等方面。

(2) 协商约定条款。包括法定的协商约定条款,如试用期、保密事项和补充的协商约定条款。

我国《劳动合同法》明确规定,劳动者与用人单位已建立劳动关系,但未同时订立书面劳动合同的,应当自用工之日起一个月内订立书面劳动合同。如果用人单位与劳动者在用工前订立劳动合同的,劳动关系自用工之日起建立,“用人单位自用工之日起超过一个月不满一年未与劳动者订立书面劳动合同的,应当向劳动者每月支付二倍的工资。”

(二)试用期问题分析

在试用期问题上,有的企业存在误区:试用期可以不参保,导致经常有员工向社会保险机构反映,单位以试用期可以不缴纳社保费为理由,不为员工缴纳保险费用,导致员工只能自己缴纳保险费用。但《劳动合同法》明确规定了试用期参保问题,按照规定,试用期内员工和用人单位建立了劳动关系,就应当签订劳动合同,约定试用期,试用期最长不得超过 6 个月并缴纳社保费,不论是试用期职工还是正式职工,都应当从计薪之日起办理参保和缴费手续。

关于试用期的约定具体如下:

(1) 劳动合同期限三个月以上不满一年的,试用期不得超过一个月;劳动合同期限一年以上不满三年的,试用期不得超过二个月;三年以上固定期限和无固定期限的劳动合同,试用期不得超过六个月。

(2) 同一用人单位与同一劳动者只能约定一次试用期。

(3) 以完成一定工作任务为期限的劳动合同或者劳动合同期限不满三个月的,不得约定试用期。

(4) 试用期包含在劳动合同期限内。劳动合同仅约定试用期的,试用期不成立,该期限为劳动合同期限。

(5) 劳动者在试用期的工资不得低于本单位相同岗位最低档工资或者劳动合同约定工资的百分之八十,并不得低于用人单位所在地的最低工资标准。

(6) 非全日制用工无试用期。

(三)无固定期限劳动合同

1. 订立条件

有下列情形之一,劳动者同意续订、订立劳动合同的,除劳动者提出订立固定期限劳动合同外,用人单位都应当与之订立无固定期限劳动合同。

(1) 劳动者在该用人单位连续工作满十年的。无固定期限劳动合同把劳动者在某一用人单位连续工作一定年限以上作为签订无固定期限劳动合同的必要条件之一,这种稳定的劳动关系把劳动者前期对用人单位所作的贡献与劳动者后期从用人单位所应得到的职业保障紧密地联系在一起,从而解除了劳动者在生活及职业选择上的后顾之忧,充分体现了效率与公平的原则,是比较人性化的一个条款。

(2) 用人单位初次实行劳动合同制度或者国有企业改制重新订立劳动合同时,劳动者在该用人单位连续工作满十年且距法定退休年龄不足十年的。

(3) 连续订立两次固定期限劳动合同,且劳动者没有本法第三十九条(在试用期间被证明不符合录用条件的、严重违反用人单位的规章制度的)和第四十条第一项、第二项规定的情形(劳动者患病或者非因工负伤,在规定的医疗期满后不能从事原工作,也不能从事由用人单位另行安排的工作的;劳动者不能胜任工作,经过培训或者调整工作岗位,仍不能胜任工作)。这就意味着,劳动者一旦与企业签订了两次固定期限劳动合同,那第三次合同必须签订无固定期限劳动合同,而且签约的主动权完全掌握在劳动者这一边。因此,用人单位如今应当把中长期用工作为一种主流的用工形式,尽量避免劳动合同的短期化,一旦出现劳动合同续订的情况,应客观全面地考虑实际情况来决定是否与劳动者继续签订劳动合同。

(4) 用人单位自用工之日起满一年不与劳动者订立书面劳动合同的,视为用人单位与劳动者已订立无固定期限劳动合同。

为规避《劳动合同法》中"签订无固定期限合同"的情况,部分企业从"突击裁员"转为手段更隐蔽的"变相炒人"。在珠三角地区的一些城市,有的企业以"调整岗位"等手段,将年龄大、工龄长的员工安排到其"干不了"的岗位上,再以"不胜任"为由辞退,或迫使其"自愿"离开;有的企业在合同到期后不续签,而是通过劳务派遣回聘这些老员工,工龄由此被"归零";有的企业改换股东和法人变更为新厂,工作多年的员工只能"从零开始"。

2. 解除条件

无固定期限劳动合同相比固定期限劳动合同的最大区别就在于只要没有出现法律规定的情况,只要劳动者自身没有犯错误,那么劳动关系就能长期稳定地延续下去,而稳定的劳动关系则给劳动者带来的是稳定的收入以及更加全面的社会保障,从而促进整个社会的和谐稳定。

(四) 违约金问题分析

《劳动合同法》规定,由用人单位为劳动者提供专项培训费用进行专业技术培训而进行服务期约定,除了以下两种情况,不允许用人单位与劳动者在劳动合同当中约定对劳动者的违约金。

(1) 双方当事人有服务期约定的,违约金作为违反服务期的补偿。对约定违约金数额的多少,原《劳动法》没有作出明确限定,但《劳动合同法》作了封顶规定,要求约定违约金的数额不得超过用人单位提供的培训费用,并且要求劳动者支付的违约金不得超过服务期尚未履行部分所应分摊的培训费用。对培训费用的范围,《劳动合同法实施条例》(第十六条)作出了更细化的规定和要求:《劳动合同法》第二十二条第二款规定的培训费用,包括用人单位为了对劳动者进行专业技术培训而支付的有凭证的培训费用、培训期间的差旅费用以及因培训产生的用于该劳动者的其他直接费用。

(2) 双方当事人有竞业限制约定的,违约金作为违反保密协议的补偿。用人单位可以与劳动者协商约定竞业限制条款,约定劳动者在离开单位后一定期限内不得在生产同类产品或经营同类业务且有竞争关系或者其他利害关系的其他单位内任职,或者自己生产、经营与原单位有竞争关系的同类产品或业务。凡有这种约定的,用人单位应当向劳动者支付一定数额的补偿费。且通常情况下,工资总额应是用人单位支付劳动者的全部劳动报酬,不应包括竞业限制的补偿金。

劳动者有过错,用人单位提前解除劳动合同的,劳动者仍需支付违约金。具体包括以下方面:

(1) 劳动者严重违反用人单位的规章制度的;

(2) 劳动者严重失职,营私舞弊,给用人单位造成重大损害的;

(3) 劳动者同时与其他用人单位建立劳动关系,对完成本单位的工作任务造成严重影响,或者经用人单位提出,拒不改正的;

(4) 劳动者以欺诈、胁迫的手段或者乘人之危,使用人单位在违背真实意思的情况下订立或者变更劳动合同的;

(5) 劳动者被依法追究刑事责任的。

二、劳动合同的履行

用人单位在与劳动者建立劳动关系时,要提高管理水平,避免事实劳动关系风险。一旦建立劳动关系,就应及时签订劳动合同,避免不签订劳动合同给用人单位可能带来的风险,若劳动者拒签,则应在一个月之内以书面形式通知其签订劳动合同,并以此作为依据。

在《劳动合同法》实施之前,用人单位出资招用劳动者,对劳动者进行培训或者提供特殊待遇,均可以与劳动者约定服务期,而新法缩小了服务期约定的情形,根据《劳动合同法》第二十二条第一款之规定,用人单位为劳动者提供专项培训费用,对其进行专业技术培训的,可以与该劳动者订立协议,约定服务期。

劳资双方如果约定试用期,必须具备两个条件:① 培训费用必须是专项的;② 培训性质必须是专业技术培训。这里的培训费用,包括用人单位为了对劳动者进行专业技术培训而支付的有凭证的培训费用、培训期间的差旅费用以及因培训产生的用于该劳动者的其他直接费用。

三、劳动合同的解除

劳动合同的解除是指劳动合同签订后，尚未履行完毕以前，由于某种因素导致当事人双方或单方提前结束劳动合同的法律效力、解除双方权利义务关系的法律行为。世界各国通常采用三个指标解除劳动合同：解雇理由、解雇程序与解雇待遇(即补偿金)。在美国，通常只需要履行解雇程序，提前通知。英国则是三选一，要么有解雇理由，要么提前通知，要么支付补偿金。而在中国则三者都是必需的。

我国劳动合同的解除分为法定解除和协商解除两种。法定解除是指用人单位或者劳动者根据发生法律、法规或劳动合同规定的情况，提前终止劳动合同的法律效力。可具体分为即时解除(用人单位的即时解雇、员工即时辞职)和预告解除(用人单位的预告解雇、员工预告解除)两种方式。

(一) 即时解除

1. 用人单位的即时解雇("过失性解除")

(1) 在试用期间被证明不符合录用条件的；

(2) 严重违反劳动纪律或用人单位规章制度的；

(3) 严重失职、营私舞弊，对用人单位利益造成重大损害的；

(4) 劳动者同时与其他用人单位建立劳动关系，对完成本单位工作造成严重影响，或经用人单位提出，拒不改正的；

(5) 因劳动者原因签订的无效劳动合同；

(6) 被依法追究刑事责任的。

2. 员工的即时辞职

(1) 用人单位未按照劳动合同约定提供劳动保护或者劳动条件的；

(2) 用人单位未及时足额支付劳动报酬的；

(3) 用人单位未依法为劳动者缴纳社会保险费的；

(4) 用人单位的规章制度违反法律、法规的规定，损害劳动者权益的；

(5) 用人单位以欺诈、胁迫的手段或者乘人之危，使劳动者在违背真实意思的情况下订立或者变更劳动合同的；

(6) 用人单位在劳动合同中免除自己的法定责任、排除劳动者权利的；

(7) 用人单位违反法律、行政法规强制性规定的；

(8) 用人单位以暴力、威胁或者非法限制人身自由的手段强迫劳动者劳动的；

(9) 用人单位违章指挥、强令冒险作业危及劳动者人身安全的；

(10) 法律、行政法规规定劳动者可以解除劳动合同的其他情形。

（二）预告解除

1. 用人单位的预告解雇（“非过失性解除”）

(1) 医疗期满解除。劳动者患病或者非因工负伤，在规定的医疗期满后不能从事原工作，也不能从事由用人单位另行安排的工作的。

(2) 不能胜任解除。劳动者不能胜任工作，经过培训或者调整工作岗位，仍不能胜任工作的。

(3) 客观情况变化解除。劳动合同订立时所依据的客观情况发生重大变化，致使原劳动合同无法履行，经当事人协商不能就劳动合同变更达成协议的。

(4) 经济性裁减人员。

以上三种情形用人单位既可以提前 30 日以书面形式通知劳动者本人，也可以额外支付劳动者一个月工资，然后解除劳动合同。即用人单位可以提前 30 日以书面形式通知劳动者解除劳动合同的替代方式，但不包括经济性裁员。

预告解除的禁止条件：劳动者有下列情形之一的，用人单位不得依照预告解除的规定解除劳动合同：

(1) 从事接触职业病危害作业的劳动者未进行离岗前职业病健康检查，或者疑似职业病病人在诊断或者医学观察期间的；

(2) 在本单位患职业病或者因工负伤并被确认丧失或者部分丧失劳动能力的；

(3) 患病或者非因工负伤，在规定的医疗期内的；

(4) 女职工在孕期、产期、哺乳期的；

(5) 在本单位连续工作满 15 年，且距法定退休年龄不足 5 年的；

(6) 法律、行政法规规定的其他情形。

2. 员工的预告辞职

(1) 在合同期内，员工可以提前 30 日以书面形式通知用人单位无理由辞职；

(2) 在试用期内，员工可以提前 3 日通知用人单位无理由辞职。

（三）双方协商解除

当事人中的一方因某种原因，可以随时提出解除劳动合同，经过双方协商同意提前终止劳动合同的法律效力。双方当事人应按照要约、承诺的程序，签订劳动合同解除的书面协议。劳动者主动提出解除劳动合同的，没有经济补偿金；用人单位主动提出解除的，需要给予劳动者经济补偿。

四、经济赔偿金与经济补偿金

（一）经济赔偿金

《劳动合同法》第八十二条规定，用人单位自用工之日起超过一个月不满一年未与劳动者订立书面劳动合同的，应当向劳动者每月支付两倍的工资；违反规定不与劳动者订立无固定期限劳动合同的，自应当订立无固定期限劳动合同之日起向劳动者每月支付两倍的工资。《劳动合同法实施条例》第六条规定，用人单位自用工之日起超过一个月不满一年未与劳动者订立书面劳动合同的，应当依照《劳动合同法》第八十二条的规定向劳动者每月支付两倍的工资，并与劳动者补订书面劳动合同；劳动者不与用人单位补订书面劳动合同的，用人单位应当书面通知劳动者终止劳动关系，并依照《劳动合同法》第四十七条的规定支付经济补偿。

（二）经济补偿金

1. 条件

有下列情况之一，解除劳动合同的，劳动者可以得到经济补偿金：

(1) 由用人单位提出解除劳动合同，并符合如下条件之一的：经双方协商同意解除劳动合同的；劳动者患病或者非因工负伤，医疗期满后，不能从事原工作也不能从事由用人单位另行安排的工作的；劳动者不能胜任工作，经过培训或者调整工作岗位仍不能胜任工作的；劳动合同订立时所依据的客观情况发生重大变化，致使原劳动合同无法履行，经当事人协商不能就变更劳动合同达成协议的；用人单位濒临破产进行法定整顿期间，或者生产经营状况发生严重困难需要裁减人员的。

(2) 由劳动者提出解除劳动合同，并符合如下条件之一的：用人单位以暴力、威胁或者非法限制人身自由的手段强迫劳动的；用人单位未按照劳动合同的约定支付劳动报酬或者提供劳动条件的；法律、法规规定的其他情形。

2. 补偿标准

经济补偿按劳动者在本单位工作的年限，每满一年支付一个月工资的标准向劳动者支付。六个月以上不满一年的，按一年计算；不满六个月的，向劳动者支付半个月工资的经济补偿。劳动者月工资高于用人单位所在直辖市、设区的市级人民政府公布的本地区上年度职工月平均工资三倍的，向其支付经济补偿的标准按职工月平均工资三倍的数额支付，向其支付经济补偿的年限最高不超过 12 年(这里的月工资是指劳动者在劳动合同解除或者终止前十二个月的平均工资)。

《劳动合同法实施条例》第五条规定："自用工之日起一个月内，经单位书面通知后，不与单位订立书面劳动合同的，单位应书面通知劳动者终止劳动关系，无需支付经济补偿，但应当依法向劳动者支付其实际工作时间的劳动报酬。"

第四节　劳动争议政策

近年来，全国立案受理的劳动争议案件呈快速增加趋势，2004 年上半年已达 13.5 万件，处理集体劳动争议 6 440 件，涉及人数 18.4 万。上海市 2008 年劳动争议案件大幅增长，劳动争议仲裁机构受理劳动争议案件 64 580 件，比 2007 年同期增长 119.1%，相当于 1995 年《劳动法》实施时的 25 倍以上。从引发劳动争议的原因看，在劳动争议案件中，劳动报酬、保险福利、解除和变更劳动合同等已成为劳动者与用人单位争议的焦点。

一、劳动争议

劳动争议是指劳动关系双方当事人之间因劳动权利义务主张不一而发生的纠纷。争议主体是用人单位和劳动者，争议内容限于劳动权利、义务。劳动争议的解决本着维护劳动争议当事人的合法权益的原则，着重调解，合法、公正、及时处理。

（一）劳动争议处理的程序

劳动争议主要通过四种途径进行处理：双方协商解决争议；企业劳动争议调解委员会调解争议；劳动争议仲裁委员会申请仲裁；不服仲裁裁决的，向人民法院起诉，由人民法院审理并作出最终判决。具体如图 8-1 所示。

（二）劳动争议调解的含义

劳动争议调解是指在企业调解委员会的主持下，对企业与其职工发生的劳动争议，依据国家的劳动法律、法规，以民主协商的方式，使双方当事人达成协议，将争议解决在企业内部的一种活动。它是企业内基层群众性组织所作的调解，不是劳动争议处理的必经程序，是我国处理劳动争议的基本形式，成为我国劳动争议处理制度的重要组成部分。

1. 劳动争议调解的原则

(1) 自愿原则。劳动争议调解委员会在进行争议调解时，应依照法律，遵循双

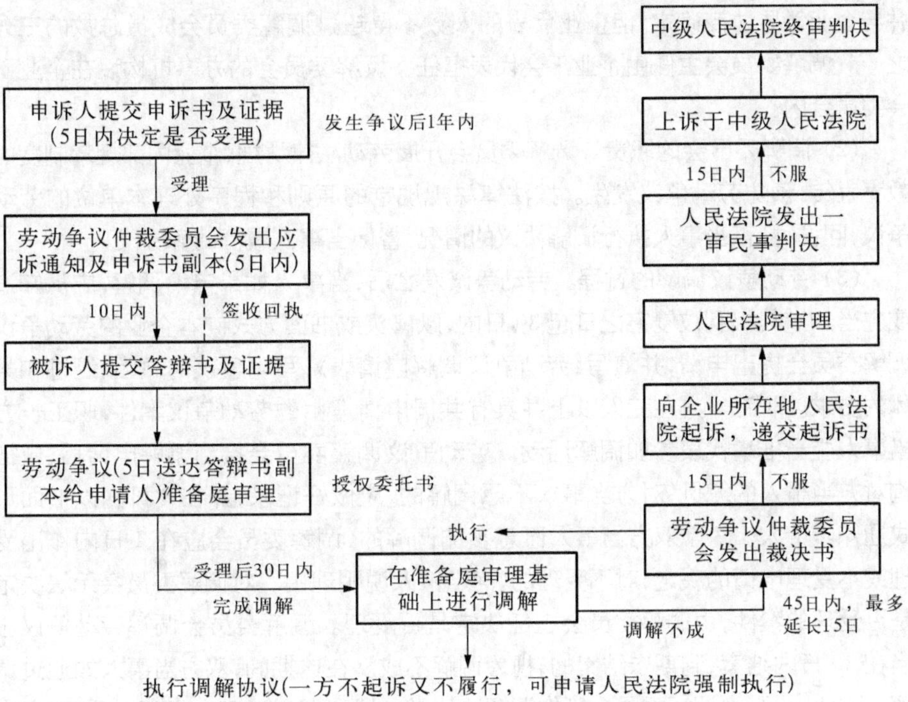

图 8-1　劳动争议处理一般办理程序

方当事人自愿原则进行调解。自愿原则包括：① 劳动争议发生后，解决劳动争议的方式由当事人自由选择，是否向调解委员会申请调解，或向法院申请仲裁，调解委员会不得干涉，由当事人自愿决定。② 调解过程自愿协商。双方当事人法律地位平等，任何一方不得强迫另一方。③ 调解协议的执行是自愿的，经劳动争议调解委员会调解达成的协议，当事人反悔，不愿履行协议的，仍享有提请仲裁的权利。对此，调解委员会没有强制执行的法律效力，不得干涉和阻拦。

(2) 民主原则。企业劳动争议调解委员会在调解劳动纠纷时，主要依据法律、法规，运用民主讨论、说服教育的方法，在双方认识一致的前提下，动员其自愿协商后达成协议。

2. 企业劳动争议调解委员会

(1) 企业劳动争议调解委员会是进行争议调解工作的机构。根据《劳动法》和《企业劳动争议处理条例》的规定，企业可以设立劳动争议调解委员会。调解委员会由职工代表、企业代表和企业工会代表组成。职工代表由职工代表大会(或职工大会)推举产生，企业代表由企业领导指定，企业工会代表由企业工会委员会指定。没有成立工会组织的企业，调解委员会的设立及其组成由职工代表大会与企业代表协商决定。企业劳动争议调解委员会组成人员的具体人数由职工代表大会提出并与企业领导协商确定，但企业代表的人数不得超过调解委员会成员总数的三分之一。调解委员会主任由企业工会代表担任。调解委员会的办事机构设在企业工会委员会内。

（2）调解委员会的职责。调解委员会开展劳动法律法规、企业内部规章制度的教育宣传，预防劳动争议发生。按法律法规规定的原则和程序处理本单位的劳动争议，回访、检查当事人执行调解协议的情况，督促当事人履行调解协议。

（3）劳动争议调解的过程。劳动争议发生后，当事人如果申请调解，应从知道或应当知道其权利被侵害之日起30日内，以口头或书面方式向本企业的劳动争议调解委员会提出申请，并填写《劳动争议调解申请表》，写明争议的原因、经过和具体的要求。职工一方在三人以上并具有共同申请理由的劳动争议案件，职工一方当事人应当推举代表参加调解活动。劳动争议调解委员会接到调解申请后，应征询对方当事人的意见，对方当事人不愿调解的，应做好记录，并在3日内以书面形式通知申请人。对于双方当事人愿意参加调解的，调解委员会应在4日内作出受理或不受理申请的决定，对不受理的，向申请人说明理由。对调解委员会无法决定是否受理的案件，由调解委员会主任决定是否受理。调解委员会调解劳动争议应当在30日内结案，到期未结案的，视为调解不成。在这期间，双方当事人如通过调解达成协议，则由调解委员会制作调解协议书。协议书送达双方当事人后，双方当事人应当严格地自觉履行。如果调解不成，由调解委员会制作调解意见书以作记录并说明情况，双方当事人则可以向劳动争议仲裁委员会申请仲裁。

二、劳动争议仲裁

劳动争议仲裁，是指劳动争议仲裁机构对用人单位与劳动者之间发生的劳动争议，根据劳动争议当事人一方或双方的申请，在查明事实、明确是非、分清责任的基础上，依法就劳动争议的事实和当事人应承担的责任作出判断和裁决的活动。劳动争议仲裁具有较强的专业性，是准司法性的裁决，裁决书具有法律上的强制约束力。劳动争议仲裁是处理劳动争议的第一或第二道程序，既是法定的必经程序，也是劳动争议诉讼的前置程序。

（一）劳动争议仲裁概述

1. 劳动争议仲裁委员会的办公经费由财政予以保障

目前上海市劳动争议仲裁委员会仲裁费的收费标准为每案300元，对需要进行特殊处理，如需要异地调查、作各类鉴定等的案件，按实际开支收费。劳动者当事人缴纳仲裁费确有困难的，经审批可以给予缓、减、免。

2. 申请劳动争议仲裁的三种情况

凡在劳动争议处理范围内的劳动争议案件,双方当事人都有权在规定期限内向仲裁委员会申请仲裁。主要包括三种情况:发生争议后直接向仲裁委员会申请仲裁的;发生争议后,本企业没有调解委员会的;发生争议后,经企业调解委员会调解不成的。

3. 劳动争议仲裁委员会

劳动争议仲裁委员会(以下简称仲裁委员会)是国家授权,依法独立处理劳动争议案件的专门机构,各级劳动行政主管部门的劳动争议处理机构是仲裁委员会的办事机构。劳动争议仲裁委员会组成人员应当是单数,由下列人员组成:劳动行政主管部门代表、同级工会的代表、用人单位方面的代表。

(二)劳动争议仲裁原则

1. 一次裁决原则

劳动争议仲裁实行一案一庭审理,一个裁级一次裁决制度,一次裁决即为终局裁决。当事人如不服仲裁裁决,只能依法向人民法院起诉,不得向上一级仲裁委员会申请复议或要求重新处理。这也是劳动仲裁区别于诉讼程序的特别之处。

原有的劳动争议处理程序实行"一裁二审",即所有案件都必须先经劳动仲裁,如果不服可到法院再经一审、二审,整个程序最少也要花费一年的时间。而"一裁终局"只经劳动仲裁就作出终局裁决,裁决书自作出之日起发生法律效力。它主要包括以下几种情况:一是追索劳动报酬、工伤医疗费、经济补偿金或者法定赔偿金,不超过当地月最低工资标准 12 个月金额的争议;二是因执行国家的劳动标准,在工作时间、休息休假、社会保险等方面发生的争议;三是选择仲裁的集体合同争议。

2. 合议原则

合议原则是指仲裁庭对劳动争议案件裁决时,实行少数服从多数原则。合议原则是为了保证仲裁裁决的公正性,也是在仲裁工作中体现出的民主集中制原则。

3. 强制原则

强制原则主要表现为:一方当事人申请仲裁,无需双方达成一致协议,仲裁委员会即可受理;在仲裁庭对争议调解不成时,无需得到当事人的同意,可直接行使裁决权;对裁决无异议的仲裁文书具有法律效力,当事人必须执行;对发生法律效力的仲裁裁决,一方不执行,另一方可申请人民法院强制执行。

4. 回避原则

为了避免受到人为因素的负面影响,维持仲裁的公正性,在劳动争议仲裁过程中,可以要求仲裁委员会的特定组成人员回避。根据《企业劳动争议处理条例》和《劳动争议仲裁委员会办案规则》,仲裁委员会的组成人员在下列几种情况下,应当回避：① 是劳动争议当事人或者当事人的近亲属；② 与劳动争议有利害关系的；③ 与劳动争议当事人有其他关系，可能影响公正仲裁的。其中仲裁委员会主任的回避，由仲裁委员会决定，仲裁委员会其他成员、仲裁员和其他人员的回避，由仲裁委员会主任决定。

劳动争议仲裁委员会负责对劳动争议案件进行仲裁。根据《劳动法》、《企业劳动争议处理条例》和《劳动争议仲裁委员会组织规则》，县、市、市辖区应当设立劳动争议仲裁委员会。省、自治区、直辖市是否设立劳动争议仲裁委员会，由省、自治区、直辖市人民政府根据实际情况自行决定。劳动争议仲裁委员会的组成人员包括劳动行政主管部门的代表、工会的代表和政府指定的经济综合管理部门的代表。仲裁委员会的组成人数必须是单数，主任由劳动行政部门的负责人担任，实行少数服从多数的原则。仲裁委员会设立主任 1 人，副主任 1～2 人，委员若干人。仲裁委员会由组成仲裁委员会的三方组织各自选派，主任由同级劳动行政主管部门的负责人担任，副主任由仲裁委员会委员协商产生。劳动行政主管部门的劳动争议处理机构为仲裁委员会的办事机构，负责办理仲裁委员会的日常事务。

（三）劳动争议仲裁管辖

劳动争议仲裁管辖，是指劳动争议仲裁机构之间受理劳动争议案件的具体分工，即确定各个仲裁机构审理案件的权限，明确当事人应在哪一个仲裁机关申请仲裁，由哪一个仲裁机关受理的法律制度。在我国的实际操作中，仲裁管辖实行地域管辖为主、级别管辖为辅的原则。

劳动争议管辖内容包括：

(1) 地域管辖，即按照行政区划确定对劳动争议案件的受理范围的做法。它是我国劳动仲裁机构受理劳动争议案件的主要分工标准。对于劳动争议案件的管辖，一般是按照争议当事人所在地来划分案件的管辖权范围。但对于一些特殊的争议案件，则采用特殊地域管辖：对于发生劳动争议案件的企业与职工不在同一个仲裁委员会管辖区域的，由职工当事人工资关系所在地的仲裁委员会处理。对于我国公民与国外(境外)企业签订劳动合同的，如果因履行合同发生争议且合同履行地在国内，则由劳动合同履行地的劳动争议仲裁委员会管辖。

(2) 级别管辖，是指上下级劳动争议仲裁机构之间对处理劳动争议案件的划分，即划分由哪一家仲裁委员会审理什么样的劳动争议案件。

(3) 指定管辖和移送管辖。指定管辖指的是当几个劳动争议仲裁机构对同一劳动争议案件的管辖发生争议且协商不成时，由共同的上级劳动行政主管部门指定某一劳动仲裁机构管辖的制度。而移送管辖则是指劳动争议仲裁机构对已受理的劳动争议案件，经审理认为不属于本仲裁机构管辖的，依法移送至有管辖权的仲裁机构处理的制度。

（四）劳动争议仲裁的程序

劳动关系存续期间因拖欠劳动报酬发生争议的，劳动者申请仲裁不受规定的仲裁时效（一年）期间的限制；但是，劳动关系终止的，应当自劳动关系终止之日起一年内提出。因不可抗力或者有其他正当理由，当事人不能在规定的仲裁时效期间申请仲裁的，仲裁时效中止。从中止时效的原因消除之日起，仲裁时效期间继续计算。仲裁庭裁决劳动争议案件，应当自劳动争议仲裁委员会受理仲裁申请之日（5日内决定是否受理）起45日内结束。案情复杂需要延期的，经劳动争议仲裁委员会主任批准，可以延期并书面通知当事人，但是延长期限不得超过15日。逾期未作出仲裁裁决的，当事人可以就该劳动争议事项向人民法院提起诉讼。

三、劳动争议诉讼

（一）劳动争议诉讼的含义

劳动争议诉讼是指劳动争议当事人不服劳动争议仲裁委员会的裁决，在规定的期限内向人民法院起诉，人民法院依照民事诉讼程序，依法对劳动争议案件进行审理的活动。它是我国解决劳动争议的最终程序。此外，劳动争议的诉讼，还包括当事人一方不履行仲裁委员会已发生法律效力的裁决书或调解书规定的义务，另一方当事人申请人民法院强制执行的活动。

（二）劳动争议诉讼案件的管辖

根据《中华人民共和国民事诉讼法》的有关规定，结合劳动争议案件的双方当事人的特点，以及劳动争议必须及时处理的要求，对于劳动争议诉讼案件一般是由劳动争议仲裁委员会所在地的人民法院受理。案情较简单、影响不大的劳动争议案件，一般由劳动争议仲裁委员会所在地的基层人民法院作第一审；案情复杂、影响很大的劳动争议案件，基层人民法院审理有困难的，也可以由中级人民法院作第一审。这是劳动诉讼管辖中的地域管辖的标准。同时，对劳动争议诉讼案件的管辖，还按照级别管辖的标准。

（三）劳动争议申诉时效

根据《劳动法》和《企业劳动争议处理条例》的规定，当事人对仲裁裁决不服的，应在自收到裁决书之日起15天内，向人民法院起诉。起诉时，应当向人民法院递交起诉状，并按照被告人数提出副本。人民法院收到原告的起诉状后，依法进行审查，看其是否符合法律规定，以确定是否受理。根据《中华人民共和国民事诉讼法》，人民法院收到起诉状，经审查，认为符合起诉条件的，应在 7 日内立案，并通知当事人。认为不符合起诉条件的，也应在 7 日内裁定不予受理。法院在决定立案以后，就进入法庭审理阶段。法院需要做一些审理前的准备工作，将起诉状副本在立案之日起 5 日内送达被告，并要求被告在收到副本之日起 15 日内提出答辩状。被告提出答辩的，人民法院在收到之日起 5 日内将答辩状副本发送原告。同时，法院还要审阅诉讼材料，进行调查研究，搜集证据以及追加和更换当事人。在做好审理前的准备以后，法院决定开庭的，应当在开庭前 3 天通告当事人和其他诉讼参与人。在开庭审理案件时，法庭按照法庭调查、法庭辩论、法庭调解以及合议庭评议和审判等程序进行。人民法院适用普通程序审理的案件，应当在立案之日起 6 个月内审结。法院对劳动争议案件作出的裁决应当在法定时效内告知当事人、第三人及其他诉讼参与人。劳动争议当事人不服地方各级法院的一审未生效的判决时，可以向上一级人民法院提起上诉。

本章小结：

本章通过对我国劳动用工政策演变历史的回顾，分析了在计划经济时期和市场经济条件下我国劳动政策的变化，指出在传统计划经济体制下，通过行政分配用工的劳动用工制度在当时的历史条件下，对于经济的发展、社会的稳定发挥了一定的积极作用。但单一计划性的体制影响了社会充分就业目标的实现，只有在市场化机制的作用下实行积极的就业政策，建立与社会主义市场经济体制相适应的用人单位与劳动者双向选择的劳动用工制度，实现劳动力资源的市场配置，才能解决我国严峻的就业难题。在市场化运作的今天，要合理配置人力资源，必须要保护劳动者的权益，实行严格的劳动时间管理和劳动工资管理，以《劳动法》、《劳动合同法》等法律法规为基础，让员工更有尊严地劳动、更体面地生活。

案例分析：

1.《劳动合同法》规定，在劳动合同期限内，企业没有法定理由，单方面中止劳动合同的，应当向劳动者支付赔偿金，赔偿金按劳动者在本单位工作的年限，以每满一年支付两个月工资的标准向劳动者支付。可见法律对用人单位单方解除劳动合同是规定了重罚的。可如果是职工自己主动辞职，按照法律规定，用人单位是无需向劳动者支付补偿金或赔偿金的。×公司劝辞职工的醉翁之意，首先在于规避本应由企业承担的单方解约的法律责任。其次，按照《劳动合同法》的规定，企业与职工签订两次以上劳动合同后，如果再建立劳动关系，就应当签订无固定期限劳动合同。×公司劝辞职工，显然也有规避无固定期限劳动合同之嫌。

2. 对于法律而言，并没有“劝辞”这一说法。如果员工违反相关法律规定，符合法定的解除劳动关系的条件，企业就有权解除劳动合同。如果职工并没有出现法定的解除劳动关系的事由，企业就不能单方解除劳动合同，否则就应当承担单方解约的法律责任。所谓的“劝辞”，不过是企业规避法律和社会责任的借口罢了。×公司以扣发奖金、调职异地来威胁，要求员工辞职，其实是非法的。首先，扣发员工的奖金必须有合理的理由，不能无故扣发，否则即为违法。其次，虽然该公司《员工手册》补充条款规定，“公司可根据本单位的实际工作需要，在合同履行期间调整员工工作地点，工作地点包括集团属下各分厂/各大区，员工应予以配合，调整后的薪资按本公司的相关规定执行”。但是，《员工手册》补充条款作为企业的规章制度，必须通过企业职工代表大会审议通过才具有法律效力，否则，不能作为处理员工的依据。

思考题：

1. 简述劳动用工政策的历史。
2. 简述工时制度的种类。
3. 带薪休假的基本内容是什么？
4. 病假工资是如何规定的？
5. 简述劳动合同的含义。
6. 简述无固定期限劳动合同的签订条件。
7. 简述劳动合同的解除内容。
8. 违约金、经济补偿金是如何规定的？
9. 简述劳动争议仲裁的含义。
10. 简述劳动争议处理的一般程序。

第九章 集体谈判制度

引导案例

杭芝机电有限公司是杭州机电集团公司与日本东芝株式会社合资，由日方控股（日方出资78%，中方出资22%）并由日方管理的企业，董事长、总经理均由日方担任。1993年10月，公司工会成立。1994年5月，工会与公司资方签订《劳资协商会议暂行办法》。其后几年，工会与公司资方举行了15次集体协商，工会提出了45项有关劳动标准、劳动关系的议题，资方对工会提请协商的议题，对照中国政府颁布实施的有关法律、法规，在协商会上作出回答，以法律有明文规定为基础，基本满足工会提出的要求，并付诸实施。工会与公司资方在每年11月至下一年1月举行工资集体协商。

案例讨论题：

1. 如何理解工会在集体谈判中的角色？

2. “企业内部工资分配制度、工资分配形式”是否需要列入工资集体协商的基本法定内容？

3. 集体协商制度的效用仅为“督促资方遵守劳动法规”吗？

第一节 集体谈判制度概述

一、集体谈判制度

集体谈判制度起源于西方市场经济国家，作为当代市场经济国家劳动关系制度的核心,是雇主和雇员双方达成一致、制定决策而后双方执行的正式契约,被西方国家作为劳资双方解决矛盾冲突的最主要手段。"集体谈判制度"这一概念最早是波特尔在1891年出版的《英国工会运动》一书中首次使用的,后来在与其夫合写的《产业民主》一书中较为系统地阐述了集体谈判的相关内容。[①] 集体谈判制度能够有效促使劳资各方互相让步、达成妥协、签订协议,在劳动关系的调整与运行中,更好地维护各方的利益,具有重要的作用。

(一) 集体谈判的含义

集体谈判制度是工会与雇主或雇主协会之间针对就业条件、就业待遇及其他雇用条件进行协商与交涉,签订团体协议,在协议有效期内共同执行这一协议的过程。集体谈判不同于劳动者个人为自己的利益与雇主进行的个别谈判,谈判的主体即谈判当事者是雇主和劳动者的代表,雇主可能是一个雇主,也可以是一类雇主或雇主组织,如雇主协会;劳动者代表一般是工会或工人代表。谈判代表与雇主代表就工作报酬、劳动条件、劳动标准等直接进行交涉,克服了个别劳动关系的失衡状态,避免了每个雇员与雇主逐一进行谈判的弱势,从而成为处理劳资关系的一种重要规范,国际劳工组织在《促进集体谈判公约》中将集体谈判定义为:集体谈判是包括在以一个雇主、一个雇主团体或一个以上的雇主组织为一方,以一个或一个以上的工人组织为另一方进行的所有谈判,以确定工作条件和雇用条件进行的谈判。本文在表述上一般都用"集体谈判",在分析我国集体谈判制度等特殊情况下使用"集体协商",含义与集体谈判是一致的。

(二) 集体谈判的内容

历史上集体谈判制度的重点是保证劳工的基本权利,特别是员工的报酬。谈判的内容主要包括:① 提高劳动标准,如工资、奖金、工时、休假、福利、职业安全、职业培训等;② 改善工作条件的标准,如雇用和解雇、请假、违纪处理、工会的组织和权力、劳资争议的处理、劳资双方在集体合同中的权利等。谈判的内容和范围通过对手的承认、谈判义务、谈判的常设机构、谈判准备、谈判进程、谈判代表授权及集体合同期限等步骤体现在集体协议中。对此,国际劳工组织关于集体谈判的内容有如下规定:"集体谈判的内容应当逐步扩大,直至把决定劳动条件和就业条件、规范工人与雇主之间的关系、规范雇主或其组织同工人组织之间的关系等一应事务都包括进去。"西方经由集体谈判通过的集体合同适用范围由企业工会会员、雇主扩大到企事业单位全体成员,由某一地区或产业扩大到全国各地区、各产业和科

① 参见孙月平:《劳动经济问题研究》,人民出版社2004年版,第141页。

研部门。随着社会的进步，集体谈判逐渐发展为提高就业质量和保持工作岗位等方面，因此，有些国家在集体合同中包括了诸如社会保险、利润分享、新技术的采用、工人参与等方面的内容。

（三）集体谈判的进程

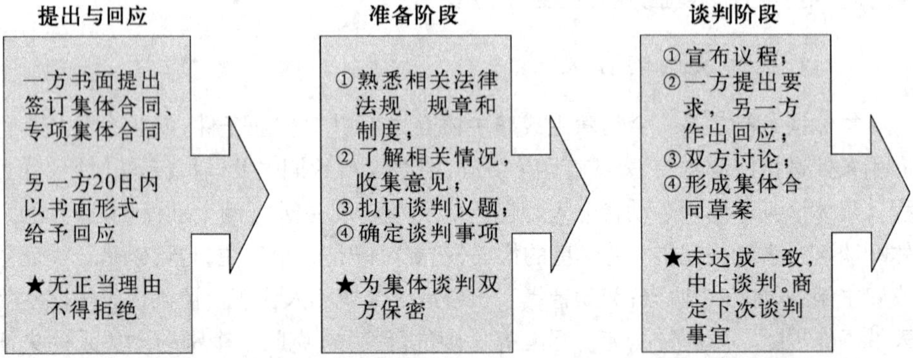

（四）集体谈判的主要功能①

1. 促进经济稳定发展

集体谈判是劳资双方根据市场供求关系的变化，就劳动的待遇和条件进行谈判，明确双方的权利、责任和义务，签订适用全体雇员的就业协议。通过集体谈判达成的协议，劳资双方能够确立劳动力市场工资水平，以此标准由劳动者向企业供给劳动力，出卖自己的技能、知识或经验，使双方效用最大化的一种有效市场机制。集体谈判作为一种能够确保雇主遵循协议条款的有效解决冲突和争议的非法律机制，能够促进建立现代企业管理制度，有助于提高生产效率，确保经济的稳定和有效运行。

2. 规范劳资关系

集体谈判是确定、修改和规范工作场所的许多规则的一个正式程序，在集体协议中形成一系列规范工会和管理方关系的程序性规则，如惩戒、不满申诉和争议处理程序等，与管理方共同分享企业的最高管理权。它是保持资本与劳工平衡关系的调节性机制，以此确保了管理方和作为劳动者的工会代表行使管理企业的权力的合法性。例如，美国政府以“均衡”、“制约”作为调整劳动关系的出发点，通过立法巧妙地平衡劳动关系双方的力量对比，使他们进行平等谈判；同时又通过立法来约束劳动关系双方的行为，发挥了避免罢工等激烈的劳工冲突的社会“缓冲阀”的作用，以免对经济和社会发展产生消极影响。

---

① 赵瑞红：《劳动关系》，科学出版社 2007 年版，第 210 页。

3. 民主解决劳资纠纷

集体谈判一直被看成是民主社会工人的基本权利,集体谈判制度是劳资双方处理共同关心的事务的非正式过程,其基本方式是在政府不加干预的前提下,工会与雇主自治→进行集体谈判→缔结集体协议→形成劳动条件→劳资双方遵行。这一机制的运作,有赖于通过员工代表和雇主联合起来,处理共同关心的事务,如工资、工时、休假等劳动条件,进行反复的磋商和谈判。在谈判过程中,劳动者通过工会参与工作场所规章制度的制定,双方用共同的利益协调产生的分歧,逐渐消除分歧、达成共识,在平等自愿、协商一致的基础上劳资双方签订谈判协议。因此,工人能够利用工会参与到指导和规范他们工作生活的政策制定过程中,解决劳资纠纷和冲突,使劳资冲突制度化。

二、集体谈判的主体

集体谈判的目的是签订集体协议,规范双方的权利义务关系,解决工作场所中双方共同关心的问题。集体谈判可以在不同层次上进行,涉及的问题范围也可以有宽有窄。集体谈判可以在单个雇主与单个工会之间展开,也可以在代表多个雇主的雇主组织与多个工会之间举行,是工人和工会、雇主和雇主组织、政府三方主体协调意志的过程,是现代国家工会和资方基于平等互利的基础上,协调利益冲突,制约劳动关系的重要机制之一。

(一)政府

对于集体谈判,各国政府一般采取中立立场,并不直接介入谈判活动。但在劳资群体之间的利益冲突越来越激烈、普遍、表面化的当代,政府也通过一定的方式适当进行干预。而且政府主动介入规范劳动争议,是被当代各发达国家所普遍接受的。政府干预劳动关系的手段主要有两种:一是完善劳资关系立法,及时为谈判双方指明方向。国家以立法形式对工资、工时、休假等劳动条件和劳动基准作出明确规定。二是建立劳动争议处理机构,适时介入谈判过程,指导集体谈判和集体合同。集体谈判制度允许工人通过组织工会增强自身的力量,进行协商交涉,平衡劳资双方力量对比,是政府行业管理的一种方式。西方各国政府对于集体谈判持欢迎的态度,并采取各种措施积极推动。美国和欧洲在第二次世界大战后解决劳资问题的途径都是这样建立起来的。近些年来,我国政府致力于大力推进集体协商制度,政府正积极主动地介入劳资问题。

(二)企业

集体谈判的有效运作,需要具有独立性和代表性的谈判双方,企业一方代表可能是单个雇主,也可能是雇主组织。在国际上,雇主一般包括雇用劳动者的业主、经营负责人或代表业主处理有关劳动事务的人。雇主及雇主组织作为谈判的一方,在集体谈判中,企业方往往较为被动,很少提出谈判要求,大都扮演被动应答工会方谈判要求的角色。企业方的谈判代表通常是由经理、主管和处理公关事务的相关人员组成,有的企业还可能有聘用的律师参加。集体谈判对于企业方也是有利的,它可以降低因怠工、罢工等争议行为带来的经济损失。在美国,由于人们认为各个企业之间存在着差异,所以集体谈判一般在企业一级展开。

(三)工会

工会代表工人的意志与雇主进行谈判由来已久,作为工会维护劳动者合法权益的主要手段和制度,集体谈判每年有不同的主题,或是提高报酬,或是改善劳动条件,或是增加就业岗位,或是加强技术培训等。在政府不干预的前提下,通过由工会与雇主采取自治方式签订集体协议,是企业自主决定工资机制健康运作的重要条件,也是市场经济国家工会的惯例。工会站在代表工人利益和需要的立场上与资方进行交涉,如果工会不具备相应的谈判力量,就不能成为强有力的协商主体,面对公司、财团、跨国公司等集团谈判对手,将难以形成对等的谈判地位。谈判所达成的协议可以覆盖少量工人,也可以覆盖成百上千的工人,为他们争取提高工资和改善劳动条件等实际利益。具体来说,如果代表雇员进行谈判的是地方工会,一般是由会员选出一个交涉委员会,由地方工会主席担任委员会主席;如果进行谈判的是全国工会,一般是由全国工会的上层干部组成。与地方工会的谈判力量相比,他们更专业化。美国通常是由工会的组织者向劳动委员会提出申请,劳动委员会接到申请后,对工会的代表资格、谈判单位的组建进行审查,如果有问题,还要在最终作出决定之前举行听证会,听取双方的观点和意见。我国以法律形式赋予了工会的集体谈判资格,可以由工会代表工人进行谈判。

三、集体谈判制度的历史

(一)集体谈判制度的产生

集体谈判是西方国家劳动法律制度中不可或缺的组成部分,起源于英国,被西方国家视为“处理公共部门中劳资关系的正常手段”。在工业化早期,资本主义国家经济的高速发展不但没有改善工人阶级的劳动条件和生活条件,反而不断恶化,为了与雇主抗衡、改善工人的地位,出现了最初的工人组织。但各国政府采取了法律上不承认或严格限制集体谈判的态度,在立法和政策上都倾向于雇主一方。但在理论研究领域,早在18世纪,亚当·斯密等经济学家就对劳资谈判对工资的重要影响进行了研究。19世纪下半叶开始,随着工人运动的高涨,欧洲各国立法逐渐放宽了对集体谈判的限制,到了20世纪,各国政府均采取了“建设性”干预政策,集体谈判才为大多数新兴工业国家所采用,劳资谈判工资理论得以完善,集体谈判制度得到承认和保护,它的作用开始显现,德国、法国等西方国家政府相继颁布了集体谈判的有关法律。第一次世界大战后,一些主要欧洲工业国家已经将集体谈判视为劳资关系调整的重要途径。

(二)集体谈判制度的发展

第二次世界大战后,集体谈判得到了更大的发展,许多获得独立的第三世界国家也先后确立了本国的团体协约制度。国际劳工组织通过了一系列推动集体谈判的文件,包括《组织权利和集体谈判公约》、《集体协议建议书》、《工人代表公约》、《促进集体谈判公约》和同名的建议书,要求各国政府采取措施推动集体谈判的开展,要求各国采取适合本国国情的措施促进集体谈判所达到的目的。如:所有雇主和所有工人团体都应当有可能进行集体谈判,鼓励订立雇主组织和工人组织之间议定的议事规则,集体谈判不应因没有可予应用的议事规则或因此等规则不足或不适当而受到阻碍。在今天的许多市场经济国家中,集体谈判制度确定的就业条件不仅直接适用于数量庞大的雇员,而且正日益成为整个部门、整个行业或一个地区的模式,并已成为确定劳动制度和调整劳动关系的主要手段之一。英、美、法、德等发达国家也相继修改完善自己的集体谈判制度,建立劳动关系三方协调机制,由政府、雇主和劳工三方代表以平等的地位,共同参与协调劳动关系。

第二节　外国的集体谈判制度

集体谈判制度是市场经济国家协调劳资关系的重要机制和通行做法,20世纪60年代以来,集体谈判制度在西方各国普遍推行,西方各国的谈判制度是建立在对抗性基础上的谈判机制,是工人和工会、雇主和雇主协会、政府三方协调意志的过程,谈判结果形成的集体协议是三方“共同意志”的体现。集体谈判在劳工关系中发挥着举足轻重的作用,但由于各国政治、经济、历史等各方面存在差异,劳资关系发展阶段各不相同,劳资双方通过什么方式来形成劳动条件,各国形成了不同的集体谈判模式,在法制化程度、覆盖面、谈判内容和范围等各个方面呈现出不同特点。

一、美国的集体谈判制度

美国的集体谈判制度是处理劳资关系的基本原则,工会通过集体谈判,在现存的自由企业制度范围内强调工人对就业机会的集体所有权,为工人争取利益,根据社会经济发展状况,在劳动法规的框架下,通过劳资双方有组织的谈判对话,对劳动报酬、劳动条件及福利待遇等达成协议,劳资双方谈判的重要内容是工资问题。美国的劳工运动的重点是解决就业问题,目前集体谈判的一些中心问题主要集中在退休金、伤残抚恤金、医疗保险、产假和儿童照顾方面①,因此,集体谈判在发展经济过程中占据着重要地位。

(一)美国集体谈判的历史

美国是世界上最早实行集体谈判制度的国家之一,出现于18世纪90年代,是美国工会所从事的最主要的经济活动。工会早在18世纪末就在美国出现了,19世纪80年代,美国成立了劳工联盟。19世纪末,美国的一些州相继制定了承认并保护集体谈判制度的法律。到了20世纪初期,工人运动风起云涌,大规模罢工此起彼伏,工人和资本家之间关系极度恶化,政府迫于政治压力,强令劳资双方进行谈判,由此确立了工资集体协商制度,集体合同的地位在美国不断提高。在美国的自由市场经济体制中,集体谈判是调节产业关系的最主要手段,早在1935年就颁布的《国家劳动关系法》,规定了工会与企业进行集体谈判的权利及其要件,通过法律手段承认集体谈判制度,保障劳工集体谈判的权利。由于工会通过集团性力量与雇主进行谈判,无疑会增加雇员的谈判地位,因此在美国,受工会合同保护的雇员能够较多地获得职业保障,工会会员的权益远远高于非工会会员。1945年,美国有1/3的雇员为工会会员。1955年,劳联与产联合并之后,成了美国最大的工会组织,也成为美国的总工会。今天美国大约有55 000多个地方性工会,全国性的工会大约有150多个。1997年,美国全国工会会员达1 600万人。随着集体谈判的发展,20世纪60年代以后,美国工会创造了由几个工会组成一个谈判集团,同雇主或雇主协会进行谈判的"联合谈判"方式,从而大大增强了工会谈判的能力。到了今天,工会的影响力虽然有所降低,但工会运动仍在美国的劳动力市场中扮演着十分重要的角色,集体谈判也从劳资对立转向劳资合作。

---

① 赵瑞红:《劳动关系》,科学出版社2007年版,第205-231页。

（二）美国集体谈判制度的特点[①]

(1) 集体谈判在完备的法律规范下进行。美国政府将集体谈判制度建立在国家完备的法律基础之上，调整集体谈判的典型联邦法规是1935年的《国家劳工关系法》(NLRA)，它涵盖了与工人劳动、生活相关方面的各个谈判议题及谈判内容，政府通过完善劳资关系法，全面建构了集体谈判制度框架。通过具体规定，约束劳动关系双方的行为和集体谈判的各个环节，以避免对经济和社会发展产生消极影响。此后，美国相继颁布了很多相关的法律法案，如《公平劳动标准法》，这些法律法案为集体谈判制度提供了明确的法律框架，使谈判双方有法可依，并使之稳定快速发展。值得注意的是，美国的法律对雇主的限制很少，雇主可以自由解聘员工，对于就业方面的保障通常由劳资双方决定，法律对此少有干预，政府也不会参与到全国性工会和雇主联盟的集体谈判中，当然战争期间除外。

(2) 集体谈判集中于地方性谈判。美国雇主与工会之间的集体谈判很分散，工会组织较多，结构分散而复杂。目前美国的集体谈判主要是公司和工会之间进行的地方一级谈判，企业级别的谈判模式较为普遍，很少有产业一级的谈判。美国没有中央级别的雇主组织，雇主仅在产业与地方一级组织团体，劳联一产联主要致力于工会间的协调、信息的提供与政治游说，不参加劳资间的团体交涉，劳动关系问题一般都由企业自行处理。

(3) 劳资纠纷解决机制发达，集体协议具有法律效力。美国设有健全的劳动争议处理机构，如联邦调停署、国家调解委员会、联邦劳动关系署和美国仲裁委员会等机构均可处理集体协议争议。法律规定，集体协议依法签订后，劳资双方必须在规定的时间内执行，否则会受到法律的追究；集体协议不仅适用于工会会员，而且适用于企业的全体雇员，但集体协议不会扩展到非工会化企业；执行集体协议的过程中，如果劳资双方发生矛盾，主要由民间仲裁机构调停解决，仲裁机构的裁决具有法律的约束力，一般情况下政府不加以干预，但在集体协议终止前60天，必须向联邦调停署报告，为政府机构及时介入谈判提供了制度上的保证。如果劳动争议涉及有关工会权利的内容，将转由国家劳工关系委员会处理。

二、德国的集体谈判制度

德国是较早推行集体谈判制度的国家，经过近百年的发展，通过立法规范劳资双方的权利和义务，形成了完整的法律体系以及相应的谈判制度，法制化程度较

① 李环：《和谐社会与中国劳动关系》，中国政法大学出版社2007年版，第188页。

高,劳资矛盾相对缓和。早在1921年,德国就颁布了《劳资协约法(草案)》。1952年,联邦议会又颁布了《集体合同法》,公布实施了《劳动基准法》,明确工会和雇主协会的地位,集体谈判的规则,集体合同的起因、内容和程序,以集体协议为核心形成劳动条件,使整个集体谈判和集体合同纳入了规范化的轨道。工会与资方对于企业内的重大事项均协商决定,对社会稳定和经济发展产生了积极的影响。集体谈判制度具有以下几个特点:

(1) 集体谈判以产业谈判为主,工资实行自治政策。德国劳资双方谈判大多每年进行一次,集体谈判的主体之一——工会一方分为三级:企业工会、产业工会、全国性工会,另一方主体——雇主组织也分为三级:企业级董事会、产业级雇主联合会、全国性雇主组织。谈判也分为三级:国家级集体谈判、产业级集体谈判、企业级集体谈判,三级谈判在劳资双方间进行。国家级集体谈判达成的协议是产业和企业劳资谈判的基础和前提,产业一级谈判是集体谈判的主要形式,产业谈判协议是由工会委员会谈判签订的,与工会不相关。工资自治政策开始于魏玛共和国,工资谈判由劳资双方自主商定。工会和雇主双方通常在集体合同到期前,分别开会研究。集体工会和雇主协会在行业范围内达成工资协议,经工会联合会和雇主协会向联邦劳动部提出申请并获得批准后,行业劳资谈判形成的工资协议可在本行业内推广使用。

(2) 工会在谈判中占优势地位。德国的工会分为三级组织:基层是企业工会;其上是产业工会(如金属制造业工会、煤炭采掘业工会等);全国性的工会组织是德国工会联合会,简称DGB。与工会相对应的雇主也有三级组织:企业是董事会;其上是产业雇主联合会;全国性的雇主组织是德国雇主联合会,简称BDA。员工可自愿加入或退出工会组织,谈判基本上是以工会提出的方案为基础,工会在企业里具有举足轻重的影响。雇主方一般是在工会提出要求后,才制订出资方的提议。通常集体谈判都可以顺利地进行,达成最终的协议。一旦谈判陷入僵局,劳资双方都可以宣布谈判失败,由双方都能接受的第三方出面调解。如调解无效,则可能发展为罢工,经过一番较量后,劳资双方会重新开始谈判,并经各自作出一定妥协与让步后,双方达成一致意见,最后签订集体合同。德国《劳动基准法》规定,只有在没有产业、行业工会或雇主组织的情况下,或虽有工会或雇主组织,但因为人数过少,不能对劳动条件的形成产生实质性影响,无法达成集体协议时,才适用《劳动基准法》。随着工会组织的发展壮大,德国工会在工资谈判中的作用逐渐增强,工会的要求大多能够得到满足。

(3) 政府对集体谈判主要采取间接控制的方式。德国强调劳资协约自治,强制性解决劳资冲突被认为是非法的,政府对劳资谈判采取了不干预、不介入的立场。政府通过立法方式规范劳资双方的权利和义务,使集体谈判始终建立在法制化的基础之上;通过政府发言的形式,运用舆论导向对集体谈判产生影响。如在工资问题的谈判上,政府不施加直接影响,但它的间接影响仍然是客观存在的,政府会在劳动法和社会法中作一些根本性和原则性的规定:如中央银行通过调整利率影响企业成本,间接影响工资;利用税收政策从收入再分配角度调节工资增长和收入。从而避免了国家对企业工资想管又管不好的局面,以此保证使全国企业的工资走上了法制化、规范化、合同化的轨道。

三、日本的集体谈判制度

日本的集体谈判形成于第二次世界大战之后。二战后,日本在美国占领军的监督下,于 1945 年制定了第一部《工会法》,该法保障日本全部职工包括公务员和国营企业职工的组织工会权、集体谈判权和罢工权。1946 年和 1947 年又分别颁布了迄今具有重大影响的《劳动关系调整法》和《劳动基准法》,以法律的形式确认了日本劳动者的结社权、集体谈判权和其他集体行动的权利。1949 年,日本对《工会法》和《国家公务员法》进行了修改,经过几十年的发展,日本的集体谈判制度不断完善和发展起来,形成以企业工会、"春季斗争"和稳定的劳资关系为主要特征的劳动关系,集体谈判也成为协调劳资关系的重要机制。

(1) 以企业内部谈判为主。与终身雇用制和年功序列工资制相适应,日本劳资双方的集体谈判主要在企业内部以企业工会为主进行,即在企业工会和该企业资方之间进行。企业工会自行制定章程,直接向政府劳动省注册登记,财务独立,在组织和活动上享有完全的自主权,不受上级的产业性联合会或全国工会中心的决议、命令和活动的约束。企业工会代表工人同企业主通过集体谈判确定雇员的工资、工时、福利等劳动条件,谈判议题广泛,凡是影响到工人劳动条件、工种和工作场所的变化,都可列为集体谈判的内容。其中,增加工资是集体谈判的主题,确保会员的工作岗位是重点。企业内部工会同资方达成的工资及其他劳动条款同样适用于非工会会员。

(2) "春季斗争"谈判,即集体工资春季谈判。日本自 1956 年起就形成在春天进行团体谈判的制度,谈判的主要内容是工资的涨幅及劳资双方共同关心的其他问题。日本大企业工会在每年一度的"春季斗争"中,同资方在工资增长水平、劳动条件改善等方面进行谈判,争取调整工资水平,以确保工资恰当、准确地反映经济形势。

(3) 劳资合作,罢工的情况很罕见。工会除了享有集体谈判权之外,许多企业尤其是大公司,还存在着广泛的、没有立法强制规定的劳资合作协商制度。劳资双方就共同关心的问题,如企业基本管理制度、生产和销售计划、雇主雇员关系、工作时间、工作条件、雇员福利、工作环境等问题进行协商，交换信息和意见，从而加深双方的理解和交流。由于日本劳资双方在谈判中的广泛合作，劳动市场上的争议很少出现，即使发生罢工，持续时间也很短。其争议的处理程序与其他国家类似，斡旋失败后进入调解与仲裁程序。

1996年起，日本企业开始变革用工制度。1999年10月，刚刚上任的尼桑总裁戈恩开始推行“尼桑复兴计划”，在世界范围内裁员21 000人，其中在日本裁员16 500人。2001年，日本劳动省对591家企业进行了调查，只有9.5%的企业表示坚持“终身雇用制”，而38.3%的企业表示“终身雇佣制”已经不需要。

第三节　中国的集体谈判制度

我国的集体谈判制度起步较晚，随着社会主义市场经济建设的逐步推进，政府和社会越来越重视集体谈判和集体协议制度的发展。我国的集体谈判制度与劳动关系管理比较成熟的国家相比还存在一定的差距，迫切需要建立和完善劳动关系集体谈判机制。

一、中国集体谈判制度的内容

我国现行法规一般将集体谈判表述为“集体协商”，并将“集体协商”定义为：“企业工会或职工代表与相应的企业代表，为签订集体合同进行商谈的行为。”如《集体合同规定》指出，集体谈判是指通过集体谈判双方代表（企业工会或职工代表与相应的企业代表）就法律没有规定的劳动领域进行集体协商，签订集体合同的行为。在我国，集体谈判的结果体现在集体合同的内容中，其内容主要包括：劳动报酬、工作时间、休息休假、劳动安全与卫生、补充保险和福利、女职工和未成年工特殊保护、职业技能培训、劳动合同管理、奖惩、裁员、集体合同期限、变更解除集体合同的程序、履行集体合同发生争议时的协商处理办法、违反集体合同的责任以及双方认为应当协商的其他内容。以下主要分析我国集体谈判在具体实践中的两种表现。

（一）集体合同制度

为了维护职工的合法权益，早在1994年7月我国颁布的《劳动法》中就确立了劳动合同和集体合同制度，规定了劳资双方以工会与雇主为主体，通过集体谈判、团体协商的形式进行利益博弈，达成劳资双方意思表示一致的书面协议，体现在所签订的集体合同中，效力高于劳动合同。集体合同是集体谈判的最终结果，是劳动关系持续存在的制度基础。根据《集体合同规定》，谈判代表按照法定程序产生并有权代表本方利益进行集体谈判。集体谈判双方的代表人数应当对等，每方至少3人，并各确定1名首席代表。职工一方的谈判代表由本单位工会选派。未建立工会的，由本单位职工民主推荐，并经本单位半数以上职工同意。职工一方的首席代表由本单位工会主席担任，未建立工会的，首席代表从谈判代表中民主推选产生。用人单位一方的谈判代表，由用人单位法定代表人指派，首席代表由单位法定代表人担任或由其书面委托的其他管理人员担任。用人单位谈判代表与职工谈判代表不得相互兼任。全国总工会自2003年就开始大力推广集体合同，据中华全国总工会有关负责人称，集体合同的灵魂在协商，其履行也应依靠劳资双方的力量博弈，是实现劳资自治的重要途径。

（二）工资集体协商

工资集体协商，是指职工代表与用人单位代表依法就企业内部工资分配制度、工资分配形式、工资支付办法、工资标准等事项进行平等协商，在协商一致的基础上决定工资的机制。我国在计划经济时期，企业传统的工资确定方法是用人单位根据本单位的生产经营特点和经济效益，依法自主确定本单位的工资分配方式和工资水平。但是在市场经济体制下，企业有工资分配自主权，劳动者也有选择权，工资作为劳动力市场的价格应当由劳动力市场供需双方两个平等主体共同决定，企业方和职工方可以就工资问题进行协商。我国自2001年开始推行工资集体协商制度，目前已有31个省、自治区、直辖市开展了工资集体协商工作。上海市劳动和社会保障局在2007年还会同市总工会、市企业联合会、市企业家协会联合下发了《关于进一步深入推进工资集体协商工作的通知》，要求在本市企业中全面推行工资集体协商制度，以便建立职工工资正常增长机制。工资集体协商的基本内容是：工资分配制度、工资标准、工资结构、工资支付办法。通过工资集体协商，合理确定职工的工资、奖金、福利等分配办法。但此项制度在全国的推进不尽如人意，远未成为企业工资决定的主要形式。

二、中国推行集体谈判的意义

集体谈判是当今世界各市场经济国家普遍采用的协调劳动关系的一种重要方式。在我国，随着市场经济的建立，劳动关系日益复杂，劳动争议也日渐增多，有必要建立通过妥协化解潜在冲突的有效机制，以构建和谐劳动关系，促进社会和经济的协调发展。因此，推行并完善集体谈判是十分必要的，具有重要意义。

（一）集体谈判有助于协调劳动关系

随着市场经济的建立，我国劳动关系复杂多变，企业和劳动者因利益冲突而引发的劳动争议日益增多，已由个别劳动关系阶段发展到集体劳动关系阶段。对抗性的集体争议及群体性事件增长速度快、劳资冲突规模大是劳动争议的主要特点。据劳动和社会保障部、国家统计局《劳动和社会保障事业发展统计公报》显示：2003年，全国各级劳动争议仲裁委员会立案受理劳动争议案件 22.6 万件，涉及劳动者 80 万人，分别比上年增长 22.8%和 31.7%。其中集体劳动争议案件 1.1 万件。集体争议涉及人数多，突发性强，激烈程度不断升级，处理不好往往影响到劳动关系的和谐，甚至导致矛盾激化，对社会稳定产生消极影响。因此，有必要建立有效的集体谈判机制，改善我国目前的劳动关系现状，调整劳资关系，预防和化解劳动争议。

（二）集体谈判有助于保障职工的合法权益

我国劳动力市场构建中面临着劳动力供大于求的难题，雇主的力量远远强于雇员，拥有更多的话语权，特别是那些劳动密集型产业，有些雇主无视劳动者权益，侵犯职工人身权利等严重违法事件时有发生。劳动者要摆脱弱势地位，增强员工的谈判力量，根本的途径就在于以工会作为员工的代表与企业方展开集体谈判，提高工作标准和条件，参与到企业管理中，拥有与企业平等对话的权利。因此集体谈判能够确保员工分享企业发展的成果，更好地维护员工的权益。

（三）集体谈判有助于有效维护企业利益，提高企业经济效益

在企业运作中，如果劳资双方缺少及时而必要的沟通，便会产生误解和不信任的情绪，这种不满情绪如不能及时化解，会出现怠工、罢工、集体辞职等严重后果。甚至劳动者会采取一些激烈的行为，给企业造成消极影响。而建立在相互信任和依赖基础上的集体谈判可使劳资双方的矛盾在沟通中化解，谈判签订的集体协议对劳动关系的双方都具有约束力，能够约束员工的行为，有效避免不必要的损失。集体谈判使普通员工和企业管理者形成了利益约束关系，只有采取合作态度，才能促进员工工资和企业利润的同步增长。另外，企业与每名员工进行单独谈判需要花费大量人力物力，成本太大，而企业与组织起来的工会通过谈判手段达成集体协议则可以节约交易成本。因此，集体协商成为利益平衡点，有助于提高劳资双方共同的经济利益，实现企业与职工的双赢。

三、中国集体谈判的发展历史[①]

在我国,集体谈判与集体合同是一同产生与发展起来的。20 世纪 20 年代初,身处中外资本家、官僚买办和封建军阀多重压迫下的工人被迫组织起来与雇主进行集体谈判,最早的团体契约开始出现。1930 年,在工人斗争的压力下,国民党政府颁布了《团体协约法》,这是中国历史上第一部专门的集体合同法,承认了工人团体协约的权利。1931 年 11 月,中华苏维埃第一次全国代表大会通过了《中华苏维埃共和国劳动法》,对集体合同的定义、内容、法律效力等问题作了明确规定。

新中国成立后,1949 年 9 月,《共同纲领》规定私人经营的企业需要由工会与资方订立集体合同;中华全国总工会发布《关于私营工商企业劳资双方订立集体合同的暂行规定》,对集体合同的内容、订立原则、手续及合同的期限等作出了规定;《中华人民共和国工会法》规定,工会的重要职能之一是代表工人进行集体谈判,首要权利是开展集体谈判、缔结集体协议。但随着对资本主义工商业的社会主义改造的完成,集体合同制度逐步停止,20 世纪 60 年代,集体谈判和集体合同制度一度消失。在计划经济体制下,政府直接介入企业内部的劳资实践中,利用行政手段管理劳动关系,可以说计划经济时期的中国不存在集体谈判制度。

改革开放后,集体谈判和集体合同制度又开始恢复和发展。随着社会主义市场经济的建立,企业劳资矛盾凸显,集体谈判应运而生。1983 年通过的《中国工会章程》规定,基层工会代表本单位职工同行政方签订集体合同或专项决议;1992 年通过的《中华人民共和国工会法》对基层工会开展活动的权利及其保护也作了广泛而明确的规定,如工会可以代表职工与企业、事业单位行政方面签订集体合同,集体合同草案应当提交职工代表大会或者全体职工讨论通过等;1994 年 7 月通过的《劳动法》对企业实行集体协商和签订集体合同制度作出了明确规定;1994 年 12 月通过的《集体合同规定》,对集体合同和集体协商的程序作了比较全面、具体的规定,使《劳动法》规定的集体谈判权利得到进一步落实。自此,实行集体谈判的企业逐渐增多,越来越多的企业开始把工资和劳动条件作为谈判内容并签订集体协议。1997 年,劳动部发布了《外商投资企业工资集体协商的几点意见》;1998 年,全国总工会根据基层工资集体协商工作的进展情况,下发了《工会参加工资集体协商试行办法》。

我国关于集体合同的立法不断加快,国家制定了一系列有关集体谈判的法规和规章。2000 年 11 月 8 日,劳动和社会保障部发布了《工资集体协商试行办法》,这是我国集体谈判和集体合同制度方面又一项重要规章;2001 年 8 月,全国总工

① 赵瑞红:《劳动关系》,科学出版社 2007 年版,第 144 页。

会、劳动和社会保障部、中国企业联合会建立了国家级劳动关系三方会议制度，把推进集体谈判和集体协议作为三方协商机制的重要内容；2001 年 10 月修订的《中华人民共和国工会法》对基层工会开展集体谈判的权利及其保护作了广泛而明确的规定，使保护工人的组织权利和实行集体谈判有了法律依据。到 2002 年 6 月，全国建立平等协商和集体谈判制度的企业已增加到 63.5 万家，覆盖职工 8 000 多万人；新建企业建制 37.5 万家。2004 年 1 月，劳动和社会保障部发布了《集体合同规定》，对该制度作了进一步的明确，规定了协商代表的产生程序及职责权限，明确了集体协商的具体步骤和程序，规定了集体合同的审查及集体协商争议的协调处理，使我国现行的集体谈判制度更具有可操作性；2008 年，《劳动合同法》设专节对集体合同及集体协商谈判制度进行规范和明确，使我国在实行集体谈判方面有了法律依据，在实践中也开始积极推动企业平等协商和签订集体合同，进一步推动了我国集体谈判制度的发展。

第四节　中国的集体谈判制度分析

我国的市场经济体制正处于建立和完善之中，新旧体制都在发挥作用，企业改革、改制发展不平衡，法律法规滞后，这使得目前我国的集体谈判制度还处于探索阶段，在企业当中还没有起到应有的作用。改革开放以来，随着自由劳动力市场的出现，为引导劳资双方共同解决经济改革政策带来的困难和矛盾，建立了符合本国国情的政府、工会和企业的三方协商机制。根据劳动和社会保障部的统计，集体谈判制度已覆盖城镇相当多的企业和职工，截至 2003 年底，全国共签订集体合同 63.5万份，涉及职工 8 000 多万人。

一、集体谈判制度的现状

近些年来，集体谈判协商制度发展迅速，集体协商工作已受到社会各界的高度重视，尤其是工资协商已经成为集体协商制度的主体。目前，全国已有 30 个省、自治区、直辖市先后建立起省级三方劳动关系协调会议制度，已建立各级三方协商机制 5 062 个。

（一）集体谈判发展迅速

工资集体协商制度成为集体谈判重点，非公企业成为集体谈判主体。据统计资料显示(对工资集体协商制度的统计是从2002年开始的),2002年全国开展工资集体协商的企业为249 018家,2005年为413 706家,增幅为66.1%。工资集体协议覆盖职工人数由2002年的27 404 001人,增加到2005年的35 312 320人。在建会企业中,签订工资集体协议的企业数量也在逐年增加,2002年签订工资集体协议的企业占建会企业的15%,2005年达到35%。2005年工资集体协议占建立集体协商制度的比重为64%,工资集体协商已经成为集体谈判制度的主体。如2006年天津市签订工资集体协议的14 621家企业中,非公有制企业占了70%,①同时开展企业工资集体协商。

(二)集体谈判类型由单一向多样化转变

我国各地区由指导单独企业工资集体协商、签订工资集体协议发展为指导进行行业工资集体协议,工资集体协议的签约形式正从单一的独立签订向区域性、行业性发展。如,2002年深圳市首先签订了全国第一份行业性工资集体协议——深圳市装饰行业工资集体协议,覆盖了100家企业。此后,各地在推动企业规模大、职工人数多、社会影响力大、管理基础较好的企业独立签订工资集体协议的基础上,大力推动区域性行业性工资集体协商。但目前集体谈判主要在企业一级进行,区域和行业、产业层面的集体谈判还没有法律规定,虽然近年也有一些地方对此进行尝试,如天津市城建集团的市政二公司首创了发包方、承包方和农民工工会三方签订的工资集体协议,丰富了企业工资集体协议的签约模式,但缺乏相应的法律依据。

(三)集体谈判以合作博弈、正和博弈为导向

纳什均衡理论将劳资谈判作为典型的零和博弈和非合作博弈。② 在我国劳资双方进行工资协商后,签订的协议由劳动行政部门审查备案,由劳动保障部门监督执行,存在外在力量保证强制执行,因此是合作博弈。以企业工资集体协商的情况来看,企业职工工资总额的增长是与企业的经济效益成一定比例的,即通过企业工资集体协商,职工方和企业方均获得比没有此项制度更高的收益,是正和博弈。③因此,我国的集体谈判是以合作博弈、正和博弈为原则,并且其结果也是正和博弈。

(四)集体谈判发展不平衡

非公有制企业工会组建率低,劳动关系双方协商谈判机制尚未普遍建立,集体

---

① 数据是根据2006年天津市总工会工资集体协议数据库中的数据汇总而成。

② 纳什均衡理论:合作博弈与非合作博弈的区别在于,如果协议有外在力量保证强制执行,为合作博弈;否则为非合作博弈。

③ 零和博弈是指双方的总支出为零,正和博弈是双方的总支出为正。

合同建制工作进展缓慢、困难重重，具体表现在：一是不同类型的企业发展不平衡，公有制企业签订集体协议的比重高于非公有制企业；二是集体谈判在不同行业发展不平衡，通常第二产业比第三产业的情况要好；三是不同地区集体谈判发展不平衡，经济较发达地区的集体协议的签订情况比经济不发达地区的情况好，从2005年31个省市区签订企业工资集体协议的规模来看，排在前三位的是江苏、浙江和广东，其中江苏和浙江相差2.7万户。考虑到由于地区间的经济发展不同，企业数量也不同，因此从签约率①来看，31个省市区中排在前3位的是天津、河南和江苏。②

二、中国集体谈判推行中存在的问题分析

集体协议制度的核心是要形成谈判协商机制，促使劳资双方沟通、理解和达成共识。目前我们所缺乏的正是没有形成协商谈判的机制，严重地影响了集体谈判协商的有效实施。据总工会调查，民营企业开展工资集体协商的只有14.2%；据工商联调查，在民营企业中，工资由经营者决定的占1/3，由人力资源管理部门决定的占27.5%，建立集体协商制度的只有2/5。集体谈判在推行中还存在许多问题，虽然建立了协商机制，但工会的功能始终有限，集体谈判在行业、区域的推行相当困难，真正运用这一机制解决问题的并不多，作为一种成熟的做法加以推广，还需时间。

（一）集体谈判相关立法滞后，谈判机制不完善

市场经济国家中，凡是法律对劳动者权益没有作出具体规定的，常常先通过企业集体谈判确定，然后是行业集体谈判，之后才会作出具体的规定。当前，我国已有的法律法规仅简单地建立了集体谈判的基本框架，没有建立内容全面、具有操作性的集体谈判制度，无法为集体谈判实践提供足够的、有效的法律支持。我国缺少健全的法律规章，涉及集体谈判的法律较少且过于原则，现行的《最低工资规定》、《集体合同规定》、《工资支付暂行规定》都属于部颁行政规章，仅由规章予以规范，缺乏法律的权威性，效力低于法律、行政法规和地方性法规。且法律之间规定不相一致，配套法规缺乏操作性，约束力不强，力度明显不够。例如，法律关于工资集体协商的规定是选择性条款，缺乏必要的罚则，在实际推行中由于执法手段有限而难以得到贯彻执行；法律亦未明确具体地规定工会的地位，工会无法提出议题，不能

---

① 签约率＝签订工资集体协议的企业数/签订集体合同的总企业数×100%

② 此段数据源自：中国工会年鉴编辑部：《中国工会年鉴》（2002年至2006年），北京：中国工会年鉴编辑部出版。

由劳资双方集体协商;雇主组织缺少法律层面上的规范,中国目前还没有专门的法律法规对雇主组织的职能和运作方式作出明确、详细的规定;加上缺乏健全的监督保障机制,集体协议制度推行相对滞后,这些都限制了集体协商制度作用的发挥。

(二) 集体谈判主体不清,制约了谈判机制的功能

1. 工会角色缺位

2001 年 10 月修改的《中华人民共和国工会法》规定,工会代表职工与企业以及实行企业化管理的事业单位进行平等协商,签订集体合同,但在实践中,工会的代表性不强,覆盖面不大,甚至一些工会在企业改制中被撤并,非公有制企业工会的组建率还很低。同时存在着一些国有企业工会独立性不强、多数非公有制企业中工会力量薄弱、谈判能力有限,而且不少工会组织进行集体谈判协商的知识和技能明显不足的问题。基层企业工会在管理体制上隶属于企业,兼有工会职能和管理职能,工会委员会拥有很高比例的高层管理人员,工会干部属于企业员工,工会主席多数为兼职,工会和工会干部很难自主行使职权。另外对工会主席和职工代表的保护措施滞后,因而削弱了企业工会代表会员权益的能力,影响着工会的作用。这些问题使工会解决雇员与管理方的利益分歧时,大多停留在企业内部协调,工人不信任工会,企业工会组织地位日渐下降,很难依靠工会与雇主谈判以维护自己的权益,削弱了工会代表会员权益的能力。

2. 集体谈判的雇主角色缺位

在我国,雇主组织作为与工会相对应的谈判主体,随着工会的发展而逐渐建立和发展起来,但这些组织存在身份不明、地位不确定的问题。从雇主一方来看,企业的经营负责人属于劳动法上的雇主,是资本的人格化代表,高级管理人员是向雇主负责的管理方,按照国际惯例,拥有一定权力的管理方雇员、掌握雇主机密的雇员属于集体谈判和集体协议的雇主一方,但在国有企业,雇主的角色不清。虽然中国企业联合会是国际劳工组织和中国政府承认的中国雇主的代表性组织,但企业经理人不把中国企业联合会视为劳动关系领域中雇主的代表。与强有力的中央级工会组织相比,中国企业联合会在许多区县并没有相应的分支机构,开展区域性、行业性集体谈判中,企业一方对等主体缺位问题突出,因此,我国行业性、区域性集体谈判中的雇主组织出现了缺位的问题。

(三) 集体谈判内容缺乏针对性

我国集体谈判和集体合同制度作为调整劳动关系的重要法律制度,由于体制方面的原因,实施范围过窄,缺少对行业或产业以及地区集体合同的规定。关于劳动条件的形成主要依靠国家制定相应的法律法规,集体合同采取的是自上而下以

分派、文件下达等行政命令的方式,通过采取统一印制好下发集体合同文本的方式推行,而不是通过工会与雇主团体协商而形成,往往内容空洞,没有真正形成协商谈判机制。工会和企业重签约、轻协商,不经过协商就签约的现象普遍存在,片面追求合同的数量,为了实现签约数量要求,照抄法律法规的规定,缺乏实际的内容,严重流于形式。即使象征性地签订集体协议,也大多是使用事先拟定好的合同范本,落实程度往往较低,并不能真正发挥通过缔结或修订集体协议约束劳资双方的作用。

(四)集体谈判的认识不足,参与性不强

在当前劳动力市场竞争激烈的状况下,为保住工作岗位,劳动者大多听任侵害自身合法权益的现象发生,没有能力和用人单位就自己的劳动权益进行谈判,不敢提出集体协商的要求,更不会主动维护自己的合法权益。同时,多数劳动者对实行集体谈判的认识不足,认为集体协议不解决问题,参与的积极性不高。相关调查显示:2/3 的员工面临的情况是,用人单位说给多少工资就给多少工资,劳动者只能选择“接受”或者“不接受”;只有两成受访者表示,其工资是由单位和个人协商决定的。从企业管理方来看,有些经营者认为,签订集体合同解决不了什么问题。一些国企经营者认为,在国有企业中,企业与劳动者的利益是一致的,集体谈判并不适用。甚至一些私营企业主认为企业是自己的,对平等谈判采取或明或暗的抵触态度。一些地方政府担心集体协商会影响地方的招商投资环境,对工资集体协商工作不重视、不支持。

三、完善中国集体谈判机制的有效措施

集体谈判制度至今已有两百多年的历史,目前已发展成为一种成熟的、化解劳资矛盾的重要手段。现阶段,我国政府应采取多种措施,积极推动建立“双方自主协商、政府依法调整”的劳动关系协调机制,逐步规范集体谈判机制。通过加快在协调劳动关系方面的各项立法,改革工会体制,解决集体谈判中存在的问题,增强工会的代表性和凝聚力,积极探索平等协商制度,建立多层次的集体协商结构,使中国式的集体协商制度能够顺利推进。

(一)完善集体谈判制度,充分发挥政府在集体谈判中的作用

我国在建立市场经济过程中,政府应立足于中立态度,加快劳资关系立法,采取各种积极措施,宏观、理性地推进集体协商制度。各级政府应站在公正的立场上,不直接介入集体谈判活动,而通过制定全国性、区域性、行业性的法律法规,规

范集体谈判行为。在构造集体谈判机制及运行规则方面，通过相关规定为集体谈判提供法律依据，如要求雇主必须提供集体谈判所需要的真实资料、解决谈判的信息不对称问题、细化谈判内容程序使其更具操作性，工会应当聘请专家或中介机构参与谈判、进行谈判前培训等，加快集体谈判制度的推行；在协调劳资关系方面，政府就劳动报酬、工作时间、休息休假、劳动安全卫生、保险福利等劳动者基本的劳动条件，根据各地区、各行业的实际情况，建立完善具体准则、步骤和制定最低劳动标准方面的法律，使集体谈判协商有可遵循的基本标准；在劳动争议处理机制方面，明确法律责任，保障集体协议的履行。政府应当扩大劳动监察人员队伍，加大劳动监察的力度，组织必需的集体合同的普遍检查，定期监察企业签订劳动合同、集体合同、支付工资、缴纳社会保险、安全生产等情况，督促集体合同落实的情况，并结合网络、报刊等媒体进行监督检查，加大对劳动力市场的控制力度。

（二）培育谈判主体，推进三方协商制度

1. 明确工会的地位，改革工会职能

工会作为劳资博弈的一方，其代表性和凝聚力的大小直接影响着集体谈判的结果。在健全工会组织并使之具有独立性的基础上，应加强职工代表大会和工会的力量，只有这样，工会才能在谈判中与雇主处于平等地位，真正维护职工利益。同时要改革工会职能，发挥工会代表雇员利益进行集体谈判的职能，明确将集体谈判协商作为工会最重要的职能。如改进工会工作方式、提高工会工作人员素质、加强培训，使工会干部、协商代表掌握法规、政策和协商技巧等相关知识，使劳动集体协商成为工会组织熟练掌握的基本的职业技能，以达到较好的协商结果。

2. 明确雇主角色，加快行业性、区域性雇主组织的建设

在市场经济国家的劳动立法中，企业的厂长、经理等经营负责人对工资的设定、利润的分成、劳动用工等这些重要事情享有决定权，在劳动法上属于雇主，是资本的人格化代表。高级管理人员是对雇主负责的管理方，不是劳动关系中的劳方，国有企业的雇主在企业级集体谈判中，雇主或雇主协会才是工会进行集体谈判的对象。企业须遵守区域工会与同级企业代表组织签订的区域内行业性集体协议中的有关条款，企业单独签订的工资集体协议的条款内容，不得低于行业性的集体协议。

（三）规范集体合同，提高合同的实用性

集体合同既是集体谈判的结果，也是谈判成效的体现。集体合同制度已推广多年，但主要在国有企事业单位实施，并未覆盖到在私企和外企打工的农民工。为了提高集体合同的实用性，必须要规范集体合同的签订程序以及合同内容。双方

的谈判内容应在劳动部门的严格审查下，根据企业的实际情况，将涉及劳动者权益的内容作为必备条款，签订具有针对性的集体合同，使其真正成为谈判的结果。将企业集体谈判协商、集体合同签订率及其落实的具体状况作为最重要的企业工会具体工作的考核指标。针对我国企业的不同性质，针对企业级集体谈判不足的问题，可以考虑在非国有企业推行企业级谈判；在国有企业大力发展区域性协商，由上级工会代表所属企业的职工与企业代表组织签订区域性集体协议，就劳动条件达成行业性的标准，并以每个企业的实际情况，形成区域行业内的共同标准，提高协商的实效性。同时为提高劳动者的整体力量，避免在单个企业中因实际力量的不平衡造成的不平等，可以由地方行业或产业工会与地方行业或产业协会或者企业进行产业或行业级别的集体谈判，签订集体合同，形成产业、行业的劳动标准，收集全面准确的谈判资料，掌握谈判信息，集中谈判专家的优势和力量，提出协商方针和方案，避免企业之间的无序竞争，切实发挥集体合同在维护职工和企业利益方面的作用。

（四）强化集体谈判的意识，加强员工民主参与的能力

我国长期的计划经济体制，使劳动者和用人单位习惯于依赖政府行政管理手段调整劳动关系，对集体谈判、集体合同的认识不清。因此，政府应加强舆论宣传，有必要利用各种途径开展对集体谈判的广泛宣传，通过报纸、电台、电视台以及互联网等主流媒体，广泛、深入地宣传集体协商政策，扩大集体协商的社会影响，提高社会各界对集体协商的了解，营造有利的舆论氛围。具体可从三个方面入手：一是加强政策引导企业集体协商，推动集体协商，召开区域、行业集体协商工作推动会，转变观念、提高认识、交流经验。二是加强工会的协商能力，加大对协商代表的业务培训力度，增强他们的协商能力，提高协商技巧和协商质量。通过发挥工会的作用，同时加强与政府及其有关部门的沟通，提高工人阶层有序参与各级决策的程度。三是强化员工、企业及其代表组织的协商意识，强化双方的维权意识，认识到参与决策的程度直接关系到既得利益，提高他们对集体协商的民主参与程度，建立适应市场经济要求的集体协商机制。

本章小结：

集体谈判制度是随着西方工业社会的发展而发展起来的，在西方，集体谈判作为调节中观劳动关系的重要机制，是工人和工会、雇主和雇主协会、政府三方协调一致的过程。本章在对集体谈判制度的含义、特点、主体的揭示的基础上，回顾了集体谈判制度产生的过程，具体分析了美国、德国和日本集体谈判制度的特点。在

我国，集体谈判属于合作基础上的集体协议，在集体劳动关系越来越复杂的今天，完全有必要采取集体谈判的形式协调劳动关系，保障劳动者合法权益，改变劳弱资强的不利局面。但是，目前我国的集体谈判制度存在着很多问题，需要发挥政府、雇主和工会三方力量，积极推动建立"双方自主协商、政府依法调整"的劳动关系协调机制，逐步规范集体谈判机制。

案例分析：

1. 从工会方来说，杭芝机电有限公司工会主席是由资方（日方）的总经理顾问（中方）兼任的，总经理顾问的职责是对（资方）总经理负责，而且，他享受的是总经理顾问的权利、利益、待遇，与工人是分离的，但他又兼任了劳方（工会）的主席职务，成为劳动者代表和集体协商的工会首席代表。这种情况肯定不符合现行理论和基本原则，是不规范的。这种工会是资方控制的工会，没有集体谈判的资格，是不合法的。

2. 通过对杭芝机电有限公司集体协商制度运行的过程及成果的分析可发现，协商成功的议题基本上是国家有明确的法律法规规定的问题，该公司工会提出的合理要求若没有明文规定，均被资方拒绝。如工间（工作两小时后）休息10分钟，这10分钟属于8小时内，还是8小时外，即是属于工人的时间，还是属于老板的时间，并无明文的法律规定，工会提出应该属于8小时内，但资方却以无法律规定为由拒绝，而定为8小时外，这样工人就只能再多干20分钟来补偿上下午两个工间休息的时间。此公司的工资分配制度、工资分配形式完全采用日本管理模式，工资集体协商根本未涉及"工资分配制度、工资分配形式"这两项内容，"企业内部工资分配制度、工资分配形式"不列入工资集体协商的基本法定内容。

3. 集体协商的基本精神是无法律具体规定的有关劳动事项，由劳资双方集体协商，作出规定，共同遵守，但这一基本精神在中国现实的集体协商制度运行中基本未得到体现。通过集体协商制度的有效运行，劳动者工资收入逐年增长，劳动者的合法权益得到一定程度的保障，劳资关系较和谐、稳定，劳动生产率、企业效益逐年提高。

思考题：

1. 简述集体谈判的含义、内容和主要功能。
2. 简述集体谈判制度的历史。
3. 美国集体谈判制度的特点是什么？

4. 我国集体协商制度的内容有哪些?
5. 说明我国推行集体谈判的必要性及其意义。
6. 简述我国集体谈判的历史。
7. 简述我国集体谈判制度存在的问题。
8. 如何完善中国集体谈判机制?

第十章 劳动保障政策

引导案例

瑞典：社会保障为低收入家庭支起保护伞

瑞典实行的“从摇篮到坟墓”的庞大社会福利制度是瑞典社民党政府于20世纪70年代建立和完善起来的，它在消除贫富差距和稳定社会方面发挥了巨大的作用，为低收入家庭支起了保护伞。在长达半个多世纪的经济发展过程中，瑞典逐渐建立起一套“从摇篮到坟墓”的内容复杂、体系全面的、庞大的社会保障制度，包括儿童津贴、病假补助、医疗保障、住房补贴、失业救济、养老保险等。全面社会福利不仅体现在人的生命周期中，更在物质和闲暇方面提高了瑞典人的生活质量。甚至有工会人士说：“那种为每日的面包而斗争的时代已一去不复返了。”如孩子一出生就进入了社会保障网，现金性福利支付包括每月的儿童津贴，直到16岁，16岁后享受教育津贴。大学在瑞典只是普及教育，所以瑞典人口素质很高。

案例讨论题：

1. 高福利一定会带来福利病吗？
2. 高福利会损害一国竞争力吗？
3. 经济落后，社会保障就可以不足吗？

第一节　社会保障制度概述

社会保障制度是现代工业社会的产物，是国家为了实现帮助其社会成员摆脱生存危机、提供基本生活保障,改善和增进国民的福利,达到社会的和谐发展的目标而设立的。19 世纪 90 年代德国俾斯麦政府为了缓和阶级矛盾,作为胡萝卜政策工具的现代社会保障制度首先在德国出现。1935 年,美国罗斯福政府颁布《社会保障法》,首先提出"社会保障"一词,建立起有别于德国、英国的重视市场作用的混合型社会保障制度,成为拉动美国经济增长的一个重要发动机。作为人类文明发展进步的重要成果与推动力量,社会保障制度是经济平稳发展的一个制度保证,甚至可看作是经济增长的"第四驱动力",受所在国家经济、政治、社会乃至历史文化传统等多种因素影响。

一、社会保障制度概述

(一) 社会保障制度的含义

社会保障概念是一个多学科的综合,本身涵盖了社会的、经济的、法律的和文化的意义,不同地区、不同国家、不同学者对于社会保障概念的界定有各种不同的意见,仁者见仁,智者见智。本书认为,社会保障制度是指国家依法建立起来的保障人民生活、维护社会稳定、促进和谐发展的系统,它通过国民收入分配和再分配,保障社会成员的基本生活权利。它是由社会保险、社会救助、社会福利、社会优抚,以及各种具有互助互济功能的社会化保障机制构成的整体。

(二) 社会保障的特征

(1) 保障性。社会保障是国家和社会对全体社会成员或至少大多数人提供基本生活保障,为劳动者提供最低收入或给予,使劳动者在遭遇意外和风险时不至于衣食无着的保障体系。与前工业化社会保障机制的事后补救特性相反,现代社会保障重于事前预防。它能满足劳动者基本生活需要,提供安全的保证,保护劳动者合法权益,使其无论遭遇何种社会意外事故都能维持其基本生活方式和生活水平,从而达到维护社会安定、不断促进国民福利的目的。

(2) 强制性。社会保障是由国家立法强制确立国家和社会成员的权利义务关系,各国都采用法律形式保证社会保障的实施。如社会保险,依照法律规定,不管投保者是否愿意,只要符合投保条件的劳动者和用人单位都必须参加保险,当事人没有任意选择和任意退出的权利,这是一种法定义务,必须按法律规定执行,当事人无权自由协商。社会保险项目的保障范围、保险水平、实施过程都是以相关的法规政策为依据的。我国《劳动法》第七十二条规定:"用人单位和劳动者必须依法参加社会保险,缴纳社会保险费。"

(3) 社会性。社会保障的社会性是指：① 保障对象具有社会性。保证全社会成员均等享有获得社会保障的权利和机会，创造就业机会，维护并创造公平的竞争环境。② 保障的内容具有社会性。体现在社会生活各个方面，如社会保障、社会福利、社会救济、家庭补贴、免费教育、就业服务等。③ 社会保障运作具有社会性。由专业的社会保障机构管理(如社会保险通常由政府设置的社会保险经办机构组织实施，我国由直接隶属于行政部门的事业单位具体经办)。

(4) 互助性。社会保障是国家对国民收入进行再分配的一种形式，由国家兴办，基金源于用人单位和劳动者个人及政府的财政支持，遵循权利与义务相结合的原则和社会成员共担风险原理，调节收入水平，在全体社会成员之间实现和维持社会公正，体现了互助互济原则。

(三) 社会保障的类型[①]

具体如表 10－1 所示。

表 10－1　社会保障的类型

类型	时　间	特　点	代表国家
社会保险型模式	19 世纪 80 年代在德国建立，1935 年“罗斯福新政”使社会保险制度全球化	1. 以劳动者为核心； 2. 责任分担，权利与义务结合； 3. 互助共济； 4. 资金筹集以现收现付为主	德　国 美　国 日　本
福利国家模式	1948 年英国建成“福利国家”，自此福利国家纷纷出现	1. 累进税制和高收入； 2. 普遍覆盖和全民共享； 3. 政府负责和保障全面； 4. 法制健全； 5. 充分就业	英　国 瑞　典 芬　兰 澳大利亚
强制储蓄模式	1955 年 7 月 1 日，中央公积金制度正式建立并实施	1. 强调自我负责，缺乏互济； 2. 建立个人账户，实行完全积累； 3. 与资本市场有机结合； 4. 主要为养老保障； 5. 政府承担责任的方式特殊	新加坡
国家保险模式	20 世纪中期	1. 宪法将社会保障制度确立为国家制度； 2. 社会保障的支出由政府和企业承担； 3. 保障的对象为全体公民； 4. 工会参与社会保障事业的决策与管理	苏　联 东欧国家 中　国

① 郑功成：《社会保障概论》，复旦大学出版社 2007 年版，第 89－99 页。

二、我国社会保障制度的内容

社会保障通常是作为一种社会制度，由多种方案和法案共同组成，在不同的国家、不同的社会之间，社会保障的项目、内容各不相同。政府通过一系列劳动法规保障劳动者的福利。目前我国的城镇社会保障主要包括社会保险、社会救济、社会福利和社会优抚等四项制度，其中社会保险、社会救济是核心制度。社会保险又分为养老、失业、医疗、工伤、生育保险五个项目。社会救济的主体制度形式是居民最低生活保障制度，此制度安排使劳动者基本的“社会生存权”得到了保障。但目前中国五项法定社会保险缴费比例占职工工资的40%，约为G7国家的2.8倍，是东亚邻国和邻近地区的4.6倍。①

(1) 社会救助。社会救助是指政府或社会向由贫困人口与不幸者组成的社会弱势群体无偿提供款物接济和扶助，以维持其最低生活水平的社会保障制度，包括灾害救助、贫困救助、慈善及法律援助等针对社会弱势群体的扶助措施，是处于贫困线或最低生活保障线以下的国民的基本权利。社会救助的目的是通过国家财政预算拨款、特别捐税辅助或社会筹集，帮助无工资来源和低收入的社会群体维持最低生活水平，摆脱生存危机。社会救助是社会保障最低层次的追求目标，标准低于社会保险。

(2) 社会保险。社会保险是为保护劳动者及家庭在年老、患病、工伤、失业、生育等丧失劳动能力的情况下，获得国家和社会的补偿和帮助，保证劳动者的基本生活的一种社会保障制度。其内容包括养老保险、医疗保险、失业保险、工伤保险、生育保险。此项制度是为了满足人们的基本生活需要而制定的保障制度，以改善和增进国民的福利。一些国家还设有家属津贴制度，还有一些国家将生育保险、医疗保险和疾病(包括非因工伤残)保险三项合并为健康社会保险，而将因公致残单列一项。

(3) 社会福利。社会福利是指国家和社会通过各种福利服务、福利津贴以及福利企业的方式，以满足全社会成员或特定社会成员的生活服务需要，并促使其生活质量不断得到改善的社会保障制度。此项制度包括老年人福利、残疾人福利、妇女儿童福利和其他福利，是为了实现社会的和谐发展。我国当前社会福利的主要内容是通过社会福利院安置没有家庭生活来源的老人和幼儿、社会福利企业安置有部分劳动能力的残疾人。

(4) 社会优抚属于国家特殊保障，是指国家和社会对军人、按规定获得革命伤

① 转引自清华大学教授白重恩的研究，资料来源于《南方周末》，2010-3-24。

残人员身份的人及其家属为主体的优抚对象实行物质照顾和精神鼓励的社会保障制度,包括社会优待和社会抚恤制度。在社会保障系统中,社会优抚是一种带有优待、抚恤性质的特殊制度,其保障对象是对国家和人民有功的人员,一般是军烈属、伤残军人、退伍义务兵、见义勇为者等。

三、我国社会保障制度的发展进程

(一) 建立阶段(新中国成立—1977 年)

我国在 1951 年提出了建立社会保障制度,并颁布《劳动保险条例》,初步建立了职工社会保险制度。1957 年后,开始针对保险项目、待遇标准进行调整。1965 年、1966 年颁发通知,对医疗保险制度作了调整和整顿。此外,国家开始在社会救助、社会福利、社会优待抚恤方面也制定了许多法律法规及相关政策。到中国共产党的十一届三中全会,我国在长期的计划经济条件下形成了与城乡二元经济结构相适应的"国家-单位"保障制的二元社会保障结构,社会保障体系由国家保障、城镇单位保障、农村集体保障三大模块组成,呈现出"低工资、多就业、高补贴、高福利"的特点,城镇实行与计划经济体制相统一的"企业保险"制度,从养老到医疗均由企业包揽下来,部分带有供给制的性质。在农村人民公社制度下,医疗保障实行的是集体合作医疗制度。但是在"文革"期间,我国的社会保障工作陷入停滞和倒退,管理机构被撤销,许多保障项目名存实亡,社会保险制度被破坏,变成了"企业保险"。

(二) 改革创新的探索阶段(1978 年—1985 年)

改革开放以后,针对当时社会保障制度存在的一些突出不合理的问题,从 1984 年开始,我国进行初步的改革探索,突破了"企业保险"的格局,社会保障体系开始走上正规化、法制化轨道,为社会保障制度由计划经济条件下的国家负责、单位包办、封闭运行的制度安排,转向社会主义市场经济条件下的责任共担、社会统筹的制度安排奠立了基础。1985 年 9 月 23 日通过的《中共中央关于制定国民经济和社会发展第七个五年计划的建议》提出,社会保障机构要把社会保险、社会福利、社会救济工作统一起来,制订规划,初步建立起了社会保障制度的雏形。

(三) 改革阶段(1986 年—20 世纪末)

1986 年,为了与我国企业劳动制度改革相配套,国务院发布改革劳动制度四项规定,其中的《国营企业实行劳动合同制暂行规定》提出,国营企业新招工人一律实行劳动合同制，规定了劳动合同制工人退休养老保险办法：企业按照劳动合同制工人工资总额的15%左右，劳动合同制工人按照不超过本人标准工资的3%缴纳退休养老保险基金。1991年，国务院提出建立多层次养老保险体系，十四届三中全会通过了城镇职工养老保险金由单位和个人共同负担、实行社会统筹和个人账户相结合的决定，重建了我国养老保险改革的方向。

20世纪90年代以后，由于我国人口老龄化加速、离退休人员不断增加，企业改革中下岗人员增多，加之20世纪60年代以来生育高峰期的影响，每年新增劳动力形成了对社会保障的巨大压力。1993年《中共中央关于建立社会主义市场经济体制若干问题的决定》中首次出现了"建立多层次的社会保障制度"的概念，明确了我国社会保障体系的基本内容，把建立社会保障制度作为社会主义市场经济基本框架的五个组成部分之一。1995年3月，国务院下发《关于深化企业职工养老保险制度改革的通知》，提出了改革方向是实行社会统筹与个人账户相结合的模式和具体实施办法，并允许各地结合本地实际选择试点。1997年的十五大明确提出"建立社会保障体系，实行社会统筹和个人账户相结合的养老、医疗保险制度，完善失业保险和社会救济制度，提供最基本的社会保障"，进一步提出了改革社会保险制度的基本指导思想。国务院发布的《关于建立统一的企业职工基本养老保险制度的规定》，进一步明确了基本养老保险制度的统一模式。至此，社会统筹与个人账户相结合正式成为具有中国特色的职工基本养老保险制度模式。1998年以来，中国政府建立了以国有企业下岗职工基本生活保障、失业保险和城市居民最低生活保障为内容的"三条保障线"制度。1999年1月，国务院颁布《失业保险条例》，标志着我国失业保险制度进入了新的发展时期，政府还在医疗保险、生育保险、工伤保险、城市最低生活保障等方面颁布了一系列政策法规。

（四）深化改革阶段（2000年至今）

2000年12月，国务院发布了《关于完善城镇社会保障体系的试点方案》，提出基本养老保险制度将改革社会统筹与个人账户的管理模式，由过去的通道式管理转变为板块式的分账管理。2003年《中共中央关于完善社会主义市场经济体制若干问题的决定》提出，坚持社会统筹与个人账户相结合。2006年实施的《国务院关于完善企业职工基本养老保险制度的决定》提出完善社会统筹与个人账户相结合的基本制度。十六届六中全会和十七大提出，"逐步建立社会保险、社会救助、社会福利、慈善事业相衔接的覆盖城乡的社会保障体系"，以基本养老、基本医疗、最低生活保障制度为重点，加快建立覆盖城乡居民的社会保障体系，与此同时颁布了社会救济、社会优抚、社会福利方面的各种政策法规。目前在农村，我国已经建立了新型农村合作医疗制度和以最低生活保障制度为核心的社会救助制度。2009年提出建立新农保制度，至此，农村社会保障体系的三大支柱基本形成，我国的社会保障制度改革由此不断走向深入。

第二节 养老保险制度

随着全球性老龄化进程的加快，养老已成为各国政府面临的主要社会问题之一，养老保险是整个社会保障制度的重要组成部分。当前各国实行的养老保险制度主要分为三种类型：传统型养老保险、强制储蓄型养老保险（也叫公积金模式）、国家统筹型养老保险。作为国家强制实施的对全社会退休人员基本生活需要进行保护的制度安排，我国经过多年的改革探索，在城镇建立了已初具雏形的、具有中国特色的、首创的、“统账结合”的混合模式，在农村建立的新型农村养老保险制度（新农保），与新型农村合作医疗制度（新农合）以及义务教育制度一起，成为农村地区福利制度的三大支柱，分别保障农民老有所养、病有所医、少有所教。

一、养老保险概述

养老保险是国家或社会根据一定的法律和法规，对劳动者或其他职员在达到解除劳动义务的劳动年龄，退出劳动岗位后，获得满足其基本生活需要的稳定的经济来源而建立起的一种社会保险制度。我国现行的基本养老保险制度是按照国务院1997年颁布的《关于建立统一的企业职工基本养老保险制度的决定》建立的，其中，社会统筹体现公平和社会共济性以及国家基本保障义务，个人账户体现效率和保障水平以及个人缴费义务，这是我国养老保险制度建设的重要取向。

（一）城镇基本养老保险的基本内容

基本养老保险计划的养老金分为基础养老金、个人账户养老金和过渡性养老金（1993年起参加工作的新人无此项），基础养老金的月标准为当地（省、自治区、直辖市）上年职工月平均工资的20%，个人账户养老金的月标准为本人个人账户储存额除以国家规定的计发月数。个人缴费年限累计不满15年的，退休后不能享受基础养老金，其个人账户的存储额可一次性提取。职工调动时，其个人账户存储额全部随同转移。职工在职或退休后死亡的，其个人账户中的个人缴费部分可以继承。目前基本养老保险计划以县级统筹为主，但大多数省（市）建立了资金调剂机制。

实行省级统筹的有北京、上海、天津、福建和陕西等。养老保险费用实行国家、集体、个人三方负担，确定了国家基本养老保险、企业补充养老保险、职工个人储蓄型养老保险多层次的养老保险体系。

（二）城镇基本养老保险基金来源分析

1. 参保企业缴纳的养老保险费

基本养老保险制度的建立，开始是作为国有企业改革的配套措施之一，由于企业所有制性质不同，社会保障的水平也不同，一些非公有制企业采取抵制的态度，扩大覆盖面进展艰难，一些企业由于职工平均年龄低且不稳定，宁可自行设计符合本企业利益的保险制度，以增加企业的吸引力，而对于政府办的养老保险，由于担心企业缴纳的基金起不到为自己的职工积累养老基金的作用，全被挪用给现已退休职工发养老金，而不愿意缴纳养老基金，不实行养老保险制度，参保率低。加之部分企业因经营困难无法按时缴纳保险费，拖欠问题严重。

2. 参保个人缴纳的养老保险费

我国养老保险覆盖范围不足，部分城镇人群未纳入保障范围，非正规部门的从业人口，包括企业下岗职工、在城乡结合部亦工亦农的人群、个体劳动者和私营企业主及自由职业者，他们的养老政策没有得到妥善解决而被人为地排除在现有制度之外。广大农村地区，除一些经济较发达的地区已开始进行建立农村社会保障制度的试点外，绝大多数农村都还没有建立社会保障制度，无法享受到养老待遇，因此，有相当数量的劳动者处于社会保障体系之外，特别是外来务工者的养老保险问题没有得到很好的解决。目前我国绝大多数外来务工者不可能在其所就业的城市长期就业并获得永久居住权，而现今的养老保险又无法转移。来自人力资源和社会保障部与国家统计局 20 日联合发布的《2007 年劳动和社会保障事业发展统计公报》公布的数据，2007 年末，全国参加城镇基本养老保险的人数为 20 137 万人，参加基本养老保险的农民工人数为 1 846 万人，参加农村养老保险的人数为 5 171 万人。

3. 政府对养老保险基金的财政补贴

由于我国基本养老保险的隐性债务规模巨大，为弥补这笔债务，要求社会统筹部分的缴费高于当前待遇成本。尽管国家财政每年向养老保险基金进行补贴，并规定了很高的企业缴费率（工资总额的 20%左右），且还有增长的趋势，但除非有其他的资金来源，否则国有企业和国家财政均无力负担这笔债务。

4. 养老保险基金的银行利息和投资利息

一段时期以来，我国省及省以下的社会保障基金只能存入银行或购买国债，而我国银行和国债利率都较低。目前中国社会保障基金可以投资股票，国务院批准社保基金可以用资本金的10%投资股权基金，可以用资本金的20%投资工商企业。

二、我国养老保险制度的发展历史

（一）城镇养老保险制度

1. 政府负责型的养老保险模式时期

在我国，养老保险制度主要在城镇实行，城镇养老保险制度最早是由全国统筹的，从1951年颁布《劳动保险条例》为国有企业职工建立养老保险，到1953年、1958年和1978年又分别对条例进行修改，初建了由国家规定的基本统一的养老保险待遇，实行国家级统筹，退休金支出全部由政府和企业承担，国有企业的经营由国家统付盈亏，企业负责退休金的发放，个人不缴纳保险费，属于政府负责、单位保障的养老保险模式。

2. 探索社会统筹和个人账户相结合的新型养老保险制度时期

改革开放以后，计划经济时代对国有企业终身就业的承诺，因市场经济改革已经无法维持，政府开始对养老保险制度进行了一系列的改革。1985年国务院批准劳动人事部开始搞试点，实行养老金统筹；1993年开始实行社会统筹和个人账户相结合的原则；1995年以《国务院关于深化企业职工养老保险制度改革的通知》为标志，进一步确立了中国养老保险制度的改革目标和“社会统筹与个人账户相结合”的原则；1997年在全国范围确定了城镇企业员工基本养老保险制度采用“统账结合”的部分积累制的混合模式，基金运行模式实行社会统筹部分现收现付与个人账户部分完全积累同时并存，即国家、企业和个人三方承担供款责任但分别记账；2000年的《关于完善城镇社会保障体系的试点方案》提出，职工所缴的养老保险费全部记入其个人账户并真正做实个人账户，十六届三中全会提出坚持社会统筹与个人账户相结合，逐步做实个人账户；2006年实施国务院提出的逐步做实个人账户，完善社会统筹与个人账户相结合的基本制度。

（二）农村社会养老制度

我国农村的社会养老制度一直采用国家养老和家庭养老相结合的模式，现存农村社会养老保险制度从20世纪80年代开始在部分富裕农村实施。民政部早在1986年就开始进行农村社会养老保险制度的探索。1991年，根据国务院指示，在农村开始了社会保险制度的试点。1992年，在总结试点经验的基础上，正式颁布了《县级农村社会养老保险基本方案》，即“老农保”，并在全国有条件的地区逐步推广。"老农保"的主要内容包括养老保险基金筹集以个人缴费为主、集体补贴为辅，实行个人账户储备积累制，农民个人缴纳的保险费和集体对其的补助全部记在个人名下；基金以县级机构为基本核算平衡单位，按国家政策规定运营；保险对象达到规定领取年龄时，根据其个人账户基金积累总额计发养老金。2009 年 9 月 4 日，国务院办公厅发布以"保基本、广覆盖、有弹性、可持续"为原则的《国务院关于开展新型农村社会养老保险试点的指导意见》，即"新农保"。"新农保"的主要内容包括两个方面：一是实行基础养老金和个人账户养老金相结合的养老待遇，国家财政全额支付最低标准基础养老金；二是实行个人缴费、集体补助、政府补贴相结合的筹资办法，地方财政对农民缴费实行补贴。2009 年试点范围为全国 10%的县(市、区、旗)，以后逐步扩大试点，到 2020 年前基本实现全覆盖。对于"新农保"试点工作，人力资源和社会保障部副部长胡晓义介绍，目前全国农村 60 周岁以上的老年人数量超过 1 亿，即使按每人每月 55 元、一年 660 元的基础养老金计算，如果全国覆盖，也要支付将近 700 亿的资金。①

三、我国基本养老保险制度存在问题的原因分析

改革开放以来，我国逐步对城镇企业职工实施了社会保障制度的改革，现今在我国已基本完成了由单位保障向社会保障的转变，城镇普遍建立了城市居民最低生活保障制度，农村最低生活保障制度也于 2007 年上半年初步建立。但养老保险制度在我国实践的时间只有十多年，由于国家经济实力有限，同时政治、经济体制改革正处于不断深化的过程当中，历经了艰难曲折发展的现行基本养老保险制度仍存在着地区差距、人口老龄化、快速工业化和城镇化、就业形式多样化等诸多不足和缺陷，尚未建立起全国统一的社会保障体系。

(一)环境因素：人口日益老龄化，养老保险压力剧增

21 世纪，我国已步入老龄化社会。"目前，我国 60 岁以上老年人口已达 1.43 亿，占总人口的 11%。到 2020 年，60 岁以上老年人口将达 2.34 亿，占总人口的 16%。"②在我国，人口老龄化和养老保险制度转型同时发生，老龄化程度日益加剧，养老保险基金负担系数逐渐提高，养老保险基金收不抵支、资金短缺的现象日益突出，养老保险基金进入紧张运行状态，支付将进入高峰期。一些地区甚至出现了基金赤字运转的局面，使这一问题更加严重，直接影响着我国养老保险制度的运行及作用发挥。

---

① 徐轶汝：《当前就业形势依然严峻》，《新民晚报》，2009-9-9。

② 寇国明：《统筹城乡的基本养老保险个人账户》，《财经研究》，2008(3)。

（二）历史因素：历史欠账形成沉重的转轨成本

所有进行养老保险制度改革的国家都必须面临一个转轨成本的问题。社会统筹基金隐性债务规模巨大是我国基本养老保险制度改革所必然要付出的转轨成本，这是任何一个国家社会保险改革都会遇到的问题。目前我国基本养老保险分为两块：一块是强调公平性的社会统筹，另一块就是按个人名义设立的个人账户。养老体系要从现收现付制过渡到"统账结合"的混合制，实行的部分积累是当代人养老费用的一部分由社会统筹即代际转移来支付，一部分由当代人工资的部分储蓄来支付，其实质是个人账户与统筹基金的合并运行，社保部门为了弥补养老金支付缺口，通常采用直接挪用个人账户的办法，这样就形成了巨额空账，这是养老保险制度效率缺失的一个重要原因。我国的养老保险制度中没有专门的措施解决转轨成本，国家当时没有承担填补亏空的历史责任，单纯通过提高企业缴费率的方式逐步消化。政府不承担相应的责任，必然会使统账结合运行的个人账户成为名义账户，造成亏空。我国政府一直试图通过扩大覆盖面、提高当期参保者的缴费水平的方式来"消化"转轨成本。官方从未公布过目前全国城镇职工养老保险空账的规模，不过，原劳动部副部长刘永富曾透露，截至 2004 年底，中国养老保险个人账户空账规模达 7 400 亿，且每年还会以 1 000 亿的速度增加。个人账户若全国做实，庞大的个人账户基金的保值增值将是一个严峻的挑战。①

（三）制度因素：社会统筹层次低

目前我国养老保险金在省级范围内统筹，基金分散，始终滞留在市县级，实行地方管理，缺乏全国统一的信息管理系统、收付系统和交流平台，中央政府无力在全国范围内统一调控养老金，养老金呈现高度碎片化状态；地区间的养老保险金转续困难，对社会保障资金的征缴和发放都形成很大的负面影响。多年来社会保障改革由地区决策，各地区分别制定仅适用于本地区的政策、标准、措施，形成各地区之间缴费水平、管理方式不相同的现象，造成各地区之间的社会保障制度不统一，使得社会保障在区际之间的转移阻碍重重，不但省际之间很难转移，就是省内地区之间都难以转移。在每年数以千万计的农村转移人口和近两亿流动人口的社会大转型变迁中，对流动性最强的农民工来说，存在着社会不公平和经济损失的严重缺陷，农民工退保现象难以从根本上得到解决。这与市场经济对劳动力自由流动的要求是完全相悖的，不利于人口流动和全国大市场的形成，也不利于城镇化的历史进程。

---

① 此部分资料源于人力资源和社会保障部新闻发言人尹成基在三季度的新闻发布会上所作的介绍：《人保部：个人账户基金部分将投资于资本市场》，《新京报》，2009－10－24。

（四）体制因素：基金运营不良

目前我国建立的社会统筹基金和个人账户基金由劳动部门统一征缴和管理，由于社会统筹基金除支付基础养老金外，还要支付“老人”的全部养老金和“中人”的过渡性养老金，存在社会统筹部分根本无法满足当期养老金支出的需要，“老人”养老金的来源是通过正在工作的下一代人的账户中抽取资金支付的，因而个人账户的资金被用于支付当期养老金，无法进行真正意义上的基金积累和基金收益。这种养老保险制度表面上采取了混合养老金形式，但巨大养老金隐性债务迫使个人账户资金被挪用，形成了大量的名义账户。个人账户与统筹基金的混账合并运行，使得统筹部分透支了个人账户资金，并未形成实际的基金积累。同时养老基金的保值增值，很大程度上取决于基金能否由有诚信且有能力的基金受托管理机构投资经营，并从资本市场取得稳定的投资收益。我国缺乏健全的金融市场，投资体制改革难有突破，同时在个人账户基金工具的选择上受到很大限制，投资工具手段单一化，影响基金的保值增值。此外，社会保障基金监管工作起步较晚，基础薄弱，缺乏统一的行政监督和社会监督机构，基金收支、管理等环节存在一定隐患和潜在风险。加上社会保障基金财务管理制度、会计核算制度不健全，致使随意滥用、挪用社会保障基金的现象时有发生，甚至产生腐败现象，当监管不严、管理不善时，也会发生挪用基金进行高风险投资等情况，造成社会保障基金的大量流失，使我国本来就缺口很大的社保资金形势更加严峻。

（五）法律因素：立法滞后，法律约束体制不健全

我国养老保险存在立法不健全、立法层次低、缺乏必要的法律责任制度、社会保障监督机构没有与管理机构严格划分开来、法律实施机制较为薄弱等问题。我国目前没有独立的社会保障或社会保险法，只有具体的社会保障或社会保险项目的一些部门法规以及地方性的政策规定，养老保障制度乃至整个社会保障制度都停留在行政法规、部门法规等层次，尚未上升到法律这一层级，对制度主体各方的行为约束力不够。即使是这种层次的法律规范也不够完备，存在较大的漏洞。由于中国特殊的国情，各地方的经济发展水平不同，许多地方的政策规定也不尽相同。养老保险方面的一系列制度都是以政府最高部门即国务院的名义发布的，是政府文件，只要求如何做，而缺少对不执行的处罚，如缺乏对欠缴社保费的行为和拖欠离、退休人员养老金行为的法律制裁措施，非法挪用、挤占社保基金的违法甚至犯罪行为得不到及时惩处等，必然造成养老保险的经济损失行为逃避处罚。

四、建立覆盖城乡居民的社会保障体系

十七大报告提出,2020年社会保障体系的目标是“基本建立覆盖城乡居民的社会保障体系,人人享有基本生活保障”。今天的中国是建立健全完备的社会保障体系的最好时机,我国已开始向经济社会全面协调可持续发展的时代转变,向城乡居民普遍受惠的时代转变;从重点解决温饱问题的时代,向全民医保、保障升级的时代转变。因此,建立覆盖城乡居民的社会保障体系是当前社会保障发展的基本任务,建设公平、全面的社会保障体系,实现普遍性公平保障基础上的选择性保障,是我国社会保障未来的发展方向。[①] 在此背景下,养老保障制度在考虑国民财富的积累情况和整个国家的支付情况的前提下,向普惠型的国民养老金和差别型的职业养老金方向发展,将社会保险基金的筹集、管理和使用纳入国家立法机关的法律监督、新闻媒体的舆论监督和群众的社会监督之下。

(一)国民基本养老金

鉴于目前我国城镇普遍建立了城市居民最低生活保障制度,农村初步建立了最低生活保障制度,我国在推进基本养老保险制度改革的进程中,可以考虑将基本养老保险金中的基础养老金,即社会统筹部分发展为具有普惠型的国民养老金,建立“覆盖城乡居民”社会保障体系的基础,以此完善城乡居民最低生活保障制度,将其覆盖范围扩大到城乡所有劳动者,解决忽视外来务工者的养老保险问题,受益对象应为包括农村居民在内的所有国民,逐步提高保障水平,向全国所有的老年人提供最基本的收入保障。鉴于我国是实行分税制的国家,各级地方政府都应该分担这个责任。政府作为普惠型的国民养老制度的直接责任主体,为劳动者退出工作岗位后提供一定水平的基本养老保证,以此体现国家的养老责任和社会公平,解决我国长期以来存在的养老保障覆盖范围有限的问题,实现基本养老保障的普遍公平,最终实现全民化的养老保险制度。

(二)差别型的职业养老金:强制型的个人账户养老保险发展方向

将我国基本养老保险金中的个人账户养老金,即个人账户部分发展为具有差别型的职业养老金。为体现劳动者的责任,体现效率和公平,由劳动者承担缴费责任,以劳动者工资的一定比例强制征缴养老保险费为基础,引进市场化运作机制,

---

① 郑功成:《中国社会保障发展战略研究的新突破》,中国共产党新闻网,2009-08-31。

使个人账户基金保值增值。我国的资本市场只有十多年的发展历史，还很不成熟，不能承受基金制的巨大市场要求，有巨大的潜在金融风险，因此需要对养老保险基金采取既审慎又积极、既封闭又开放的政策。

第三节　医疗保险制度

医疗保险是世界上立法最早的社会保险项目，德国在1883年就颁布了《疾病社会保险法》，这是世界上第一部现代意义上的、比较完整的社会保险立法。医疗保险是劳动者在患病后不能从事劳动、无法得到及时治疗、正常收入中断或减少的情况下，为了恢复劳动者的身体健康，减轻其经济负担而设计的制度。劳动者一旦患病，势必会影响劳动者本人及其家庭的生活。医疗保险制度可使患病的劳动者从社会获得必要的物质帮助，从而有效地帮助他们从"因病致贫"、"因贫返病"的困境中解脱出来，这必将促进社会生产力的发展。

一、医疗保险概述

医疗保险是由国家立法规范并运用强制手段，向法定范围的劳动者及其他社会成员提供必要的疾病医疗服务和经济补偿的一种社会化保险机制。按风险承担的主体不同，可分为个人医疗保险、团体医疗保险和国家医疗保险。按承担风险的性质不同，可分为疾病保险、伤害保险和分娩保险等。医疗保险覆盖范围各国规定不同，原则上包括所有工薪阶层。待遇支付形式为非定额的费用补偿，补偿期短但受益时间长，涉及关系复杂的医疗服务消费，具有不确定性和被动性的特点。

（一）国家医疗保险模式

国家医疗保险模式又称"国家卫生服务模式"，是指政府直接举办医疗保险事业，通过税收形式筹措医疗保险基金，采取预算拨款给国立医疗机构的形式，向全体国民直接提供免费(或低收费)医疗服务的模式。这是西方福利国家采取的普惠型保障模式，如英国、瑞典、加拿大等国。在这种模式下，医疗保险基金绝大部分来源于国家财政预算，卫生行政部门直接参与医疗服务的计划、管理、分配与提供，医疗保险基金往往通过全额预算下拨给政府举办的医疗机构。这种模式容易造成医疗消费水平过高，政府财政不堪重负的情况。

（二）社会医疗保险模式

社会医疗保险模式是由雇主和雇员依法共同缴纳医疗保险费，政府通过社会保险立法强制推行，为参加者提供基本卫生服务的保险模式，德国、日本、法国、韩国等国采取这种保障模式。在这种模式下，医疗保险基金由医疗保险机构按照以收定支、力求当年收支平衡的原则统一筹集、管理和使用，不以盈利为目的；提供的医疗服务内容一般包括基本医疗服务、大多数病种的住院治疗及必要的药品。这种模式能够实现社会互助共济、风险分担，但由于实行现收现付，没有积累，不能解决代际之间医疗保险费用负担的转移问题，随着人口老龄化社会的到来，这种矛盾将日趋尖锐。

（三）强制储蓄医疗保险模式

强制储蓄医疗保险模式，是国家通过立法强制劳资双方或劳动者以家庭为单位筹资，建立医疗保健储蓄账户，并用以支付个人及家庭成员未来患病时所需的医疗费用的一种医疗保险制度。这种模式源于新加坡，目前只有少数国家采用。它强调个人通过积累支付部分医疗费，政府分担部分费用。这样可避免过度利用医疗服务的行为，减少浪费。但该模式不能实现社会互助共济，低收入人群得不到医疗保障而在一定程度上降低了社会保障的功能。

（四）私营医疗保障模式

私营医疗保障模式即商业医疗保险模式，是按照市场法则由私营机构自由经营的医疗保健模式。商业医疗保险模式与社会医疗保险模式相对应，是由商业保险公司承办的、以盈利为目的的医疗保险形式，由投保人自愿选择保险基金，属自愿保险。美国第二次世界大战以后开始采用这种模式，这种模式能较好地满足中高收入者高层次的医疗需求，但因为由保险公司经办，所以低收入人群、体弱多病者和老年人往往被排除在外。半个多世纪过去以后，私营医疗保障模式变成了企业非常沉重的负担，美国在奥巴马政府医疗改革启动之前，全美有近4 000多万人口没有参加足额的医疗保险，有 3 500 万左右的公民没有纳入医疗保险覆盖范围。

二、中国医疗保险制度体系内容

（一）城镇职工基本医疗保险制度内容

我国现行的城镇职工基本医疗保险制度是根据国务院 1998 年发布的《关于建

立城镇职工基本医疗保险制度的决定》建立的，规定企业职工基本医疗保险制度覆盖城镇所有用人单位及职工，实行统筹和个人账户相结合的原则，改变过去由财政或用人单位包揽资金来源的单一做法，医疗保险费由用人单位和职工个人双方共同缴纳，保险基金由统筹基金和个人账户构成。

(1) 用人单位缴纳的基本医疗保险费分为两部分，一部分用于建立统筹基金，另一部分划入职工个人账户。职工缴纳的基本医疗保险费，全部记入个人账户。个人账户的本金和利息归个人所有，但只能用于支付本人的医疗费。在这种体制下，基本医疗保险费由用人单位和职工共同缴纳。用人单位缴费率应控制在职工工资总额的6%左右，职工缴费率一般为本人工资收入的2%。统筹基金主要用于支付大额和住院医疗费用，个人账户主要用于支付小额和门诊医疗费用。统筹基金支付时，由各地根据当地情况和基金的承受能力，确定起付标准和最高支付限额，但个人也要负担一定的比例。统筹基金起付标准以下的医疗费用由个人账户支付，不足部分由个人自付。超过最高支付限额以上的医疗费用，主要通过大额医疗费用补助、企业补充医疗保险、商业医疗保险等途径解决。

(2) 基本医疗保险基金的统筹原则上以地级以上行政区(包括地、市、州、盟)为统筹单位，北京、天津、上海、重庆四个直辖市原则上在全市范围实行统筹。城镇职工基本医疗保险实行属地管理，不搞行业统筹。为了不降低一些行业(例如，金融、铁路、邮电等)的企业职工现有的较高医疗消费水平，这些企业在参加基本医疗保险的基础上，作为过渡措施，允许建立企业补充医疗保险，企业补充医疗保险费在工资总额4%以内的部分，从职工福利费中列支，福利费不足列支的部分，经同级财政部门核准后，列入成本，企业补充医疗保险不参加社会统筹。

(二) 城镇居民基本医疗保险制度

2007年，为解决城镇非从业人员，特别是中小学生、少年儿童、老年人、残疾人等弱势群体的医疗保险问题，国务院开始了城镇居民基本医疗保险试点工作，并决定定期召开国务院城镇居民基本医疗保险部际联席会议。2007年7月，国务院下发《关于开展城镇居民基本医疗保险试点的指导意见》，提出“低水平，广覆盖，居民自愿，属地管理，统筹协调”的原则，并确定79个试点城市，计划用3年时间逐步在全国城镇全面推开。通过试点探索和完善城镇居民基本医疗保险的政策体系，形成合理的筹资机制、健全的管理体制和规范的运行体系，逐步建立以大病统筹为主的城镇居民基本医疗保险制度。

(三) 农村新型合作医疗制度

我国农村合作医疗兴起于20世纪60年代，70年代覆盖全国行政村的90%以上。改革开放之后，农村合作医疗制度开始解体。1985年，坚持合作医疗的行政村占全国的比例不到5%。20世纪90年代，我国开始恢复和重建合作医疗。2002年10月，国务院下发了《关于进一步加强农村卫生工作的决定》，明确提出要建立以大病统筹为主的新型农村合作医疗制度。2003年，国务院办公厅转发了卫生部等部门《关于进一步做好新型农村合作医疗试点工作的指导意见》，从2003年起，新型农村合作医疗在全国迅速铺展开来。2006年1月，卫生部等七部委又联合下发了《关于加快推进新型农村合作医疗试点工作的通知》。截至2007年底，全国2 448个县(市、区)开展了新型农村合作医疗工作，7.3亿农民参加了新型农村合作医疗，参合率达到85.7%，这标志着新型农村合作医疗制度在全国初步建立。①

三、中国医疗保险制度的演变历史

我国传统医疗保障制度包括事业单位实行公费医疗制度、企业实行劳保医疗制度、农村实行合作医疗制度三种形式。党的十一届三中全会召开以后，我国的政治、经济发生了重大变化。20世纪80年代开始了医疗保险制度的探索性改革。80年代中后期实行"大病统筹"，90年代中期实行"统账结合"试点，1996年国务院颁布了《关于职工医疗制度改革扩大试点的意见》，要求各试点城市明确基本保障的封顶线，超出封顶线以上的医疗费要通过补充保险来解决。

（一）医疗保险制度的建立时期

我国在1953年颁布实施了《劳动保险条例》等相关法规、政策，在企业实行称为"劳保医疗制度"的职工医疗保险制度，全民所有制企业的职工享受近乎免费的医疗待遇，其供养的直系亲属患病，享受半费医疗待遇。劳保医疗经费按照企业职工工资总额和国家规定的比例，在生产成本项目中列支。1966年"文革"开始后，社会保险金统一征缴、管理、支付的制度被终止执行，劳保医疗制度遭到破坏。直到20世纪70年代末至80年代初，才开始恢复劳保医疗，职工医疗费用主要由企业包揽。劳保医疗制度是计划经济条件下的产物，能适应高度集中的计划经济条件，较好地保障了城镇职工的医疗需求。

（二）医疗保险制度的改革时期

随着改革开放的深入，计划经济时期沿袭下来的公费医疗制度(见表10－2)和劳保医疗制度的弊端日渐突出，这种模式造成了城乡之间医疗机构布局的不合理，

① 赵曼：《中国医疗保险制度改革回顾与展望》，《湖北社会科学》，2009(7)。

针对我国医疗保险制度的改革成为发展的必然。此项改革大致可以分为以下三个阶段。

表 10－2　公费医疗制度

根据政务院《关于全国各级人民政府、党派、团体及所属事业单位的国家工作人员实行公费医疗预防的指示》，国家对全国各级人民政府、党派、工青妇等团体，各种工作队以及文化、教育、卫生、经济建设等事业单位的国家工作人员和革命残废军人，实行公费医疗预防制。医疗费用由各级人民政府领导的卫生机构，按照各单位编制人数比例分配，统收统支，不能分给个人。门诊或住院所需的诊疗费、手术费、住院费、门诊费或住院期间经医师处方的药费，由医疗费拨付，住院的膳食费、就医的路费由个人负担。1952 年 8 月，政务院又将享受公费医疗待遇的人员范围扩大到在乡干部和大专院校的在校生。同时，为了控制用药与不必要的检查，国家还制定了十一类西药和大部分中成药的基本药物目录、大型设备检查的规定及公费用药报销范围。 公费医疗制度是我国对享受对象实行的一种免费医疗保障制度。由于公费医疗的经费主要来源于各级财政，因此，这项制度实质上是国家或政府保险型的保险制度。

（资料来源：1952 年政务院发布的《关于全国各级人民政府、党派、团体及所属事业单位的国家工作人员实行公费医疗预防的指示》）

（1）从改革开放初期（1988 年）至 1994 年，引入医疗保险费用个人分担机制和职工大病医疗费用社会统筹试点的改革。改革开放初期开始实行医疗费用与个人利益挂钩，医疗保险制度改革主要是以控制费用为中心，通过个人支付少量的医疗费用，使职工个人的费用意识有所增强，在一定程度上限制了对医疗服务的过度需求。到 20 世纪 80 年代后期，全国陆续开展了大病医疗费用社会统筹制度，以地区和行业为单位，由企业缴纳保险费形成统筹基金，对发生大额医疗费用的患者给予补助。1989 年，国家批准辽宁丹东、吉林四平、湖北黄石和湖南株洲四城市作为医疗保险制度改革试点城市，同时在深圳市和海南省进行社会保障综合改革试点。此外，在其他省、市也相继开始了医疗保险的改革试点。

（2）从 1994 年至 1998 年，建立社会统筹与个人账户相结合的社会医疗保险制度进行试点。1994 年在江苏省镇江市、江西省九江市按照社会统筹与个人账户相结合的模式进行职工医疗保险制度改革试点，这就是所谓的“两江”模式。1996 年 4 月，国务院在总结“两江”试点的基础上，又选择了 58 个城市扩大医疗保险制度改革试点，从而使改革试点遍及全国的 29 个省、自治区、直辖市，社会统筹与个人账户相结合的医疗保险制度初步形成。

（3）从 1998 年至今，建立和完善城镇职工基本医疗保障制度。1998 年 12 月，国务院在继续总结试点经验的基础上，提出了《关于建立城镇职工基本医疗保险制度的决定》，开始建立城镇职工基本医疗保险制度。到 2000 年前后，全国绝大多数地区完成了医疗保险制度改革方案的组织实施，标志着新制度在全国基本建立。此后，我国职工医疗保险制度不断完善，覆盖范围也迅速扩大。截至 2007 年，我国城镇职工基本医疗保险的覆盖范围已遍及机关事业单位和大多数企业,并扩大到城镇个体经济组织、灵活就业人员、农民工和被征地农民。

四、中国医疗保障体系的改革

我国从1998年开始建立和完善城镇职工基本医疗保障制度,从2007年开始启动城镇居民基本医疗保险,从2003年开始在广大的农村地区建立新型农村合作医疗制度,通过这三项制度(城镇职工基本医疗保险、城镇居民基本医疗保险、新型农村合作医疗保险),建设以实现城乡居民的医疗保险全覆盖。

(一)我国医疗保险制度面临的问题

我国医疗保险制度存在一系列的问题,主要表现在:医疗保险基金有限、保障水平低;大病统筹的缴费有限;一般收入职工和退休职工看不起病、药价虚高,成本只有几十元钱的药品,经过定价、销售等环节后,到患者手里可以高达几百元;医药费报销手续繁杂等。从全国范围看,大多数农民工还没有参加医疗保险,平均参保率为10%左右。已参保的农民工尽管可以享受医疗费用报销,但是由于只报销超出起付线部分的一定比例,农民工仍然要自付一部分,对于难以承受自付部分的人来讲,实际上也享受不到相应的待遇。我国仍有44.8%的城镇人口和79.1%的农村人口没有任何医疗保障,绝大多数居民靠自费看病,承受着生理、心理和经济上的三重负担,民营企业中农民工医疗保险不健全。

(二)我国医疗保障体系的改革目标①

我国的城市和农村之间经济社会发展水平差距较大,现行的医疗保障体系分为农村和城市两套体系,城镇职工实行基本医疗保险、城镇居民实行基本医疗保险、农村实行新型农村合作医疗制度,分别覆盖城镇就业人口、城镇非就业人口、农村人口和城乡困难人群。但无论是农村还是城市的医疗保障,都应当覆盖尽可能多的人群。我国的医疗保障体制改革通过渐进式方式,建立和完善以基本医疗保障为主体、其他多种形式补充医疗保险和商业健康保险为补充、覆盖城乡居民的多层次医疗保障体系,到2010年通过上述三种不同的医疗保障制度,实现覆盖90%以上的保险目标。

1. 多层次的全民医疗保障体系

医疗保障体系改革应当以解除国民的疾病医疗后顾之忧,实现保障劳动者健

① 参见中共十七届三中全会通过的《中共中央关于推进农村改革发展若干重大问题的决定》。

康和提高国民身体素质为目标。依靠国家、单位和个人的经济力量,筹集医疗费用,建立和完善覆盖城乡居民的以基本医疗保障为主体的多层次全民医疗保障体系。在保障内容上,既有广覆盖的基本医疗,也有预防保健、健康教育、公共卫生环境以及一切与健康相关的所有领域的全民基本健康保障,而非单纯的基本医疗保障。在保障形式上,既有由政府直接提供的基本医疗保险制度作为基本保护网,帮助那些真正需要帮助的人,同时发挥市场机制的作用,让更多的人按照个人的条件来享受相应的医疗保健服务,以其他多种形式补充医疗保险和商业健康保险。

2. 低成本的医疗保障体系

全民基本健康保障应该有效地控制医疗成本,明确低成本的定位。制定从药品生产、供应、流通到合理使用的制度和相应的支持扶持政策,建立国家的基本药物制度。控制医药费用的快速上涨,通过促进全民健康,来减少医疗费用支出。同时通过结合保险和医疗服务,在控制医疗成本的基础上,控制医疗总费用。

3. 均等化的公共卫生服务

我国基层公共卫生机构功能弱化,卫生工作中长期存在着"重医轻防"、"重城轻乡"等弊端,县级以下公共卫生机构只有 1/3 能够维持正常运转,另有 1/3 甚至陷于瘫痪状态。健全公共卫生服务体系,是实现"重治疗"向"重预防"转变的前提。基本公共卫生服务的均等化意味着我国居民将不受年龄、地域、职业等限制,坚持预防为主,均等享受到公共卫生服务,提高全民健康水平,保证人民群众基本医疗卫生服务的均等性需求,使均等化服务体现在每一个公民身上。

第四节 失业保险制度

长期以来,中国在充分就业政策的影响下,只承认存在"待业"问题而否认存在失业问题,但从 20 世纪 80 年代中期政府开始改革劳动就业制度,失业便不可避免。目前的中国正处在一个重要而特殊的社会转型时期,新体制下的失业、城市困难群体就业、城市流动人口、大学生就业、城乡保障不公平等问题大量涌现。如果没有相应的失业保险制度来加以适度替代和缓和,数以千万计失去工作岗位的劳动者,将因收入中断与生活无着而对整个社会造成难以估量的冲击。

一、失业保险制度概述

（一）失业保险制度的含义

作为市场经济体制下的正式制度安排，失业保险是指通过国家立法强制实施，由政府负责建立基金，对非因本人意愿中断就业而失去工资收入的劳动者提供一定时期的物质帮助及再就业服务的一项社会保险制度。它具有保障失业者的基本生活，兼具促进再就业的功能。1905 年法国最早建立了失业保险制度，①在全世界的 172 个建立社会保障制度的国家和地区中，72 个国家建立了失业保险制度，②失业保险制度以救助模式为主，后来逐渐由救助模式过渡到保险模式。已建立失业保险制度的国家中有 4/5 实行以保险模式为主的失业保障，也有少数几个国家或地区(新西兰、中国香港等)沿用单一的救助模式。

当今西方国家劳动就业政策的基石和改革的方向集中在继续实施就业培训与创业培训的同时，强调采取专项筹款的方式促进就业，鼓励和奖励失业者采用各种形式的"非正规就业"或"主动就业"。如英国实施"新政"促进就业计划，在保留社会保障基本功能的同时，1998—2002 年，投入 35 亿英镑专项资金，把改善劳动力供给和提供公共就业服务作为重点，恢复市场的激活机制，经费主要用于职业培训和就业服务。1996 年 10 月 7 日，将以前实行的失业救济和收入补贴合并为找工作补贴。"从福利到工作"或"工作福利"，从简单地保护失业者转变为促进他们再就业。严格领取失业保险金的资格条件，降低失业保险金的水平，缩短失业保险领取的期限，强调失业保险中的权利和义务关系。

（二）失业保险金的筹集和使用

1. 失业保险金的筹集

(1) 资金来源。失业保险金主要来源于用人单位或雇主缴纳的失业保险费、劳动者缴纳的失业保险费、失业保险基金的运营收益，但有的国家政府也直接承担财政责任。大体有国家直接负责式，政府和企业分担式，劳动者和企业分担式，企业、政府、劳动者共同分担式四种形式。其中，以企业、政府、劳动者共同分担式在世界上较为普遍，约占实行失业保险制度国家总数的 40％左右，而以失业补贴作为对于失业者的一种社会救助，其资金则主要源自政府财政拨款。

---

① 赵曼，杨海文等：《21 世纪中国劳动就业社会保障制度研究》，人民出版社 2007 年版，第 323 页。

② 同①，第 324 页。

(2) 筹资方法。一是征收失业保险税,如美国全国失业保险税率平均为2.7%;二是按工资的一定比例征收失业保险费,采用这种方法一般设置收费起始标准和最高征收标准;三是按固定金额征收,不论参保人员的收入高低,一律按照统一固定金额征收。

(3) 缴费比例。失业保险金的缴费比例随着经济的周期性变化而不断地进行相应的调整,它的确定是对当前的经济发展、就业状况的预测分析,并依据以往的经验数据,对失业的压力负担进行测算,根据社会平均工作水平,以确定每个劳动者的负担金额,保险费率为工资的一个固定百分比。

2. 失业保险金的使用

(1) 给付失业保险待遇的形式分为三种。一是失业保险津贴,包括失业保险金和医疗补助金。失业保险金的给付形式有工资比例制、均一制、混合制和一次性给付制,给付期限各国规定不同;二是失业补助,如医疗补助金、死亡的失业人员的丧葬补助金和其供养的配偶、直系亲属的抚恤金;三是主管部门规定或批准的与失业保险有关的其他附加补助金。

(2) 促进就业。由于实现就业是解决失业问题的根本途径,因此失业保险具有保障失业人员在失业期间基本生活和促进再就业的双重功能,很多发达国家开始强调发挥就业服务的功能,加强通过失业保险促进就业。在失业保险金的使用方面,重点倾向于开展就业培训方面的支出、抑制失业及开发就业岗位以及职业介绍等方面的支出,如加强失业人员接受职业培训、职业介绍的补贴,通过实施积极的就业政策解决失业问题。

二、我国失业保险的基本内容

(1) 失业保险覆盖范围为城镇各类企事业单位。失业保险一般在工薪阶层实行,我国 1986 年的失业保险覆盖范围狭窄,仅局限于国有企业职工,现今失业保险覆盖范围已扩大,一方面使城镇各类企事业单位的全体劳动者都能享有平等的参加失业保险的权利,使其在失业期间能够得到基本的生活保障和再就业服务;另一方面也为各类企事业单位改革用人制度提供了良好的外部条件,进而促进劳动力流动和统一劳动力市场的建立。

(2) 资金来源。我国失业保险基金的资金来源:一是用人单位或雇主缴纳的失业保险费和劳动者缴纳的失业保险费,这是失业保险基金来源的主要部分;二是失业保险费的利息收入;三是国家政府直接承担财政补贴和依法纳入失业保险基金的其他资金。除此之外,还包括在国家规定范围之内运用多种形式获取的失业保险金储蓄金的增值收入,以及滞纳金等。

(3) 筹资方法和缴费比例。我国确立了单位与个人的保险费分担机制。一方面将单位承担的失业保险费率由1%提高到2%;另一方面,个人由原来的不缴费改为按本人工资的1%缴纳失业保险费。职工个人参与缴费的规定,强化了个人责任,体现了权利与义务相对等的社会保险原则。

(4) 领取失业保险金的条件。按照规定参加失业保险,所在单位和劳动者本人已按照规定履行缴费义务满1年的;非因本人意愿中断就业的;已办理失业登记,并有求职要求的。

(5) 对失业保险金的给付期限作出了明确规定。根据失业人员失业前所在单位和本人按照规定累计缴费时间的长短,划分为三个给付期:失业者失业前,单位和个人累计缴费时间满1年不足5年的,失业后可领取最长期限为12个月的失业保险金;满5年不足10年的,领取失业保险金的期限最长为18个月;累计缴费时间10年以上的,领取失业保险金的期限最长为24个月。重新就业后,再次失业的,缴费时间重新计算,领取失业保险金的期限可以与前次失业应领取而尚未领取的失业保险金的期限合并计算,但是最长不得超过24个月。

(6) 将失业保险金的给付标准与最低工资和城镇居民最低生活保障线挂钩。失业保险金水平应低于当地最低工资、高于当地城镇居民最低生活保障线。具体给付标准由各地政府根据当地实际情况决定。

三、我国失业保险制度的演变过程

(一) 我国失业保险制度的建立

新中国建立之初,曾实行过短暂的失业救济制度。此后在计划经济体制下,由于实行统包统配的就业制度,失业救济制度被取消。到了1986年,国务院颁布《国营企业职工待业保险暂行规定》,为初创期的失业保险构建了制度框架,对基本内容作出了原则规定,标志着我国失业保险制度的初步建立。此时的失业保险实施范围狭窄,仅仅局限于国有企业职工。该规定将失业保险的覆盖范围限定为“四种人”,并确定以基金制方式筹集保险费,规定企业按全部职工标准工资总额的1%缴纳保险费(保险费在企业缴纳所得税前列支)。将保险待遇定义为“待业救济金”,同时规定了领取救济金的资格条件和待遇水平。此时的“待业保险”制度,失业者个人并不承担缴费义务,而享受的待业救济金也仅仅是为了解决失业者最基本的生活困难,并没有发挥应有的作用。从保险对象来看,覆盖范围仅限于国营企业的下岗失业人员,且保障层次很低,形成了失业保险对象的结构性缺陷,这使得一方面很多事实上的失业者得不到保障,另一方面待业救济金又发放不出去。

（二）我国失业保险制度的发展

随着改革开放的深入，我国开始承认失业是社会主义市场经济中的客观经济现象并将长期存在下去，针对1986年《国营企业职工待业保险暂行规定》实施范围窄、保障水平低、基金承受能力弱等方面的不足，1993年国务院颁发了《国有企业职工待业保险规定》（以下简称《规定》），将保障对象扩大为撤销和解散企业的职工，停产整顿企业被精简的职工，企业辞退、除名或开除的职工，宣告破产企业的职工等七类九种人员，并规定企业化管理的事业单位比照执行。不过覆盖范围仍局限在国有企业内部，且在资格规定方面并未遵循国际通行的非本人过失引起失业才有权享受失业保险待遇的原则；在失业保险制度的组织管理模式、资金筹集等方面沿用了《国营企业职工待业保险暂行规定》的设计框架。另外，《规定》调整了待业保险待遇的参照标准，由原来的参照本人标准工资改为参照社会救济水平，这一改变，使得在法定适用范围内的所有失业者可以享受同等的失业救济水平，基本保障了失业人员的生活，维护了经济转轨时期的社会稳定。

（三）我国失业保险制度的完善

1993年的《规定》虽然在几个方面对原有待业保险制度进行了改进，但并没有从根本上改变制度的框架。随着社会主义市场经济体制的确立和现代企业制度的形成，以待业救济为本质特征的失业保险制度显然已无法满足建立统一劳动力市场、实现劳动力资源合理配置和社会保障社会化的需要。上海于1993年率先实施最低生活保障制度，1994年在全国的一些城市中开始实行，1999年政府颁布《城市居民最低生活保障条例》。1999年1月，国务院颁布《失业保险条例》（以下简称《条例》），这是我国失业保险发展史上一个具有标志性意义的重大事件，从此我国失业保险制度进入了新的发展时期。《条例》在1993年《规定》的基础上，在法规上第一次明确将待业保险制度正式命名为“失业保险”，将“待业救济金”正式改为“失业保险金”，构建了新的失业保险体系。这表明我国实现了失业保险由救助模式向保险模式的转变，开始在失业保障中强调个人责任，以缴费作为享受失业保险待遇的前提条件。这种以权利与义务相对等为基本特征的失业保险模式，与国际上的改革趋势是相一致的。

四、我国现行失业保险制度的分析

失业保险制度是由国家立法、强制实施的，经过二十多年的发展，国民历经了从安全就业到风险就业的就业制度和就业观念的变迁，经历了从待业到下岗再到失业的痛苦认识过程。失业保险成功地实现了从制度象征到有效制度的转变，目前已成为我国城镇居民防范失业风险、保障失业人员基本生活的主要形式。实践证明，失业保险金的发放金额也在逐年上升，基本保障了下岗、失业人员的基本生活水平，失业保险制度为维护经济转轨时期的社会稳定发挥了重要的作用，发展为具有较强的合理性和适应性、基本有效的制度。

但是我们也要看到我国财力有限，失业保险制度虽然自 1999 年《条例》颁布以后，覆盖范围不断扩大，但实际参保人员并不多，保险待遇仍存在着实际覆盖面较窄的问题，如城市农民工完全处在城市失业保险和“低保”网络以外，农民工就业歧视的问题相当严重，并未包括在失业保险范围之内；失业率不断上升，导致失业保险支出越来越多，企业在计算工资总额时，能算多低就算多低，缴费则更少。高水平失业保险助长不良习气，影响经济的健康增长；失业统计不科学，在失业保险基金筹集和使用方面存在较多问题，监督机制尚不健全，失业保险入不敷出造成沉重的财政压力，失业保险基金运行情况不良；而且到 2003 年底，全国参加失业保险人数仅达 10 373 万人，全年仅为 742 万失业人员提供了不同期限的失业保险，2004 年中国失业保险覆盖范围上升为 1.058 亿人，2007 年达 1.4 亿人。再加上社会保险所共有的易上不易下的刚性特征，决定了目前我国的失业保险最重要的功能停留在救急层面，仅能够对失业者提供临时的、基本的经济帮助，还需进一步完善制度的有效性和可持续性。

本章小结：

社会保障制度受制于各国不同的政治、经济、历史、文化等诸多因素的影响，世界各国各自建立了不同的保障模式，主要有社会保险模式、福利国家模式、强制储蓄模式和国家保险模式等社会保障模式。新中国成立后我国实行国家保障模式，随着经济体制改革的逐步推进和深化，这种传统的制度日益暴露出机制性弊端。针对当前社会保障制度存在的不合理问题，我国自 20 世纪 80 年代初期首先对养老保险进行了初步的改革探索，随之医疗保险、失业保险、工伤保险等以城镇保险为主体的社会保障体系开始走上正规化、法制化轨道。为了实现满足全体国民共享国家改革发展成果的目标，我国正在探索社会保障的可持续发展道路，在改革社会保障制度的问题上，不能照抄照搬任何国家的保障模式，中国社会保障改革的任务任重而道远。

案例分析：[①]

1. 将高福利看成病态，并不分对象地评论福利病，是不准确的。福利国家不仅没有看到病态，反而都是健康的、有序的、和谐的、文明的。在抨击所谓的福利病时，必须区分对象。在中国的社会保障体系建设中，福利病至少在三十年内均是一个伪靶子，但它确实会误导人们甚至影响政治决策。

2. 不少人认为，高福利会影响经济增长和国家的竞争力。这种观点看起来似乎是正确的，但从世界范围来看，这种观点至少是不科学的。北欧国家不仅是高福利国家，也是世界上最具竞争力的国家。经济发展的好坏只能取决于经济政策及其实施过程的好坏，社会保障的发展并不是经济发展不良的替罪羊。中国近十年来的经济发展态势，恰恰证明了社会保障制度对经济发展及推进经济改革的巨大功效。"社会保障与社会福利不能养懒汉"无疑是正确的，但这绝对不能成为不发展社会保障和不增进国民福利的理由。对于懒汉现象，只能通过完善我们的制度并强化管理与监督机制，但千万不能以此为由来否定社会保障制度的作用。

3. 不能以所谓的经济落后为由而对社会保障严重不足视而不见。强调经济因素对社会保障制度的影响是正确的。因为经济基础决定着社会保障水平，但从世界范围考察，在经济落后国家或者经济不发达的国家，经济因素的影响虽然偏大，但依然不是唯一的影响因素，对于发达国家或者经济已经发展到一定水平的国家，经济因素的影响力必然下降，因为社会追求公平正义和人民福利需求增长都是不可逆转的。因此，在我们国家的发展已经站到了一个新的历史起点的背景下，多考察一下影响社会保障制度的社会因素、政治因素等非经济因素，是非常重要的，但不能以所谓的经济落后来对社会保障严重不足视而不见，更不能以 5 年前、10 年前甚至 20 年前的眼光，来看待今日中国之经济发展与经济实力。

思考题：

1. 简述社会保障的含义及特点。
2. 简述各种社会保障模式。
3. 简述我国社会保障制度的内容和发展进程。
4. 养老保险的含义是什么？我国城镇养老保险的基本内容有哪些？基金来源是什么？

① 郑功成：《高福利一定会带来福利病吗?》，北京日报，2006-10-23。

5. 论述我国养老保险制度的发展历史。
6. 论述我国基本养老保险存在问题的原因。
7. 如何建立覆盖城乡居民的社会保障体系?
8. 医疗保险的含义是什么?我国城镇职工基本医疗保险制度的内容有哪些?
9. 简述医疗保障模式的主要类型。
10. 论述我国现行的医疗保险制度。
11. 医疗保障体系改革的方向是什么?
12. 什么是失业保险?我国失业保险的基本内容有哪些?

参考文献

[1] 岳经纶. 中国劳动政策：市场化和全球化的视野. 北京：社会科学文献出版社,2007.

[2] 孔德威. 劳动就业政策的国际比较研究. 北京：经济科学出版社,2008.

[3] 胡鞍钢,程永宏,等. 扩大就业与挑战失业. 北京：中国劳动社会保障出版社,2002.

[4] 李正龙,范君辉,等. 就业与培训：政策与培训. 北京：北京大学出版社,2008.

[5] 就业再就业政策解答与业务咨询编写组. 就业再就业政策解答与业务咨询. 北京：中国民主法治出版社,2007.

[6] 劳动和社会保障部办公厅. 关于落实再就业政策考核指标几个具体问题的函. 劳社厅函〔2003〕227号.

[7] 宁骚. 公共政策学. 北京：高等教育出版社,2003.

[8] 李强,胡俊生,等. 失业下岗问题对比研究. 北京：清华大学出版社,2001.

[9] 刘小年. 中国农民工政策研究. 长沙：湖南人民出版社,2007.

[10] 姚裕群. 走向市场的中国就业. 北京：中国人民大学出版社,2005.

[11] 王传荣. 经济全球化过程中的就业研究. 北京：经济科学出版社,2007.

[12] 谢徵孚. 社会问题与社会政策. 台北：台湾编译馆,1981.

[13] 劳动和社会保障部教材办公室. 就业指导. 北京：中国劳动社会保障出版社,2007.

[14] 李强,林勇. 劳动力市场学. 北京：中国劳动社会保障出版社,2006.

[15] 曾湘泉. 劳动经济学. 北京：中国劳动社会保障出版社,2005.

[16] 杨河清. 劳动经济学. 北京：中国人民大学出版社,2002.

[17] 宋培林. 现代劳动经济学. 厦门：厦门大学出版社,2004.

[18] 李放. 劳动经济学. 北京：科学出版社,2007.

[19] 孙月平. 劳动经济问题研究. 北京：人民出版社,2004.

[20] [美] 罗纳德·G·伊兰伯格,罗伯特·S·史密斯. 现代劳动经济学:理论与

公共政策. 刘昕,译. 北京：中国人民大学出版社,1999.
[21] 程延园. 劳动关系. 北京：中国人民大学出版社,2002.
[22] 赵瑞红. 劳动关系. 北京：科学出版社,2007.
[23] 李环. 和谐社会与中国劳动关系. 北京：中国政法大学出版社,2007.
[24] 程延园. 集体谈判制度研究. 北京：中国人民大学出版社,2004.
[25] [日] T. 哈纳米,[比] R. 布兰佩因. 市场经济国家解决劳资冲突的对策. 余云霞,等译. 北京：中国方正出版社,1997.
[26] 孙悦平. 劳动经济问题研究. 北京：人民出版社,2004.
[27] 袁方,姚裕群. 劳动社会学. 北京：中国劳动社会保障出版社,2003.
[28] 刘艾玉. 劳动社会学教程. 北京：北京大学出版社,2004.
[29] 袁方,姚裕群. 劳动社会学教程. 北京：中国劳动社会保障出版社,2003.
[30] 郑功成. 社会保障概论. 上海：复旦大学出版社,2007.
[31] 赵曼,杨海文,等. 21 世纪中国劳动就业社会保障制度研究. 北京：人民出版社,2007.
[32] 于维英,张玮. 职业安全与卫生. 北京：清华大学出版社,2008.
[33] 国家统计局. 中国统计年鉴. 北京：中国统计出版社,2002.
[34] 孙春兰. 维护农民工权益任重道远. 求是,2007(8).
[35] 岳经纶. 农民工的社会保护：劳动政策的视角. 中国人民大学学报,2006(6).
[36] 韩克庆. 农民工社会流动研究：以个案访谈为例. 中国人民大学学报,2006(6).
[37] 张智勇,梁东新. 政策冲突与农民工就业权益保障——基于户籍制度的视角. 社会保障研究,2009(4).
[38] 宫力平. 农民工新型管理模式的构建. 安徽农业科学,2009,36(29).
[39] 吴忠民. 中国劳动政策问题分析. 当代世界与社会主义,2009(2).
[40] 李娟. 美国就业导向型的失业保险政策. 兰州学刊,2006(12).
[41] 张盈华. 中国养老保险制度实施中的困境与问题分析. 西北大学学报,2007(1).
[42] 肖艳. 解读困境中的中国养老保险制度改革. 新疆大学学报,2008(1).
[43] 杨洛新. 我国养老保险制度改革问题及对策. 武汉工业学院学报,2006(2).
[44] 关明鑫. 中国企业工资集体协商制度研究. 天津市工会管理干部学院学报,2008,16(3).
[45] 王京华,牛泽厚. 美德日就业政策比较及启示. 中国财经信息资料,2004(2).
[46] 黑启明. 中国政府劳动政策的历史演变. 中国党政干部学坛,2007(5).

[47] 胡彩霄.我国禁止就业歧视问题的法律思考.河南省政法管理干部学院学报,2007(4).

[48] 陈银娥.外国再就业政策及其启示.中南经济史论坛,2005-11-16,http://jyw.znufe.edu.cn/znjjslt/xstd/cye/xscg/t20051116_0251.htm.

[49] 孙立平."老失业群体"达到峰值,"新失业群体"问题凸现.2005-1-4,中国社会学网,www.sociology.cass.cn.

[50] 杨团,葛道顺.社区公共服务社:消除边缘性的社会政策研究与应用.中国社会学网,www.sociology.cass.cn.

[51] 信长星.中国解决国有企业下岗职工问题的基本政策.中国就业论坛专题报道,2004-5-8,中国劳动网,http://www.labournet.com.cn/jylt/news.htm.

[52] 国务院新闻办公室.中国的就业状况和政策白皮书.2004-4-26,中国劳动网,http://www.labournet.com.cn/jylt/bg4.htm.